U0641126

i

为了人与书的相遇

CHRISTIAN THIELEMANN
CHRISTINE LEMKE-MATWEY

MEIN LEBEN MIT
WAGNER

我的瓦格纳人生

[德]克里斯蒂安·蒂勒曼 克里斯蒂·莱姆克－马特维 著

彭 茜 译

广西师范大学出版社

·桂林·

蒂勒曼是我们这个时代最好的瓦格纳诠释者。他参透了瓦格纳不可思议的复杂音乐，并将其近乎完美地表现出来，带给我们音乐上的极大满足。

——乌韦·埃里克·劳芬伯格（Uwe Eric Laufenberg）

德国拜罗伊特音乐节导演，科隆歌剧院艺术总监

蒂勒曼从指挥家独特的视角阐释了瓦格纳歌剧这个永恒的主题，学识渊博、趣味横生，为音乐家、戏剧工作者和瓦格纳爱好者深入了解瓦格纳做出了无可置疑的贡献。

——卡特琳娜·瓦格纳（Katharina Wagner）

德国拜罗伊特音乐节艺术总监，瓦格纳家族继承人

进入古典音乐，瓦格纳是必经之路；打开瓦格纳之门，蒂勒曼是不可或缺的金钥匙。蒂勒曼作为演绎德奥音乐的大师，其对德意志文化的深入理解，以及几十年如一日对瓦格纳及其作品的演绎和研究，已然使他成为瓦格纳最杰出的解读者。

——陈平

中国国家大剧院首任院长

前言

　　在十五六岁之前，我听了很多古斯塔夫·马勒（Gustav Mahler，1860—1911）和理查德·瓦格纳（Richard Wagner，1813—1883）的音乐。马勒特别容易引起青少年的共鸣。然而有一天，我发现了与马勒截然相反却与瓦格纳相近的安东·布鲁克纳（Anton Bruckner，1824—1896），这时我发觉马勒和瓦格纳不能在我的头脑里长期并存。我需要在两者之间做出选择：更加肯定生命还是更加否认生命，乌托邦还是诱惑的深渊，瓦格纳还是马勒。我选择了瓦格纳（还有布鲁克纳）——虽然想听马勒的渴望仍旧会不时地悄悄浮现，但是即使再次面对选择，我仍然会一遍又一遍地选择瓦格纳。

　　选择瓦格纳所带来的结果，给我的艺术生涯留下了明显的印记，这正是在本书里我要谈论的主题。我曾经问自己：

为什么与瓦格纳相伴的人生是如此有意义？作为作曲家，他何以如此奇妙？在拜罗伊特节日剧院和其他歌剧院指挥瓦格纳的歌剧是什么样的感受？一次成功的演出需要哪些组成部分？瓦格纳的每一部歌剧各有什么特点，在他的宇宙中又占有什么样的地位？以及其他关于瓦格纳的更多问题。我想从职业音乐家的角度，基于我的生活，以及我的专业经验和个人经历，尽可能把这些问题回答好。

　　一般来说，指挥家不用书面的形式表达自己。不过，瓦格纳自己写作，充满激情且精力充沛，他通过写作寻求并发现自我；威廉·富特文格勒（Wilhelm Furtwängler, 1886—1954）从指挥家的角度写作也非常成功；塞尔吉乌·切利比达克（Sergiu Celibidache, 1912—1996）甚至写出了"音乐现象学"。米夏埃尔·吉伦（Michael Gielen, 1927—　）、皮埃尔·布列兹（Pierre Boulez, 1925—2016）、丹尼尔·巴伦博伊姆（Daniel Barenboim, 1942—　）和因格·麦茨马赫（Ingo Metzmacher, 1957—　）都出版了有关音乐的书籍。然而一个指挥家为一位作曲家发表专著（真正意义上的专门论述）是很少见的。我想这样做的原因有两个，我已经提到了第一个：瓦格纳造就了我今天的音乐思想和情感。瓦格纳让我直面自己。这些经验并不总是充满乐趣，却对我有着巨大的影响，把我所有的感觉融为一体。这个过程使瓦格纳不同于其他也使我感觉亲切的作曲家，包括巴赫，当然还有贝多芬、布鲁克纳、理查德·施特劳斯（Richard Strauss, 1864—1949）。

第二个原因与听众有关。我想所有听瓦格纳的人和所有想要听瓦格纳的人都有了解瓦格纳创作过程（包括作曲家和作品诠释者的创作过程）的兴趣和切实需要。不是所有的事情都是奇迹或独特的事件，有大量的事情我们可以知晓、理解和阐释。我想从我自己的角度来解释它们，来对抗一些新奇的和不准确的神话，让瓦格纳音乐的内容与其表面的呈现不至于更加混淆。关于瓦格纳的书籍已经汗牛充栋，而且在我撰写本书时（2012 年），正有一大批关于瓦格纳的著作准备在作曲家诞辰二百周年时（瓦格纳生于 1813 年 5 月 22 日）问世。我不是音乐学家、社会学家或历史学家，而是一个音乐家。但有时我觉得自己找到了通向瓦格纳大门的钥匙。如果这本书能够帮助读者推开瓦格纳音乐世界的大门，我将非常高兴。

目 录

第 1 章

通向瓦格纳的道路

　　我从父辈那里继承了对理查德·瓦格纳的热爱。我生长在一个当时算是条件不错的普通市民家庭。"条件不错"不仅是指圣诞节的时候家里会有牛至叶调味的烤鹅，更意味着家庭给了我很好的照料和管教，为我的未来提供了可靠而稳定的基础。我享受也确实需要这样的家庭生活。在 20 世纪 60 年代初期，教育在条件不错的市民家庭意味着孩子在成长过程中一直有音乐相伴——巴赫、贝多芬、勃拉姆斯、布鲁克纳的音乐。就我而言，伴我成长的是理查德·瓦格纳。

　　音乐对我来说就像桌上的食物和夏天在施拉赫腾湖（Schlachtensee）里游泳一样，从来就是我生活的一部分。巴赫的清唱剧、布鲁克纳的交响曲、莫扎特和舒伯特的奏鸣曲、艺术歌曲、室内乐、歌剧咏叹调等，从一开始就通过我家收藏的大量唱片、收音机里播出的音乐会和钢琴来到我的耳边。其中最重要的途径是钢琴——我父母都弹得一手好琴。因为他们，我先学会了唱歌，然后才是说话。我母亲曾在她的日记中提起，在我大约一岁的时候，她有一次碰巧听到我在临睡前哼唱她刚刚给我唱过的摇篮曲——当然没有唱歌词。我母亲谨慎地写道："看来还有些音乐天赋。"

我们全家都热爱音乐。我的父亲有固定音高（并遗传给了我）。从他的父亲——我的祖父开始，我们家就有很多与音乐有关的故事。我的祖父是糕点师，经营着一家糖果店，从莱比锡搬到柏林后很快就取得了生意上的成功。在第一次世界大战时，他被征召进菩提树下大街歌剧院（Hofoper Unter den Linden）担任布景搬运工，当时剧院的艺术总监是理查德·施特劳斯。工作完成后，其他的舞美工人都回家了，我的祖父还站在走廊上陶醉在音乐中。《纽伦堡的名歌手》（Die Meistersinger von Nürnberg）是他最喜爱的歌剧之一，这一点也通过我父亲传给了我。但是我用了很长时间才喜欢上它。起初，十二三岁的时候，我觉得第三幕无聊得要死：这些节日草坪上的繁文缛节真烦人，还有愚蠢的名歌手没完没了地唱！我这样的想法让父亲很生气。可惜他在我二十六岁时就去世了，没能看到后来我对瓦格纳这唯一的一部喜歌剧产生了特别的热爱。他去世的那天晚上我正在杜塞尔多夫指挥斯美塔那（Bedrich Smetana, 1824—1884）的《被出卖的新娘》（Verkaufte Braut）。至今我还保留着我父亲学琴时用的一架老博兰斯勒（Blüthner）钢琴，这架钢琴背后有着跌宕起伏的历史。

幸运的是，我的音乐才能很早就被发现。我上钢琴和小提琴课，也听了很多音乐会。我父母有柏林爱乐乐团的季票，至今我还记得邻座同情地拍拍我说道："这可怜的孩子又得耐心地坐在这儿！"我一定是现场唯一的小孩，人们不明白一个小脸通红的五岁男孩怎么能满心期待地坐在椅子边上倾听乐团演奏的贝多芬。但我就是想要坐在那里。我不想和我的东普鲁士保姆一起待在家里，我想听管弦乐。音乐的闪烁色彩，音乐的潮起潮落，让人迷失自我又重新发现自我。顺便说一句，无论是谁站在指挥台上，我当时都觉得那是一个相当可笑的人物。这是一个什么角色？我想知道他为什么握紧拳头，像犯了病似的手舞足蹈。在看到卡拉扬以后，我才逐渐意识到指挥可以与整场音乐会有机形成一体，甚至很美。

从一开始我就喜爱盛大的音乐胜过拘谨简约的音乐。我想要大编制的乐团，完整的管弦乐音响。至今我都没有听够理查德·施特劳斯的《英雄生涯》（*Ein Heldenleben*）中的极强段落。同样，我一直对慢乐章更加着迷，喜爱它们胜过那些快速活泼的段落。我想，快很容易，谁都能指挥。慢的部分才是难点，因为慢的部分需要你用自己的想法和理念、色彩和细节来填充。正因为如此，我从练小提琴转到练中提琴只是时间问题，中提琴的音色更加温暖幽暗，有着天鹅绒般的特质。同样，我也想从钢琴转到管风琴。圣诞前夜，我们通常去柏林汉莎区（Hansa-viertel）的弗里德里希大帝纪念教堂（Kaiser-Friedrich-Gedachtnis-Kirche）听管风琴弥撒。彼得·施瓦茨（Peter Schwarz）演奏巴赫的《键盘练习曲》（*Clavierübung*）第三卷，从美妙的降 E 大调前奏曲开始，然后是象征圣父、圣子、圣灵的三声部赋格。管风琴轰鸣的声音让我觉得非常幸福，这才是圣诞节的感觉。

在我看来，巴赫是一个巨大的宝藏，他纪念碑一般的内在力量深深地吸引了我。

在十一岁的时候，我曾偷偷地尝试自学管风琴。具体地说，是施拉赫腾湖圣约翰教堂（Johaneskirche）的管理员帮我打开教堂门，让我在他们的管风琴上练习众赞歌前奏曲——当然没有弹奏成功。管风琴键盘不同，踏板不同，需要手脚协调，我哪一样都搞不定。不过，我确实注意到，演奏管风琴时在键盘上的指法不能和演奏钢琴时一样。最后正是这一点泄露了我的秘密。我的钢琴老师，柏林爱乐乐团的长笛手弗里茨·德姆勒（Fritz Demmler）的太太，对我的钢琴演奏技巧越来越不满意。有一天，她突然叫了起来："你该不是在弹管风琴吧？"我的管风琴演奏生涯就这样结束了。我的父母非常坚决地禁止我再弹管风琴，我不得不为我对音色的无限幻想寻找一个新的出口。我很快就找到了：管弦乐团，其实它近在咫尺，唾手可得。我还发现了我想要成为指挥的愿望，发现了理查德·瓦格纳的音乐。我也不知道我是先发现了瓦格纳的音乐还是先发现了成为指挥的愿望，在我的记忆中，它们是密切相关的。直到今天，只要谈到瓦格纳乐队——如果我们确实要谈论瓦格纳乐队的话，我就会想到管风琴的音栓。

在音乐上没有人要求我的成绩，也没有人鼓励我。我的祖母总是说："出去吧，呼吸一下新鲜空气，这天气多可爱啊！"可是我对可爱的天气不感兴趣，我就是想要练琴，一直练到晚上六点。只是因为户外有太阳照耀我就应该停止练琴？这简直荒唐。我的太阳、我的幸福和我的满足都在巴赫的《平均律钢琴曲集》（Wohltemperiertes Klavier）里面。我感觉这才是我的道路。对于我来说，从来没有任何东西可以替代音乐，我也从来没有过做任何其他事情的愿望。

如果说聆听瓦格纳对我有哪些影响，必须说它使我更加倾向于自我封闭。一方面，我听了很多瓦格纳的音乐：早在1966 年，我还非常小的时候，就听了卡拉扬指挥的《女武神》（Die Walküre）。我第一次听《罗恩格林》（Lohengrin）是在柏林德意志歌剧院，维兰德·瓦格纳（Wieland Wagner, 1917—1966）的旧制作。有趣的巧合是，我后来作为歌剧指导还排练过这个版本。每次听完瓦格纳的作品我都感觉疲惫不堪。当我听到奥特鲁德和特拉蒙德在《罗恩格林》第二幕中昏暗的舞台上高唱"起来，我耻辱的伴侣！"的时候，虽然还不能完全明白这一段的意义，却激动得好几天都喘不过气来。另一方面，我的家人常常谈论瓦格纳，他们谈到瓦格纳时所用的独特语气给我留下了深刻的印象。与他们对海顿、威尔第、德彪西的反应完全不同，我父母谈到瓦格纳时总是充满崇拜和敬畏。他们当然也欣赏海顿和威尔第，但我觉得瓦格纳一定有什么特别之处，这让我充满好奇。瓦格纳被打上了少儿不宜的神秘标签，这使他吸引力倍增。很长一段时间内他们都对我说："你听《特里斯坦》（Tristan）还太年轻，我们过些日子再给你听《帕西法尔》（Pasifal）。"当我十三四岁终于听到这两部歌剧时，整个人都惊呆了。就好像我一直是在真空中长大，而这个虚空只能等待着由理查德·瓦格纳的作品不断填补。

我被瓦格纳作品的气氛、音乐的色彩、配器深深吸引。但最重要的是，被音乐淹没并用音乐淹没他人的想法攫住了我。我很快明白了，我想积极参与这个游戏。所以我决定成为一名指挥，像卡拉扬那样的指挥。我曾经在家里把总谱放在膝盖上，一遍又一遍聆听我所喜爱的《尼伯龙根的指环》(*Die Ring des Nibelungen*)——卡拉扬 60 年代后期在达勒姆耶稣基督教堂 (Dahlemer Jesus-Christus-Kirche) 录制的版本，由光芒四射的托马斯·斯图尔特 (Thomas Stewart, 1928—2006) 演唱沃坦，雷吉纳·克莱斯宾 (Régine Crespin, 1927—2007) 演唱布伦希尔德。一个声音远远地呼唤我："走出去呼吸些新鲜空气，这样可爱的天气！"不，我想，别管我。可爱的天气怎么能与《众神的黄昏》(*Götterdämmerung*) 里齐格弗里德的莱茵之旅相提并论？

瓦格纳彻底地征服了我。我明白了：就是这样，这是我必须做的。这时候我也意识到我的父母是彻头彻尾的瓦格纳迷。事实上，我的青春期是完全被瓦格纳爱好者所包围的——至少在回忆这个时期的时候，我不记得还有任何其他人或任何其他话题。这些瓦格纳迷中包括我高中时的音乐老师：当谈到拜罗伊特音乐节的时候，他告诉我们他年轻时曾经为了看彩排从盥洗室的窗户爬进节日剧院。后来我曾试图寻找过这扇窗户而不得，但是这说明不了什么问题，因为节日剧院总是有好多在建工程。而且我立即理解了我们的老师不惜一切代价想要进入节日剧院的热情。

想成为一名指挥家的愿望主宰了我的青春期。正因为如此，我从未真正有过青少年反叛期，我太忙了，也没有觉得我生命中缺少了很多东西。我把所有的精力都投入了音乐：练习钢琴和中提琴，学习总谱，观看音乐会和歌剧演出。到目前为止我还不曾觉得自己忽视了"真正的"生活。人们经常说，青春期必须通过反抗权威来表达自己，试图打乱既定的秩序，只是为了反叛而反叛。这种说法不符合我自己的经历。至少我和设路障的暴徒不属同一个类型的反叛。我不想把空房子当据点，或者衣衫褴褛地在街道上闲逛。与我大多数的同学不同，我不踢足球也不听披头士。我沉浸其中的音乐似乎离现实非常遥远，却为我开辟了另一个世界。对我来说，远离社会规范已经足够反叛。

回想起来，那时候真是有些偏执。20 世纪 60 年代末，半个柏林都在呼吁革命，而我在齐伦多尔夫（Zehlendorf）的迷人郊区浑然不觉，继续乖乖地上我的钢琴课。在"议会外反对派"（群众性的政治对抗左派，也称 APO）、"紧急状态法"和攻击西奥多·阿多诺（Theodor Adorno, 1903—1969）学术观点（例如，女大学生大胆地赤裸上身以示抗议）的黄金时代，我还是个孩子，我的父母当然不会在晚餐桌上讨论这样的事件。同样，我们这一代人学会了（或者至少应该学会）憎恨德国的一切，当然也包括音乐，尤其是理查德·瓦格纳的音乐。我先是凭直觉本能地捍卫自己，然后开始有意识地反对这种

所谓的政治正确。丹尼尔·巴伦博伊姆说过，政治上正确的
人不愿意独立思考，在这点上我同意他的说法，在其他方面
我与巴伦博伊姆也观点相近。我对政治正确过敏，不是因为
我父母在政治上是保守派（他们确实是保守派），也不是因
为我持不同政见（我得先有个政见才谈得上不同）。我抗拒
政治正确是因为它意味着要夺走我内心某些我坚决不肯放弃
的东西。因此，我的心还是听从了偶像的召唤。

　　我在学校的人际关系注定不太成功。我意识到自己和其
他人不太一样，我的天赋也有些不同寻常，容易给人以傲慢
的印象。有些人认为我是某种奇怪而美妙的生物，另一些人
认为我是一个局外人，最糟糕的是，我对这两种看法都根本
不在乎。我不得不习惯常常听到这样的话，"你和你的傻巴
赫"。我应该回敬"你和你的傻足球"吗？我从来没有真正
想过其他的男孩子都在做什么或者他们怎么看我。我并不完
全孤单，学校也有其他人演奏乐器，包括大提琴、小提琴、
小号等。当流行乐迷问我们正在演奏哪首"歌"的时候，我
们就一起大笑。学校也有其他的歌剧迷，我们五六个人经常
一起去看歌剧，有时去夏洛滕堡（Charlottenburg）的德意志歌
剧院，有时也去东柏林菩提树下大街的国家歌剧院。这意味
着，虽然我们很晚才能睡觉，第二天还是要很早起床学习法
语。下午我得做功课，还得练习我的两种乐器。这些都不是
问题，我知道自己为什么这样做。不过，我在学校并不是一
个很好的学生。

拜罗伊特对我来说一直是一个神话般的名字。那是因为我在家里经常听到我的父母谈论它——他们去过拜罗伊特音乐节不知多少次。也因为那些在我脑海里挥之不去的指挥家的名字：富特文格勒和克纳佩茨布施（Knappertsbusch, 1888—1965），当然还有赫尔曼·阿本德洛特（Hermann Abendroth, 1883—1956）、海因茨·蒂切恩（Heinz Tietjen, 1881—1967）和约瑟夫·凯尔伯特（Joseph Keilberth, 1908—1968）。1980 年，我作为柏林瓦格纳协会奖学金获得者第一次去了拜罗伊特。很奇特的是，我几乎记不起帕特里斯·夏侯（Patrice Chéreau, 1944—2013）那版传奇般的《众神的黄昏》，这个制作至今仍然被认为是开创性的。更令我印象深刻的是《帕西法尔》——霍斯特·斯坦因（Horst Stein, 1928—2008）指挥，沃尔夫冈·瓦格纳（Wolfgang Wagner, 1910—2010）负责导演和舞台设计——音乐从听众席喷涌而出的感觉使我非常着迷。当灯光熄灭，序曲开始，弦乐的声音不是从前面某个地方，而是从我上下左右响起，回响在天堂和地狱里，充满整个剧院。声音没有来源也没有去向，它无处不在。声音就是剧院，音乐就是世界——而我就在它的中间。我坐在那里，内心燃烧着热情，信念越发坚定：这就是我一直所盼望的。从根本上说，我从未以别的任何一种方式聆听过瓦格纳，无论是听录音还是在钢琴上弹奏总谱。

那些年有很多事情发生，而且发生得很快，我的生活就像一场多米诺骨牌游戏。十八岁时，我在柏林音乐学院参加了音乐会钢琴师的考试，我当时的导师是赫尔穆特·罗洛夫

（Helmut Roloff），同时我也作为中提琴手进入柏林爱乐乐队学院，并且师从汉斯·希尔斯多夫（Hans Hilsdorf）学习总谱演奏和指挥。十九岁的时候我参加了毕业考试，也是在这一年，即 1978—1979 年乐季，我获得了柏林德意志歌剧院的合同。没有人想到我能得到这个，尤其是我自己。那个夏天我离开柏林一段时间，刚刚回到家时，一进门电话就响了。是希尔斯多夫打来的：一个歌剧陪练想在乐季开始前解除合同，问我是不是愿意参加这个职位的考试，在海因里希·霍尔莱瑟（Heinrich Hollreiser, 1913—2006）面前试奏。我当然愿意。我演奏了《纽伦堡的名歌手》第一幕和《伊莱克特拉》（*Elektra*）中的一段，霍尔莱瑟老人家听完以后说："你们就用这个小家伙吧，作为一个新人他会有办法适应的。"就这样，1978 年 11 月 1 日，我拿到了歌剧院每个月九百马克的工作合同，我觉得太幸福了！我疯狂地练琴，比任何一个同事练得都多，因为在剧院工作正是我想要的。1980 年复活节，我在萨尔斯堡为赫伯特·冯·卡拉扬（Herbert von Karajan, 1908—1989）亲自制作的《帕西法尔》担任助理。一年以后，我在拜罗伊特担任助理。我仍然记得自己在节日剧院顶层的一个小小的房间里，为丹尼尔·巴伦博伊姆在绿山上的首秀《特里斯坦与伊索尔德》（*Tristan under Isolde*）——由伟大的让·皮埃尔·庞内勒（Jean-Pierre Ponnelle, 1932—1988）执导——整理乐谱、画弓法、标记调整强弱等等。至少在头几天，我处于极度兴奋的状态，骄傲得面红耳赤。

回想起来，我所走的路径方向都是一致的，就我自己的感觉而言，这些都是必然的。毕竟是我自己确定想要成为一名指挥。然而，我的经历绝不算是一帆风顺。比如我十六岁的时候，曾经在柏林音乐学校——以前称为斯特恩音乐学校（Sternschen Konservatorium）——的赫伯特·阿伦多夫（Herbert Ahlendorf）面前进行试奏。阿伦多夫让我站在一面高大的镜子前，开始放《纽伦堡名歌手》序曲的录音。我不知道是那版我不喜欢的录音，还是镜子里自己极为笨拙的样子，哪个更让我晕眩。无论什么原因，那次试奏是一个令人沮丧的失败。阿伦多夫认为只有决心是不够的，我根本没有天赋。我失望极了，毕竟是赫伯特·冯·卡拉扬建议我来试奏的。这之前我刚刚有机会跟他说过话，我只想从他那里知道一件事：如何才能成为一名指挥？嗯，显然不是以这样的方式。

然后就是 1985 年柏林艺术学院举办的卡拉扬指挥比赛，柏林爱乐乐团的艺术总监沃尔夫冈·斯特斯曼（Wolfgang Stresemann, 1904—1998）担任评委会主席，评委除了卡拉扬本人，还有由库特·马祖尔（Kurt Masur, 1927—2015）和彼得·鲁策齐卡（Peter Ruzicka, 1948— ）。比赛曲目是《特里斯坦》前奏曲，每个参赛者有二十分钟，我是二十六名选手中的第二十一号。我把它当成一个挑战，一开始是大提琴的颤音和纯净的木管，然后我试图让乐团形成有节奏的呼吸，让乐手们接受我对作品音色和速度的理解。然而，到了十九或二十小节就进行不下去了。最后我被取消资格，我吃惊得目瞪口呆，泪水夺眶而出。

取消资格的原因是评委认为我没有完成整部作品。幸运的是，评委们在这个决定上也有分歧，后来我得知卡拉扬和鲁策齐卡都站在我这边。

到底如何才能成为一名指挥？这个问题问得很好，因为指挥毕竟是唯一不出声的音乐家。我的朋友、作曲家汉斯·维纳·亨策（Hans Werner Henze，1926—2012）说得好，指挥是而且永远是"解剖空气的音乐家"。就是说，指挥需要一个乐团，而乐团并不是随处都有。那他怎么排练、发展自己的技巧和积累经验呢？卡拉扬给我的回答是：通过毕业考试，然后就去实践吧。以他自己的人生经历，他说这话可谓一言九鼎，我马上就明白了他的意思，不要再在学校学习了，我必须进入艰苦的实践：歌剧陪练，陪练兼助理指挥，著名指挥家的助理，乐团指挥，首席指挥，外省歌剧院或中型歌剧院的音乐总监，有机会的话也可当客座指挥或者录制唱片。尽可能在四十岁之前完成这些，否则不仅难以获得顶级剧院的合同（市场对你的前景就没有兴趣了），而且要掌握全部曲目也会很困难。假使你能在指挥上走捷径，也不太可能只做了两年指挥，既没有必要的经验也没有基本技能，就凭空召唤出一部《罗恩格林》或《特里斯坦》。另一方面，即便某些指挥因天赋禀异或者有特别的幕后支持得以年少成名，直接跳到冰水里，也有可能是灾难性的。

简而言之，我是一个意志坚定的人，在实践中经历了重重挫折仍旧充满热情地学习指挥。现在我也会向所有年轻的同仁推荐这条实践之路。我经历的阶段包括柏林、格尔森基兴（Gelsenkirchen）、卡尔斯鲁厄、汉诺威、杜塞尔多夫和纽伦堡。很多时候我不得不直接视谱指挥，我的第一次登台演出是一场惨败，我学会了与合唱一起呼吸，也曾经没有任何排练就上台指挥轻歌剧。最重要的是，我积累了大量曲目，对大量作品的认知使我至今受益匪浅。仅仅在柏林德意志歌剧院当助理陪练的三年时间里，我就参与了七十部歌剧的制作。而且我看了大量霍斯特·斯坦因和海因里希·霍尔莱瑟这种级别指挥的排练，从中学到了很多东西。斯坦因手臂短，指挥棒也短，除了他没有谁能如此举重若轻地自始至终保持清晰和准确。相反，霍尔莱瑟使用长指挥棒，挥起来就像在挥舞鞭子，几乎能让人听到鞭打声。这两个人我都特别崇拜。他们俩排练的时候我就像一只警觉的猞猁般目不转睛，不想错过任何东西。

经过一段时间，早晚你会开始理解这个专业。但这需要时间，你必须耐心等待。同时你也需要对自己有耐心，特别是如果你像我一样不太容易融入团体或乐队的话，要发展自己的个性尤其需要耐心。现在想起来，恐怕当时作为初学者的蒂勒曼说话很随便，经常用刻薄的言辞来掩盖自己内心缺乏安全感。而且，作为一个助理指挥，看了这么多的排练之后很容易想到：我可以做得比那更好！总有一天，当你即将在人生中第一次指挥《帕西法尔》时——我的第一次是1998 年在柏林德意志歌剧院，导演是葛茨·弗里德里希（Götz

Friedrich，1930—2000）——才会意识到它是多么困难，才会发现你如此钟爱的音乐不是缓慢凝固就是支离破碎——正是因为特别钟爱，正是因为你认为瓦格纳"舞台祝圣节庆剧"就应该庄严而缓慢，非常非常缓慢。当我真正在拜罗伊特工作时，才意识到这是很大的一个误解。

指挥是无法在课堂上学到的。我在上文中提及的柏林声乐学院的院长汉斯·希尔斯多夫给我上了这辈子唯一的一堂指挥课。希尔斯多夫说：4/4 拍这样打，3/4 拍这样打，休止这样打，五拍这样打，六拍这样打，基本上就是这样。他还解释说，双手必须尽可能独立运动，右手负责打拍子，左手负责其他的一切。为什么？因为，有时指挥可能需要使用左手帮助一个找不到节奏的歌手，持续向他发出"错，错，错"的信号，直到他回到正确的节奏为止。而且这样做的时候不能失去自己的节奏，所以右手必须像钟表一样保持稳定的拍子。这就是我在指挥课上学到的所有了。

理查德·瓦格纳多年不断地主宰着我的学习和旅行生活。他总是敲敲门却不进来：比如，我曾在阿伦多夫面前试奏《纽伦堡的名歌手》序曲，参加卡拉扬指挥比赛，在霍尔莱瑟面前试奏，第一次担任卡拉扬《帕西法尔》的助理，第一次担任巴伦博姆《特里斯坦》的助理。在汉诺威，乔治亚历山大·阿尔布雷希特（George Alexander Albrecht，1935—　）面试我的内容是《特里斯坦》的第三幕"灯光仍未熄灭"一段，我背谱完成了试奏。事情差不多一直是这个样子：瓦格纳，总是瓦格纳。在任何一个歌剧院，瓦格纳的作品都是重中之重，轮不到一个新手来指挥。这更加刺激了我指挥瓦格纳的欲望。

　　我不是神秘主义者，但还是经常扪心自问，我为什么对瓦格纳如此着迷。是因为我和他有精神上的共鸣？是宿命？还是一系列特别微妙的情景造成的？现在我已经指挥了三十年瓦格纳的作品，想要一头扎进总谱的愿望可能已经经过净化而有所节制，却从来不曾消失。在分配精力方面，我今天的做法与过去不同（如果我现在还需要分配精力的话），我知道该如何更好地运用自己的体力与情感。随着年龄的增长，我的曲速更加流畅，为了达到瓦格纳孜孜以求的明晰感，以前我特别关心音乐的清晰度，现在我更加关心音乐本身。有些作品，比如《特里斯坦》，特别消耗人。为了恢复精力处理它们，我必须时不时地把它们放到一边。这个过程就好像吸毒之旅：你不知道究竟还能不能找到回头路（一种我不想体验的经历），好像艺术与生活、今生与来世之间的隔膜越来越薄。理查德·瓦格纳的音乐里有某种令人上瘾的成分，对我来说特别像是一种危险的毒品。

　　我第一次正式登台演出瓦格纳，是 1983 年在意大利威尼斯凤凰歌剧院上演的纪念瓦格纳逝世一百周年音乐会。那晚的演出有个迷人的名字，叫作"永远的爱情灵药"。由我指挥《齐格弗里德牧歌》（*Siegfried Idyll*）和《C 大调交响曲》，然后是瑞士指挥彼得·马格（Peter Maag,1919—2001）登台演出《维森东克之歌》（*Wesendonck Lieder*）和《伊索尔德的爱之死》（*Isolde's*

Liebestod），由卡佳·里琪雅蕾丽（Katia Ricciarelli, 1946—　）演唱。
瓦格纳迷对威尼斯有着复杂的感情；毕竟，大师在这里的卡
拉尔奇宫（Palazzo Vendramin-Calergi）溘然长逝，在他去世前两个
月，为庆祝妻子科西玛四十五岁的生日，还在凤凰歌剧院指
挥了他的最后一场音乐会（演奏的也是他年轻时的作品《C
大调交响曲》）。我与马格在柏林德意志歌剧院相识后一见如
故。那时候他已经担任过富特文格勒的助手，而我是一个脑
子里充满各种各样想法的新手。正是马格在我们相识不久后
的 1981 年把我带到了威尼斯，为他排练的新版《特里斯坦》
担任助理指挥。有时候他让我负责排练，比如指挥布兰甘妮
守望时的唱段和歌剧序曲。有天早上我在凤凰剧院指挥了三
次《特里斯坦》前奏曲，之后整个人都处于极为激动的状态，
全身汗透，不得不停下来逃回酒店。在酒店我也受不了这种
激动的状态，这一天其余的时间我都游荡在威尼斯冬日的蓝
天下，好像完全进入了幻境，幸福满溢，别无所求，因为我
刚刚指挥了《特里斯坦》前奏曲！

　　我第一次独立演出瓦格纳是 1985 年，在下萨克森州
的汉诺威国家歌剧院（Niedersachsischen Staatstheater Hannover）指挥
《黎恩济》（Rienzi）的音乐会歌剧。二十九岁的时候，也就是
1988—1989 年乐季，我当上了纽伦堡的音乐总监。在纽伦
堡，我第一次指挥了《罗恩格林》和《唐豪瑟》（Tannhäuser），
还有普菲兹纳（Hans Pfitzner, 1869—1949）的《帕莱斯特里那》
（Palestrina）、舒曼的《格诺费娃》（Genoveva）和韦伯的《欧丽安特》

（*Euryanthe*），1990 年回到凤凰剧院指挥了《罗恩格林》。然而在我的内心深处，最期待的就是能够指挥一次《特里斯坦》。我的机会出乎意料地出现了，彼得·鲁策齐卡在 1988 年秋天找到了我。那时他刚刚接替罗尔夫·利伯曼（Rolf Liebermann，1910—1999）成为汉堡国家歌剧院的艺术总监。很明显他还记得卡拉扬指挥比赛，打电话来问我是否愿意指挥几场露丝·伯格豪斯（Ruth Berghaus，1927—1996）执导的《特里斯坦》，这一版在当时是颇有争议的。我愿不愿意？我知道我能行，管它有没有争议。但是我也知道这非常冒险。如果我在汉堡演出失败，就可以跟自己作为瓦格纳指挥的职业生涯说再见了，而且作为新手只排练了两次就演出，失败的危险相当大。在汉堡罗森巴姆（Rothenbaum）北德广播电台与歌剧院乐团的两次排练即将决定我的命运。

　　我根本不知道如果这次失败了我以后该怎么办。我会继续指挥，但是不再指挥瓦格纳的作品吗？我会不得不承认，指挥让自己最动感情的《特里斯坦》还不够成熟？还是干脆到普鲁士城堡和花园基金会开始另外一个职业？如果失败了，我肯定会陷入巨大的危机。我对为了当指挥而指挥从来都不感兴趣。许多人批评我作为音乐家对曲目的广度没有追求，没有从早期音乐一直指挥到斯托克豪森（Stockhausen，1928—2007）——我确实更倾向于围绕一个中心点。我必须从一个中心点出发，从自己的中心点出发。这意味着我从来没有考虑过自己的事业，从来都只想着瓦格纳。如果有人在凌晨四点叫醒我问：你想指挥什么？我一定会喊：瓦格纳！《特里斯坦》！所以在某种程度上，因为对瓦格纳的痴迷我不惜孤注一掷。

汉堡的《特里斯坦》最后到底怎么样了？今天我可不想再听到它。说实话，我对它只有模糊的记忆。反正整体上还可以，尽管我有些神经质和歇斯底里，但还是从某个地方获得了信心，成功地结束了《特里斯坦》。之后我一整夜都睡不着觉，处于极度的激动和如释重负之中。当时我没有真正留意伯格豪斯这一版的构图：第一幕里饱受诟病的涡轮机，还有第三幕中搁浅的行星。但是当我在 1993 年回到汉堡复排这一版《特里斯坦》的时候，正赶上伯格豪斯自己负责连排，我觉得可以说这些舞台的构图是一个真实的启示，预示着一部轰动性的歌剧。伯格豪斯是一位在设计舞台的时候只想到音乐而没有考虑任何其他内容的导演，忠实于总谱，而不是无关的臆想、巧合或戏剧性的怪念头。在我合作过的导演中，只有让·皮埃尔·庞内勒和葛茨·弗里德里希能够做到这一点。

在汉堡，我注意到乐池里的音乐家非常依赖于舞台上的演出。只要戏剧张力足够，舞台设计的美感对我意义不大。无论台上放的是躺椅还是涡轮机，或者是月球上的代达罗斯陨坑，我都可以指挥《特里斯坦》的演出。但是在舞台和乐池之间一定存在着某种微妙的化学关系，而露丝·伯格豪斯成功呈现了这种关系。她还说，当舞台上冰河盘踞的时候，音乐家必须在乐池里点一堆火。我想正是由于我们两个人截然不同，才组成了一个很好的团队：她是善于批判的东德人，我是善于享受的西德人；她是民主德国统一社会党的忠实信徒，我是不问政治的西德人；她勤于工作，我则可能有些粗线条；她是布莱希特派，而我是卡拉扬的学生——这样的标签和特点，我还能接着列出更长的清单。除此以外，露丝·伯格豪斯就像我的母亲一样。

她让我不仅要问瓦格纳是如何做他所做的，而且还要问他为什么这样做。当他在《特里斯坦》的第三幕中让太阳闪烁的时候，是要表达什么意思？瓦格纳让人觉得，他的乐曲中还描写了盯着阳光看太久以后眼前出现的黑点。爱，任何一种爱，都是一种不可能，一种巨大的徒劳，一种纯粹的不可控状态，这到底是什么意思？是不是为了乌托邦永存，特里斯坦必须死去？在海纳·米勒（Heiner Müller, 1929—1995）1994年拜罗伊特版本的《特里斯坦》中，舞台设计埃里奇·旺德（Erich Wonder）在伊索尔德背后设计了一个金色的小方块，它越变越大，越变越亮，直至金色光芒充满了整个剧院，人们只能看到伊索尔德的轮廓。多么美妙的画面！这个让人扼腕的结局——所有结局中最登峰造极的一个，个人的死亡，音乐的力量，美丽的安慰，永恒的感觉——一切都包含在这个构图中。我希望自己也能这样表达。

汉堡的《特里斯坦》极大地推动了我作为瓦格纳指挥的进程，甚至也推动了我的整个职业生涯。汉堡的演出结束后，日内瓦、罗马、博洛尼亚和美国都邀请我去指挥，我还参加了柏林德意志歌剧院（就是 1991 年我参与制作《罗恩格林》的那个剧院）的日本巡演。但让我烦恼的是，上弗兰肯的那个小镇（即拜罗伊特）从来没有联系过我。而我在纽伦堡指挥的新版《特里斯坦》已经声名远扬。完成这个新制作后，我带着一些不满情绪卸任了纽伦堡音乐总监的职位。有人抱怨我参与的活动太多，但任何人都看得出来事实并非如此。但是拜罗伊特就在纽伦堡剧院的大门口（或者说按照瓦格纳迷的说法，纽伦堡就在拜罗伊特的大门口），瓦格纳音乐节的总监沃尔夫冈·瓦格纳和他的太太古德伦（Gudrun Wanger，1944—2007）难道不应该看过一两次我的演出吗？

这个问题是我与瓦格纳家关系中的几个盲点之一。我从来不知道他们是否来听过我在纽伦堡的演出，我也不好意思问。无论如何，我不得不经过漫长的等待才收到来自拜罗伊特的邀请。即便在我 1997 年当上柏林德意志歌剧院音乐总监时情况也没有变化。作为一个伟大的剧院，德意志歌剧院也演出瓦格纳。是我在绿山当助理的时候就注定失去机会了吗？我当时的工作非常精确和严谨，但一定不是最讨人喜欢的。除了丹尼尔·巴伦博伊姆、詹姆斯·莱文（James Levine，1943— ）和朱塞佩·西诺波利（Giuseppe Sinopoli，1946—2001），他们就不找其他的指挥吗？还是我缺少有影响力的朋友的支持？回想起来，我会说在等待拜罗伊特召唤的这几年中，我学到了有用的一课：永远不要等待任何东西，永远都不要太想要得到任何东西，无论是拜罗伊特音乐节，还是维也纳爱乐乐团或德累斯顿森帕歌剧院（Semperoper Dresden）——事情总是在你意想不到的时候发生。但是，当它们确实发生时，你必须已经准备好了。

我的经历正是如此。1999 年我正在芝加哥歌剧院排练新版的《名歌手》，由简－亨德里克·鲁特林（Jan-Hendrik Rootering）饰演汉斯·萨克斯，勒内·帕普（René Pape, 1964— ）饰演波格那，南希·古丝塔森（Nancy Gustafson, 1956— ）饰演伊娃，格斯塔·温伯格（Gösta Winbergh, 1943—2002）饰演施托尔青。我住在一座摩天大楼的七十八或八十八层——至少感觉有这么高——可以从窗户看到密歇根湖和"华丽一条街"（the Magnificent Mile）。外面下着雪，住所里很舒服，我刚刚拿着一瓶可口可乐和烤玉米片或炸玉米饼之类非常不健康的东西进了门，电话就响了。是德累斯顿的低音提琴手、当时拜罗伊特管弦乐队的负责人莱纳·巴赫曼（Reiner Barchmann）打来的。"您好，我代表沃尔夫冈·瓦格纳给您打电话，他想跟您通话。我现在就可以告诉您，瓦格纳先生会问您是否愿意为我们指挥《名歌手》。"我差点从椅子上摔下来，把烤玉米片还是炸玉米饼什么的通通扔在了地上。我好不容易挤出一句"好的"，然后就挂断了电话。

第二天沃尔夫冈·瓦格纳亲自给我打了电话。他和古德伦正好在美国，我们说好了在芝加哥共进晚餐。第一次见面的那个晚上非常轻松愉快，沃尔夫冈·瓦格纳讲了不少有关克纳佩茨布施、蒂切恩和他哥哥维兰德·瓦格纳的故事。我再次表示愿意到拜罗伊特指挥《名歌手》，同时也感觉到这对我来说还不够。当然，我很高兴能够替代脱不开身的巴伦博伊姆指挥《名歌手》，但是如果指挥一个新制作……当时见面的气氛那么好，葡萄酒也非常棒，一瞬间我终于斗胆提出了这个建议。老瓦格纳只是看了我一眼，然后说："《唐豪瑟》，2002 年，嗯……"基本上他说每句话都会以轻轻的一声"嗯"结尾，"那个应该挺适合你的。"我吃了一惊，原来他就等我自己提出来呢。

后来瓦格纳夫妇出席了《名歌手》在芝加哥的一场演出，他们坐在第一排，就在我背后。也就是说，给歌手和舞台监督看指挥用的显示屏上总是能看见古德伦和沃尔夫冈。剧院的后台工作人员都快激动疯了："他和他的祖父一模一样！"他们说得很对。有些时候，他会在拜罗伊特排练进行期间穿过节日剧院的前几排，这时你能看到他的侧影，他波浪般的白发和那个鼻子。你本能地就会想：这是理查德·瓦格纳本人来了，来听他自己的音乐。

就这样，从 2000 年到 2002 年我在拜罗伊特指挥了《名歌手》，还在 2001 年代替克里斯托夫·埃申巴赫（Christoph Eschenbach, 1940—　）指挥了《帕西法尔》和贝多芬的《第九交响曲》。从 2005 年我开始指挥《唐豪瑟》，之后很快在 2006 年后开始指挥《尼伯龙根的指环》的新制作。我实现了我的目标。我真的实现了目标吗？有谁真的能实现吗？

在某种程度上，我是有一个关于瓦格纳的目标要实现。

对于所有能感受到拜罗伊特歌剧院独特的光辉，能够接受甚至喜爱它独特声场的人来说，在瓦格纳自己的剧院里指挥他的作品是一个巅峰。没有比这更高的目标了。对于我来说，没有什么比这更能满足我自我表达和审美的需要（虽然各个作品在拜罗伊特节日剧院的效果有很大的不同）。然而伴随着成功的到来，我的疑虑也在增长。你知道的和能做到的越多，你就会发现更多需要知道和做到的事情。然后我想到了以往那些伟大的人物，克纳佩茨布施穿着白衬衫和背带裤，带着他的长指挥棒，老卡拉扬，老君特·旺德（Günter Wand, 1912—2002），那些在指挥台上已经能够做到"无为"的指挥家们，我深知自己离他们的成就还隔着很多光年。正如我的老师赫尔穆特·罗洛夫常说的，音乐已经成为了他们的第二天性。理查德·瓦格纳对染指他作品的指挥家提出了非常复杂的技术和能力上的挑战，在音乐、精神、情感、身体和智力方面都如此困难，以至于任何形式的自我满足或骄傲都不可能存在。无论你在瓦格纳的阶梯上爬得多高，上面总还是有空间。

在演出开始前的最后几分钟，我经常感觉到自己想要逃跑或者死去，不仅在拜罗伊特，在其他地方也是如此——虽然如今我也许不再表现得如此明显。我想说：对不起，我做不到，我刚刚死掉了。我的胃在翻腾，全身都不听使唤，内心不仅有一个而是有一群软弱的自我在抗议。卡洛斯·克莱伯（Carlos Kleiber, 1930—2004）也有类似的舞台恐惧症故事。有一次沃尔夫冈·瓦格纳在他已经拒绝上台以后，还是设法说服了他演出一场《特里斯坦》，为了防止他临阵脱逃，只好由警车从慕尼黑把他送到拜罗伊特。还有一次，克莱伯在一次喧闹的排练——贝多芬《第四交响曲》——之后给维也纳爱乐乐团留下了堪称传奇的字条："我直接开进蓝色多瑙河里了。"这些都是好笑的逸事，极为典型的克莱伯式怪癖。但我知道他当时头脑里到底是什么状态，他的恐惧如何强烈，他的要求又如何之高。

我不能这样做，我太脚踏实地，太在乎自己的义务，也太害怕这样做。当软弱的自我抗议的时候，我对自己说：无论如何我要做下去，我会战胜自己。站在十米跳台上拒绝往下跳可不是什么好主意。

或者正如晚年的贝多芬在 1825 年的一首晚期卡农里所写的一句话："医生把死亡关在门外，音乐拯救我们的绝望。"是的，音乐总能在最需要的时候帮助我们，从来都是这样。

第 2 章

瓦格纳的宇宙

　　我不想见到理查德·瓦格纳本人。我想我会怕他。如果
他进了门——1.66 米的身材，那顶丝绒帽下的头发也许还没
洗，他带着撒克逊口音闲聊天气、他晚上的睡眠和他的狗拉
斯、普茨与茉莉，谈论他的绸缎裤子、灌肠疗法、他最喜欢
的女歌手——我会受不了的。我会大失所望的。并不是因为
我心目中的瓦格纳有着绝对的浪漫形象，而是因为这样的话
我将不得不看到瓦格纳的世界轻易地瓦解而混同于真实可能
的世界。我还得区分宫廷乐队长（他在德累斯顿作为指挥获
得的职位）和瓦格纳更喜欢自称的业余音乐家，还有其他更
多的麻烦。

　　我想人们都觉得一个指挥家应该知晓一切，但知晓一切
后应该再忘了一切。随着年龄的增长，我对作曲家传记的兴
趣越来越少。毕竟，我有总谱，总谱里都写着呢。所有的一切，
尤其是作曲家的矛盾和纠结，都包含在总谱里了。

　　我如何看待瓦格纳这个人呢？傲慢，暴躁，愚蠢，有
强烈的使命感，一个极度疯狂的煽动者。汉斯·纽恩菲尔斯

（Hans Neuenfels, 1941— ）曾经写道，他觉得如果他在拜罗伊特遇见瓦格纳（这当然是想象），看到大师的时候，自己会像一只飞蛾被钉在标本展板上一样。我完全能够想象这个图景：他的眼睛像匕首，清清楚楚地看到一切！另一方面，瓦格纳确实清楚地看到了很多东西，我熟悉他那种对整体艺术的向往——一种能够表达一切的艺术。尽管我自己更倾向于脚踏实地，而瓦格纳更希望用想象力营造另一座新天鹅堡，我与他所倾力追求的也许没有太大的不同。1865 年，即《特里斯坦》上演的那一年，在慕尼黑与国王路德维希二世第一次见面后，他写道："我可以而且必须生活在某种云彩之中，我只能作为艺术家活着。那意味着我很难和别人混在一起，不和别人交谈，或者只是说说笑话绝不当真。我要说的话总是会变得多愁善感而没有意义……我为自己建立了一座完整的宫廷……终于可以对世界了无牵挂……然后，就像置身于路易十四的凡尔赛宫，生活在最严格的礼仪规范中，像只牵线木偶一样。"

　　毫无疑问，真相不是这样。瓦格纳实际上是脚踏实地而现实的，但同时也"令人惊讶地头脑发热"——他的家族到现在都是如此。他没有真正地浮在云端（否则他也不用梦想在云端的情景了），而是怒气冲冲地趴在拜罗伊特舞台下面，因为所有东西都和他想要的不一样。"设计节日剧院的建筑师，那个莱比锡的布吕克瓦尔德（Otto Brückwald, 1841—1917），简直是一个白痴！每走一步木材都在吱吱作响！我在伦敦定

制的龙头在哪里？为什么莱茵河少女的舞台机械又出问题
了？到底是谁定制了那些毫无品位土里土气的红色印第安服
饰？"归根结底，瓦格纳当年斗争的问题和我们今天剧院的
日常情况差不多。的确，现在的齐格弗里德在舞台上不再穿
熊皮了，但是如果导演不想让莱茵河少女落入成规，问题很
容易就会出现。

　　这是我觉得一个指挥不一定需要知道瓦格纳生活中的
全部的另一个原因。如果他出人意料地走进门来，我倒是特
别想问他：亲爱的瓦格纳先生，以您的个性和人品，怎么可
能对费利克斯·门德尔松·巴托尔迪（Felix Mendelssohn Bartholdy，
1809—1847）做出如此错误的判断？还有另外一件事情我也想
问：您是个有天赋的音乐家，为什么要在《名歌手》的第一
幕里给乐队写那么多"强"？有哪个歌手能压得住乐团啊？
想都不敢想！

1 通向瓦格纳音乐戏剧的第一种方式

"哗啦啦啦"和"嘿呀托呵"

　　和法国的印象派画家一样，瓦格纳经常被指责为不知羞耻的调香师。他就像传说中的捕鼠魔笛手，巫师厨房里的顶级厨师。他那看似神来之笔的乐段背后充满了精确而理性的计算。他坐在乐谱前面就像坐在实验室里，到处嘶嘶作响，咕嘟冒泡，充满蒸气，没人知道他作曲的那个房间会不会马上被炸上天。他这里放点番木鳖碱，那里加点橙皮屑，好让杏仁的苦味不那么明显，最后再加上一抹佛手柑油，闻起来香气扑鼻——毒药和致幻剂就做好了。《特里斯坦》第三幕结尾极度疯狂的躁郁，还有《帕西法尔》第二幕狂野不羁的音响组合，就这样产生了。

　　音乐表演者被定义为作品的诠释者，这是对他们的救赎，有时也是对他们的诅咒，是他们把瓦格纳和他的魔法带入现实。他们花几个小时争论左数第三把圆号在什么时候应该停下来，合唱团在这个或者那个场景必须站在什么位置，什么位置又是无论如何也不可以站的。初看上去没有什么特别的要求，没有什么特殊的艺术理念，也没有什么音乐美学依据或其他东西作为背景。这当然是假象，因为没有全面的视角和特定的背景歌剧是做不成的，瓦格纳的歌剧更做不成。任何不想探究瓦格纳巫师厨房里到底都有哪些材料的人都会迷失方向。他的调料从哪里来，深锅和平底锅都放在什么位置，他是还在用柴火做饭还是已经用上了煤气炉？换言之，指挥瓦格纳的作品，必须从精确地了解瓦格纳乐队开始。指挥应该钻研瓦格纳的文字，并且知道瓦格纳为什么选择这些而不是另一些主题。瓦格纳经常在乐队、作词和题材三个领域里同时开垦处女地，并且在每一个领域里让我们感到惊讶。乐队宏大而吵闹，歌词费解又冗长，题材老套亦复杂。我觉得应当是时候在偏见的黑暗世界里洒下一丝光明了。

瓦格纳乐队

　　瓦格纳乐队是一个悖论。乐队编制越大，声音就越细腻轻柔，听起来像室内乐；乐队编制越小，声音反而越响。从《禁恋》到《漂泊的荷兰人》，这些瓦格纳年轻时的作品是最响的。因此一个瓦格纳乐队和另一个瓦格纳乐队并不相同，所包含的乐器有很大的差别。例如《漂泊的荷兰人》乐池里只有四支圆号和两支小号，却能震耳欲聋。相比之下，《众神的黄昏》里有八支圆号（或是用两支次中音大号和两支低音大号代替其中四支圆号）、三支大管（第二大管为低音巴松）、一支倍低音大号、三支小号和一支低音小号，还有三支长号和一支低音长号，却绝非太响。当然也有三个 forte（极强）的片段，但是非常短促精确，不然就失去了效果。瓦格纳在乐队的组成上持续地进化，为了达到想要表达的效果，他不断地使用更多、表现力更丰富、更加独特的乐器。乐队的规模越来越大，然而需要所有音乐家同时演奏的部分越来越少。

在弦乐的部分（第一和第二小提琴、中提琴、大提琴和低音大提琴），瓦格纳最喜欢使用"优秀而强大"的弦乐配置。只要乐池坐得下，音乐家数量越多越好。在拜罗伊特，即从 1876 年开始，弦乐数量是十六、十六、十二、十二、八——也就是十六把第一小提琴，十六把第二小提琴，十二把中提琴，十二把大提琴和八把低音大提琴。这里有两个值得注意的特点：一是瓦格纳需要两组同样强大的小提琴。这也许是由于在拜罗伊特被遮挡住的乐池（人称"神秘的深渊"）里，第二小提琴坐在指挥的左侧，必须在挡板下面演奏。为了弥补这个"劣势"，瓦格纳的乐队中第二小提琴和第一小提琴的数量一样多，这和莫扎特、韦伯、威尔第或施特劳斯的乐队都不一样。第二个特点是瓦格纳音乐中的低音乐器其实相当少。八把低音大提琴相对于三十二把小提琴并不算多。音乐给人带来的深邃、黑暗、火山熔岩般涌动的印象，也许是出于完全不同的原因，出于和声、通感或类似的主观体验。

铜管部分特别的是瓦格纳为《尼伯龙根的指环》所定制的瓦格纳大号（又称瓦格纳圆号、指环大号或莱茵的黄金大号）。瓦格纳大号这个名字容易使人误解，因为瓦格纳大号根本不是大号，而是圆号家族的一员。它的外形像是拉长后变得苗条优雅的次中音号。这个乐器有两种不同的大小和音高，分别是 B 调（音域为次中音，尺寸较小）和 F 调（音域为低音，尺寸相应较大）。瓦格纳大号听起来像是大号，但是在耳中不失圆号特有的饱满而高贵的感觉。它的音色自然，有些淡淡的阴影，带着近乎神秘的色彩。瓦格纳大号充分说明了瓦格纳为实现自己心目中的理想音色所做的一丝不苟的努力。自从他开始考虑以《尼伯龙根的指环》作为主题创作一部歌剧，也就是说从 19 世纪 50 年代开始，他一直在寻找这种乐器。著名的比利时管乐制造家阿道夫·萨克斯（Adolphe Sax，1814—1894，公认的萨克斯管发明者）不能生产出一个满足他要求的乐器，瓦格纳想要的混合体是在 19 世纪 60 年代初在美因茨（Mainz）的亚历山大公司的帮助下才开发出来。瓦格纳大号也被用在瓦格纳迷安东·布鲁克纳的晚期交响乐作品中，以及理查德·施特劳斯的《无影女》（Die Frau ohne Schatten）和《阿尔卑斯交响曲》（Alpine Symphony）中。

瓦格纳乐队里还有另一种特殊的乐器，就是《名歌手》里贝克梅瑟使用的竖琴。这是瓦格纳自己创作的另一种乐器：二十根弦和两个踏板组成的一把小竖琴，模仿琉特琴的声音。

在第二幕里，镇上的文员西克斯图斯·贝克梅瑟试图借助它给自己想要追求的伊娃留下深刻的印象。相比之下，音乐会竖琴有 47 弦——通常为肠衣弦，七个踏板，音色要柔和得多。为什么瓦格纳不让贝克梅瑟用真正的琉特琴来表演？因为琉特琴无法与《名歌手》豪华的乐队阵容相抗衡（其中还有四支圆号、三支小号、三支长号、一支低音大号和大量的弦乐在舞台上演奏）。另外，为了表现贝克梅瑟的拙劣模仿特质，需要看起来矫揉造作。从作曲的角度看，贝克梅瑟在整部歌剧中可能拥有最先锋而非常规的音乐——但他从来没有真正的机会赢得伊娃的心，他所使用的竖琴清楚地表达了这一点。

　　一个外行人可能会想象，指挥大型乐队比起指挥中小型乐队要困难得多，但事实并非如此。实际上，站在指挥台上演出瓦格纳经常要比演出贝多芬或莫扎特更容易。在一个大型的乐队里，不仅个人特色被淡化，通常还会有更多机会赋予音乐某些结构。此外，所有的音乐家都同时演奏是不常见的。

　　顺便说一句，瓦格纳的合唱队也不总是所有声部都同时演唱。虽然有时音乐是这样谱写的，却需要遵从演出的实际需求。音乐界公认富特文格勒第一个修剪了《名歌手》第二幕结尾著名的斗殴场景中的合唱。在这个场景中，纽伦堡的好公民们被贝克梅瑟打扰得不能安睡，渐渐形成了大规模的互殴。在音乐方面，总谱是基于赋风曲——类似赋格的结构。也就是说，瓦格纳给极度的混乱赋予了数学般精确的外观——也许是因为纽伦堡的好公民们终究不能改变自己的本性。无论如何，调动一百三十人的合唱队来演唱这个"赋格"是很不容易的，特别是合唱队在舞台上还要进行一系列表演。富特文格勒对协调时出现的问题表示遗憾，发明了拆分合唱团这个有用的办法。合唱团主体在场景中并没有太大的动作，以保持音乐的结构；其他小组则有些时候演唱，有些时候表演，并且尽量迅速地交替轮换。而观众几乎注意不到这个改动。现在《名歌手》的演出普遍采用这个办法。除了实用性考虑之外，如果所有工匠师傅、帮工、学徒和邻居们都同时演唱，形成全体大合唱的音效，音乐声就会大到出格。

　　我曾在上文中提到，随着时间的推移，瓦格纳乐队的音色越来越丰富，规模也越来越庞大。在实际演出中，这种发展趋势使得《指环》强大的弦乐部分也逐渐被应用在瓦格纳的早期作品中。在当今拜罗伊特所演出的《唐豪瑟》或者《罗恩格林》中，也能看见十六把第一小提琴和十六把第二小提琴，没有人在意 1845 年《唐豪瑟》在德累斯顿首演时，或 1850 年《罗恩格林》在小小的魏玛歌剧院首演时，是否有足够的场地容纳如此庞大的弦乐组。当时理查德·瓦格纳也许用八把第一小提琴和八把第二小提琴就够了，这样也能达到他所希望的效果。但是一场忠于历史的演出应该是怎样的呢？应该保持原稿中乐团的编制，进而表现出瓦格纳为什么不停留于这个编制吗？还是应该意识到瓦格纳年轻的时候也希望能有技艺高超、数量足够的乐手，从而实现他真正的意图呢？对于我来说，一场忠于历史的演出需要按照作曲家所处年代的眼光解读总谱，同时用当今的听觉标准来聆听。也就是说，为了真正理解作曲家的作品，我们需要看到作品与其所产生年代之间的关系，理解当时的具体条件，并且把当时的效果移植到当今的情境中。我自己喜欢听到瓦格纳早期和晚期歌剧中乐队编制等的不同。即使瓦格纳这样的大师，也不是完全从天而降的。

文字与音乐

　　理查德·瓦格纳从一开始就是自己的剧作者。这有可能是出于实际的需要——他充满起落的沧桑生活使得他无法与某个剧作家进行稳定的合作。然而主要的原因一定是他主观上对"整体艺术"的乌托邦式概念：艺术是一个整体，除此无他。这也是瓦格纳的目的——整合所有戏剧要素：文字、音乐、舞蹈、舞美和灯光。在他集中写作时期产出的作品——1849 年的《艺术和革命》（*Die Kunst und die Revolution*）、1850 年的《未来的艺术》（*Das Kunstwerk der Zukunft*），以及 1851 年的《歌剧与戏剧》（*Oper Und Drama*）——都表达了这一想法。这种想法也许不是全新的，该思想发源于 16 世纪晚期古老的佛罗伦萨歌剧时代，在浪漫主义时期也很著名。然而从未有人像理查德·瓦格纳这般如此坚定而全面地阐述这种想法，或者说像他这样将这种想法大规模投入实践。通过将他的观念延伸拓展至建筑、作品的艺术环境，以及观众的审美习惯，瓦格纳的这种发展完全不逊色于任何一种社会学说。这种观念的发展就是："艺术表达中共同的艺术渴望所创造出的最完整表达才能成为真正的戏剧，而这种渴望只能在各艺术要素的集合体中呈现出来。"换句话说，这些观赏歌剧的观众也构成了未来的大众。"为了将大众从他们日常的兴趣爱好中抽离出来，引领他们去热爱、去理解人类精神中最高尚与最激昂的感受"，这就是艺术的任务。从 1876 年开始，尤其是在拜罗伊特，瓦格纳的想法已经被付诸实践。

在这里，"要关注什么"和"为什么要关注"一样重要，反之亦然。对于瓦格纳，他的文字词句就是"繁殖后代的种子"（男性化的），音乐则是"带来生长的元素"（女性化的）。瓦格纳在别处说过，音乐是赋予语言"运动能量"的呼吸。音乐和语言是无法分离的，因此瓦格纳建立了语言与声音共生的结构，在很多时候采用"拟声"的方式。文字有时只是对话，有时起着加快行动节奏的作用，有时也作为声音材料为音乐做出铺垫。《特里斯坦和伊索尔德》中的段落，例如"忘记 / 我活着；/ 让我 / 坐在你的膝头，/ 带走我 / 让我离开这个世界！"或许可以换成其他文字。这些段落更像是性爱中的呢喃低吟，而不是任何字面意义上的语言。重要的是歌手们在唱完第一段连奏后，要把第二段处理得相当安静，而第三段则需要非常缓慢——"非常柔和地"，瓦格纳在总谱上写到。

我可以例举出很多今天我们会感觉可笑的段落。在可笑方面，瓦格纳被认为是尤其突出的，例如萨克森方言似乎已经是他文字的一部分。然后还得克服那些无可避免的艰涩难懂的段落带来的巨大障碍（不仅瓦格纳，通常歌剧都如此）。我不认为瓦格纳一向如此，或许他甚至没有决定要面临这个状况。他一定没有想过让观众能够听清《特里斯坦》第三幕中的哀歌——乐队始终以强和极强的力度在演奏，男高音要想让观众听到太费力气了。他也一定没想过要让任何人听懂伊索尔德在第一幕第一场中唱的"堕落的种族，不配我们的祖先！为什么啊母亲，你放弃了指挥大海和风暴的力量了吗？"这一段。的确，除此之外，他为什么要在舞台指示上写"疯狂呓语"呢？这里的重点不就是激动的情绪本身吗？

理查德·瓦格纳是 19 世纪头韵体诗歌形式的重新发现者之一。作为一种多样化的形式，头韵体适合他在很多方面的需求：使他的唱词虽然看起来不太自然，却像是真实的中世纪语言。头韵体还使语言本身可以具有音乐性，也就是说通过用拟声词作为头韵体诗行的开头，就好像文字是作曲早期的组成阶段。人们常常嘲笑瓦格纳的头韵体，通常也有很好的嘲笑理由。他自己创造的语音词，比如莱茵少女演唱的"哗啦啦啦"（Wagalaweia）和女武神演唱的"嘿呀托呵"（Hojotoho）已经成为了德语词汇的一部分。也有一些诗行让人发笑，比如阿尔贝里希那些令人讨厌的平滑溜光的字句。虽然瓦格纳能够接受讽刺，也有足够的幽默感来自嘲，但我还是觉得对他的吹毛求疵毫无品位。只是因为一句"哗啦啦啦"我们就要背弃音乐史上最优秀的一位词作家吗？

首先我们必须承认瓦格纳的成就。想想他曾经研究过多少来自不同源头的书籍和资料吧：《埃达》，不同版本的《尼伯龙人之歌》，戈特弗里德·冯·斯特拉斯堡（Gottfried von Strassburg，？—1210）的《特里斯坦》，沃夫兰·冯·埃申巴赫（Wolfram von Eschenbach，1160—1220）的《帕西法尔》，等等。汇集不同故事的线索、人物和各层次的情节，再把它们重新整理排列，瓦格纳做得是多么出色，又得掌握何等广泛的材料啊。作为剧作家，瓦格纳在这个领域设定了新标准，并足以与此领域中任何一位专业人士相媲美，比如朱塞佩·威尔第（Giuseppe Verdi，1813—1901）的编剧阿里戈·博伊托（Arrigo Boito，1842—1918）——他同时也是《黎恩济》《特里斯坦与伊索尔德》和《维森东克之歌》的意大利语译者。博伊托和威尔第的《西蒙·波卡涅拉》（Simon Boccanegra）和《奥赛罗》（Otello）无疑是歌剧中的杰作，令人着魔而充满紧张感。但文字与音乐的关系是非常不同的。我不想在这里罗列细节来比较两个作品如何推动情节的发展，可以概括地说，博伊托和威尔第为文字谱写音乐，而瓦格纳谱写声音本身。博伊托和威尔第从事的是切割、精炼、戏剧化，而瓦格纳是让声音流动。我非常喜爱意大利歌剧，但是像我的这样一颗完全献给声音的心灵，将永远更强烈地为瓦格纳跳动。

但是，由于瓦格纳写了大量的文字，水平不可避免地参差不齐。有些词语没有人知道，甚至也没有人听过，它们就

在骚动中消失了。这无关紧要，错过关于公马与母马的一行
歌词不是什么大损失。另一方面，瓦格纳也写出了精致而富
有诗意的、深思熟虑的诗行。布伦希尔德的唱段"我的罪行
真的如此可耻，你要这样可耻地惩罚我？"可以在一定程度
上说明这一点。罗恩格林的唱段"甜蜜的歌曲渐渐消失，只
有我们两个，第一次独处"则带着情色的味道。很多时候语
言集中在声音上，以致歌手们并不知道他们唱的是什么，但
瓦格纳的歌词也不全是含糊不清或只做声音的陪衬。我认为
音乐与文字的互动是至关重要的。所谓"写实音乐剧场"的
创始人瓦尔特·费森斯坦（Walter Felsenstein, 1901—1975）曾经在
柏林喜歌剧院当了很多年导演，他提出，在每部歌剧新制作
开始之前，他的歌手们都需要大声念出歌词（不只是瓦格纳
的歌剧）。有时候在排练过程中我也会提出这样的建议：如
果唱出整句有任何问题，抛开音乐节奏用自然的德语大声朗
读一行或一段会非常有帮助。因为整体说来，瓦格纳是按照
朗诵歌词的方式谱曲的。

　　如果他没有这样做，通常都有充分的理由。例如，在
《名歌手》第三幕的五重唱之前，他故意没有按言语的节奏
选择词语。汉斯·萨克斯谈论"神圣晨梦诠释之歌"（seligen
Morgentraum-Deutweise）的时候，把这个非常引人注目的复合词加
上了引号。第一，瓦格纳这样技术熟练的作者，既不把重音
放在"Morgen"，也不把重音放在"Weise"，而是放在"Deut–
Morgentraum–Deutweise"，为什么呢？就为了说明一切端倪：

伊娃爱上了骑士施托尔青，萨克斯则放弃了自己对伊娃的爱——"我的孩子，/ 我知道特里斯坦与伊索尔德的悲伤故事，/ 汉斯·萨克斯是明智的，/ 我不要马克王的幸福"；第二，最重要的是，施托尔青赢得歌手比赛的那首歌曲是一种全新的名歌，打破了以往名歌的所有规则，最后却赢得了比赛。我们必须习惯它，瓦格纳只移动了一下重音，就像使了个眼色，来暗示我们必须习惯新的音乐。

　　无论指挥还是歌手，都只有在掌握了德语以后才能做到这一点。我们生活在一个全球化的音乐世界，如果一个指挥不通德语，那么通常是由他的助手来替他做这一部分的工作：帮助歌手们熟悉唱词的发音和断句，指出机智和讽刺的部分，解答所有关于内容的重要问题。我认为这是错误的，甚至是致命的。事实上瓦格纳用音乐描述舞台上正在发生的事情，或者说像我刚刚讲过的那样，把舞台上的情景用音乐的方式表达出来，并不意味着我们可以只依靠音乐。为了更好地理解威尔第和普契尼，我学会了意大利语，但是直到今天我依然不会俄语或捷克语。所以我不想指挥雅纳切克（Janacek, 1854—1928）和柴可夫斯基的原文歌剧，而宁愿用老派的方式，指挥翻译成德语的版本。从美学和政治的角度看，这不一定很正确，但是如果不知道唱词究竟是在说什么，我就缺少了一个重要的维度。指挥必须知道他正在指挥什么。

　　瓦格纳用他的各种香水、他的音响狂欢、他的独特气质迷惑并引诱我们。如果不想在他制造的迷幻世界里中毒，我们只有一个机会：必须依靠他的文字，一字不差地理解能够理解的部分，然后才能尽量望向他的魔法盒子里更深的角落。即便如此，剩下的谜语还有很多很多。

主题

今天看来，瓦格纳歌剧的主题对我们来说并不是很诱人，事实上这些主题更有可能打消我们的兴趣。为什么非要表现日耳曼神话里充满了黑暗的仪式和迷信的世界，还有那些莱茵少女、精灵、巨人和女武神？我们喜爱古代不朽传说中的明亮光芒，却对沃坦（众神之长）和埃达（大地之母）非常陌生。不过，我们也应该从瓦格纳所处时代的角度来看待他。19 世纪是年轻的德国崛起并创造文化符号的年代：盖了六百年的科隆大教堂终于竣工，马林贝格城堡（Marienburg）和其他一些历史建筑得以修复，1830 年普鲁士迸发出对波兰的热情，1871 年开始筹划的德意志帝国是一项富有远见而又相当投机的项目，它标志着整个民族建立在历史之上的自信心达到了顶峰。1813 年出生的瓦格纳被这样的时代精神所包围，直到生命结束都受到它的影响。瓦格纳认为自己既是保守主义者又是革命者，他天性中这两面之间的紧张关系对于他的艺术来说是必不可少的。这也是我们直到今天都能从他的作品中感觉到的驱动力。

理查德·瓦格纳想要如实地描述生活，描述所有的一切。

为此他需要既能支撑这个要求，又能给予他创作自由的材料。所以他需要神话，但从根本上来说，他只是把《埃达》《尼伯龙人之歌》《特里斯坦》和《帕西法尔》这样的史诗作为材料的来源，作为达到自己创作目的的工具。他用这些神话作品的古董长袍当外衣，所追求的却是截然不同、现代而颠覆性的结局。瓦格纳的想法不是要给《埃达》或《尼伯龙人之歌》配乐，他从来没有过这样的打算。他想创造的是规模宏大而没有国界的戏剧形式，以此来描述现代人为了追求财富而忘记自我的时候会发生什么。他首先产生一个想法，然后开始寻找可以传达这一想法的神话或其他主题，而不是从神话中寻找主题。我们可以把这看作瓦格纳创作的普遍原则。他大概也可以用《罗密欧与朱丽叶》而不是《特里斯坦和伊索尔德》这样的神话作为出发点进行创作，但是在19世纪中期，对莎士比亚主题的热情在某种程度上已经让位于中世纪宫廷神话，也许那就是瓦格纳选择《特里斯坦和伊索尔德》的原因。

这样看来，瓦格纳走向他所采用的神话的道路是颇有道理的。作为一个他所处时代的一员，他被中世纪所吸引，并不需要费力地解释他为什么选择这个或那个主题。《罗恩格林》或《唐豪瑟》的主题本身很容易理解，毕竟，人们认同他们的前辈并且愿意把他们当作先例。罗恩格林或唐豪瑟被视为自中世纪以来或多或少失去了集体认同的担保人，现在到了要复兴的时候。瓦格纳为此提供了范例。但是，他对这些神话中的人物以及他们的故事所做的详细描述，在政治上、心理上和审美上则是另外一回事。瓦格纳小心翼翼地不去破坏他在表面的历史伪装。

然而，对我来说，瓦格纳的现代性最终在于音乐而不是他的歌剧主题。一直以来我和那些主题都保持一定的距离，坦白地说，我现在依然如此。我完全不反对他把歌剧视为整体艺术的观点，当然更不会否定瓦格纳作为词作者对语言艺术的精通。也许我只看到了套在外面的服装并且不信任它，因为我对于服装背后和内在的东西绝对更加有兴趣。理查德·施特劳斯写歌剧也喜欢采用神话主题，但是更倾向于希腊而不是日耳曼神话，例如伊莱克特拉、阿里阿德涅和达芙妮。除了我上面已经提到过的，我们更熟悉希腊神话的世界，我觉得理查德·施特劳斯也是这样创作歌剧的。

作为一名指挥，当国王的女儿阿里阿德涅为她被情人抛弃在拿克索斯岛上悲叹时，我到底是该表现出对她命运的关心，还是该琢磨为什么施特劳斯将这个题材作为歌剧中的歌剧，他的音乐中巧妙的艺术元素要对我述说什么？我可能对后者更感兴趣，这个矛盾已经存在于瓦格纳的作品中，而且在瓦格纳的背后有着强大的传统。亨德尔、莫扎特和格鲁克都试图在音乐戏剧上实现创新并取得了成功。瓦格纳与他们的区别就在于他古老的题材与前卫的音乐之间存在着极其宽阔的鸿沟，好像双方故意要形成对立。这是什么样的挑战，又是如何的幸运啊。

2　瓦格纳和他的指挥们

"如果你们不是那样单调乏味的人"

瓦格纳的愿景最终化成了拜罗伊特的建筑。没有其他任何地方能够像节日剧院那样，让我们如此近距离地看到他为另一个更加自由、公正、艺术化的世界所勾画的蓝图。无论我们是否真正理解瓦格纳整体艺术的理论，在这里最让我们印象深刻的就是，整体中的每一个小齿轮都是重要的，最终结果取决于所有细节。只有指挥从瓦格纳的集体中稍微有些突出。在拜罗伊特的乐池中，指挥比音乐家坐得高出很多，比在世界上任何其他歌剧院高出的都多，像是讲台上的牧师。指挥是演出当晚的王者。作为作曲家的代表和助手，千丝万缕都在他的手中汇合。这不仅是个比喻，也是一种现实。为此我要为指挥书写专门的一章。如果我们在寻找一个尺度，来帮助我们衡量瓦格纳艺术的绝高要求，我们首先找到的、同时也是最重要的衡量标准就是瓦格纳指挥在业界可敬的地位。如果想了解这些指挥，我们必须从瓦格纳本人开始。毕竟，像大多数与他同时代的作曲家一样，瓦格纳也是自己作品的诠释者，并且为自己赢得了指挥家的声誉。

指挥台上的瓦格纳

理查德·瓦格纳与门德尔松、赫克托·柏辽兹（Berlioz, 1803—1869）一起，可以称得上是第一批职业指挥家中的成员。他使用指挥棒便是一个典型的例证。倒不是说指挥棒本身是 19 世纪的新产物，但在那个时代它赋予了指挥新的权力，也赋予了音乐本身一个新的维度。在 18 世纪，通常是由乐器独奏家或者乐队小提琴首席指挥音乐行进，节拍完全标示出来只能靠声音，通过用木棍轻击或敲打地板传达给所有的音乐家。一个著名的故事是，法国作曲家让-巴普蒂斯特·吕利（Jean-Baptiste Lully, 1632—1687）曾在激动之中把木棍捣在了自己脚上，后因拒绝医治伤处而死于败血症。然后在 19 世纪初，木棒从垂直移动发展为水平运动，成为了指挥者手臂的延伸而不是老式的打击乐器，因而从重力的桎梏中解放了自己，同时使指挥成为了演出的中心和焦点。

除了吕利的不幸事件永远不会发生在瓦格纳的身上之外（他肯定会立即去看医生），很难描绘瓦格纳指挥的形象。门德尔松给他的姐姐范妮（Fannie, 1805—1847）写道，他自己用的是一根很好的轻便的鲸骨指挥棒，包裹着白色皮革。据范妮说，柏辽兹有一根由椴木制成的巨大指挥棒，上面还带着树皮。同样的，瓦格纳的指挥棒明显地不是细长和更现代的类型，他按照老式的方法握在离下端不远的位置。这样的指挥棒不是为特别灵活的节奏或者精细的音乐笔触准备的。威利·比索恩（Willi Bithorn）为指挥台上的瓦格纳所绘的剪影表现出了他纯粹的能量：狂热地举在空中的手臂，燕尾服的下摆飞起，整个身体立在脚尖上向后倾斜并高昂着头，把乐谱中的风直接吹给听众——这是瓦格纳典型的指挥方式。但是这幅毫无疑义的瓦格纳侧面像，尤其是鼻子和下颌，让我们以为看到的是晚些时候奥托·伯勒（Otto Böhle）为古斯塔夫·马勒所绘的剪影。

这时我就回头去读古斯塔夫·阿道夫·基茨（Gustav Adolf Kietz）的《理查德·瓦格纳回忆录》。基茨告诉我们："瓦格纳站在乐团前面演出的时候，都是抬着头，躯干不动，左手放在身体一侧，右手拿着指挥棒，不是用手臂而是用手腕来指挥。表面看来他充满激情的天性似乎受到了控制，但是却通过他的面部表情，特别是他的眼睛——瓦格纳传达他想要的东西最重要的手段，充分表现了出来。"我觉得这听起来很可信。然而基茨是一位雕塑家，也许他更多的是在描述事物的外表而不是与音乐有关的事实？

了解瓦格纳的指挥风格更为困难。有不少旁观者的描述，也有瓦格纳自己和评论家们（既有亲密的朋友，也有针锋相对的敌人）的大量说法。从这些我们可以总结出瓦格纳明显是为了"节奏的变化"而指挥，特点是不断打破边界的"自由节奏技术"和伟大的"表现力"。但是这些字眼在 1855 年的意思与今天相同吗？当时指挥作为一个独立的职业还是一件新事物，人们对一个音乐家站在台子上指挥其他音乐家这个想法持怀疑的态度——这是哗众取宠吗？当然，今天的观众对指挥已经习以为常。另外，我们可能会对那个时候管弦乐手的技术标准感到绝望。主观性与粗心大意之间，无拘无束和肤浅的一知半解之间没有明显的界线。瓦格纳一辈子都认为自己是一个作曲家而非指挥家，记住这一点也很重要。对于瓦格纳，指挥更像是帮助他追求的工具而不是热切追求的理想，更像是到达终点的手段而不是终点本身。他不惜任何代价地追求名声——这样他就可以更加有效地推广自己的音乐戏剧。

　　说实话，我不知道他是怎么做到这些的。不仅因为他只靠自学（当时他的自学也没有什么意义），还因为他是一个差劲的钢琴家和毫无希望的小提琴手。他连读总谱都有困难，把自己的作品改编成钢琴谱对他来说是一项艰巨的工作。资历这么差的人面对乐团能做什么呢？他怎么能批评当时正常的歌剧和音乐会排练"拙劣"和"无用"呢？他的傲慢是从哪里来的呢？

　　但是只要看一眼《特里斯坦》或《帕西法尔》的总谱，所有的争论就灰飞烟灭了。我们与瓦格纳之间存在着巨大的差距。在他所有的同时代人里，瓦格纳最不像是现实中的大师——不是门德尔松那样年轻的天才，不是帕格尼尼那样魔鬼般精力充沛的音乐家，不是弗朗茨·李斯特那样自由的灵魂，却比他们中的任何一个在音乐领域都耕耘得更深。瓦格纳是创造性的艺术家，而不是作为作曲家或指挥家去创造性地诠释其他人的作品。我们经常看到瓦格纳喜欢形容自己涉猎广泛，而所有的专家、传统守护者看起来都是愚蠢的，他自己最终出现的时候笼罩着救世主的光环。萧伯纳（Bernard Shaw, 1856—1950）说得更加精练，面对瓦格纳，"老派的音乐专家需要忘记他们所学的一切"。

瓦格纳学派

在我们所知道的一切有记载的史料中，瓦格纳喜欢指挥他能背诵的曲目（他最喜爱的是贝多芬的交响曲，自然而然地让我感觉非常亲切）。这也解释了基茨提到瓦格纳"特别的眼神"，他对音乐家的情感态度。作为一个指挥，瓦格纳认为自己是一个在呈现音乐作品的音乐家，与作曲家心意相通而对作品进行再创作。他的目标是让观众体验到音乐作品就是在当时当地的现场为他们的耳朵而创作的。瓦格纳想把艺术带到当下，让艺术成为当下全部的世界——除此之外，还有什么能阐述一场成功的演出呢？瓦格纳的很多想法，尤其是实践性的想法，直到今天仍旧很有意义。没有瓦格纳这样一位戏剧改革者，现代剧院将面目全非。演出期间调暗观众席的灯光，舞台上的新型照明，所有观众都有良好视线的剧场，诸如此类的改进都是瓦格纳的功绩。

　　然而，救世主需要信徒，瓦格纳则有他的瓦格纳学派。在这一点上做些"考古挖掘"很有意思。我们从第一代的四位代表人物开始：汉斯·里希特（Hans Richter，1843—1916），《指环》首演的指挥；阿瑟·尼基什（Arthur Nikisch，1855—1922），曾任莱比锡布商大厦管弦乐团和柏林爱乐乐团指挥；菲利克斯·莫特尔（Felix Mottl，1856—1911），《指环》首演的助理指挥，据说还帮助推过传说中莱茵河少女的车；还有汉斯·冯·彪罗（Hans von Bülow，1830—1894），科西玛的第一任丈夫，幽默大师罗里奥特（Loriot，1923—2011）的先辈。彪罗后来把年轻的理查德·施特劳斯招至麾下；里希特和莫特尔则教出了阿尔弗雷德·柯尔托（Alfred Cortot，1877—1962）和汉斯·克纳佩茨布施；而尼基什影响了富特文格勒和古斯塔夫·马勒。布鲁诺·瓦尔特（Bruno Walter，1876—1962）则是马勒的学生。

　　这看起来就像现代指挥家的完美家谱，但实际上并非如此，因为这样的家谱不止一个。即使瓦格纳也不得不接受在他之前就存在、与他同时代的门德尔松（还有他的鲸鱼骨指挥棒）和柏辽兹。富特文格勒总有一个老对手：阿尔图罗·托斯卡尼尼（Arturo Toscanini，1867—1957）。20 世纪 60 年代初，卡拉扬与尼古拉斯·哈农库特（Nikolaus Harnoncourt，1929—2016）和其他早期的音乐专家不相上下。甚至在我自己这一代，人们也把指挥分成两个学派：德国声音（谁知道这到底是什么意思）拥护者 VS 非德国声音的拥护者，情绪化 VS 工于修饰，本能 VS 智慧。无论如何，我实在看不出来有谁能"本能地"或"智慧地"指挥。我所知道的就是：我们应该警惕这些意识形态的盲从者的分门别类。

如果我们来看看曾经在拜罗伊特工作过的指挥，不可避免地会最先看到瓦格纳派的许多成员。所有拜罗伊特指挥的照片都挂在著名的强盗画廊，那是连接节日剧院舞台和餐厅区约二十米长的半地下走廊。其实这个地方更像是一条隧道——又冷天花板又低，灯光奇怪且墙面粗糙。两侧墙上都挂着曾在绿山（到目前为止有七十三人）工作过的指挥家的肖像，从 1876 年汉斯·里希特开始到 2012 年在这里首次登台的菲利普·乔丹（Philippe Jordan, 1974— ）。我们可能会注意到，这里的肖像只有指挥，没有歌手或导演；这是沃尔夫冈·瓦格纳在 20 世纪 70 年代制定的规矩。伟大的富特文格勒、托斯卡尼尼和克纳佩茨布施的肖像就挂在名不见经传的卡尔·埃尔曼多夫（Karl Elmendorff, 1891—1962）和托马斯·施珀斯（Thomas Schippers, 1930—1977）旁边，魅力超凡的音乐家与诚心实意的手艺人平起平坐，幸运儿与不幸者等量齐观。无论是在实践还是美学方面，或是在神秘和感性方面，没有任何一座其他歌剧院的历史具有如此强烈的存在感。如果你在幕间休息选择吃猪肉和饺子而不是沙拉，在回到《众神的黄昏》或《名歌手》第三幕，你经过这里看见布列兹严厉的目光时，一定会对自己的选择加倍地忏悔。

　　我的许多同仁都认为这群表情严肃的年轻男子（我不得不遗憾地说这里至今还没有一个女性面孔）是个威胁，他们必须逃离这个挑战。我认为拜罗伊特的传统一直以来就是有很多面孔。他们都看着你，在密集的排练和音乐节演出期间你经常没有时间和他们对视。不过我也会不时在一些同仁们的画像前停下，在脑海里和他们聊聊天。仔细观察其中一些面孔，深入了解他们的故事是非常有趣的。作为瓦格纳迷，我需要知道我是站在谁的肩膀上。知道之后我才能忘记。必须能够忘记，否则我无法做任何自己的事情。

拜罗伊特的强盗画廊

　　从乐池出来，首先要向右转上坡道，然后通过双层门，进入很多大型弦乐器（大提琴和低音提琴）琴盒的存储区域，然后就能看见第一位指挥的面孔。许多人想象这应该是理查德·瓦格纳的面孔，然而不是。瓦格纳的确指挥过自己的作品，但他从未在拜罗伊特指挥过，至少不是正式的演出。作为《指环》和《帕西法尔》的导演，他无法把时间和精力集中到指挥上。1882 年 8 月 29 日，只有在《帕西法尔》首演的那个夏天，在最后一场演出中，他在第三幕的过渡乐段之后从赫尔曼·列维（Hermann Levi, 1839—1900）手中接过了指挥棒，把他"舞台祝圣节庆剧"一直指挥到结束，由于乐池被遮挡而没有引起观众的注意。科西玛写道，当她和他们的孩子们谈论起那天晚上"发生的事情"，他们都觉得"当他指挥的时候，乐队听起来不一样了"，H. 瑞茨曼（H. Reichmann）以无与伦比的独特方式唱出了"死亡，唯一的慈悲"这一段。她是否从安佛塔斯的唱词中看到了预兆？仅仅六个月之后，瓦格纳在威尼斯死于心力衰竭，享年六十九岁。

生于 1843 年的汉斯·里希特是《指环》首演的指挥，他从 19 世纪 60 年代准备《名歌手》总谱的付印工作时就与瓦格纳相熟，也是第一个在拜罗伊特登台的指挥。里希特喜爱美食和美酒，他在照片里留着又大又浓密的胡子，看起来非常专业。当时，他被公认为是音乐世界的一个狠角色。他可以演奏管弦乐队中的几乎所有乐器，当乐手抱怨技术难度太大无法演奏时，他能够亲自在乐器上示范而让乐手非常难堪。1896 年在拜罗伊特复排《指环》的时候，他要求乐团进行四十六次排练，而且这个要求居然被同意了！虽然瓦格纳认为里希特是"最好的"，但他认为里希特太慢了。"我真的觉得你总体上过于依赖四分音符，这经常损害节奏的气势，比如沃坦的愤怒场景中经常出现的长音。在我看来，你甚至可以为了提高精确度而使用八分音符。依赖四分音符永远不可能让你表现出活跃快板的特性。"我自己的经验证明了瓦格纳所言不虚。里希特于 1916 年去世，安葬在拜罗伊特。

里希特的旁边挂着的肖像是赫尔曼·莱维。莱维出生于 1839 年，是《帕西法尔》首演的指挥，在慕尼黑担任宫廷乐队长。他是犹太教拉比的儿子，也留着胡子，眼神有些悲伤。瓦格纳因为对里希特不满意而选择让他指挥《帕西法尔》，但是很快就发现自己无法避免发表反犹言论。他想要莱维改变信仰，否则就得一直在拜罗伊特卑躬屈膝。还有一次，瓦格纳大声朗读了一封给莱维的下流的匿名信，莱维当场就请辞了。拜罗伊特的《帕西法尔》成功首演之后不久，莱维就成了抑郁症的牺牲品，瓦格纳家族为他担心，但很快瓦格纳就觉得受不了了。他在威尼斯的宫殿里抱怨说，真受不了这些"以色列人，他们不是因为所受到的待遇得了精神病，就是表现得特别傲慢"。莱维指挥《帕西法尔》用了四小时零四分钟——被公认为是《帕西法尔》理想的时长，只有克莱门斯·克劳斯（Clemens Krauss, 1893—1954）在 1953 年有一次比莱维更快，用了三小时四十四分钟。瓦格纳对莱维的职业表现应该是比较满意的，只批评过他指挥时"过度使用手臂"而不用手腕。莱维于 1900 年在帕腾基兴去世。

下一幅肖像是弗兰茨·费舍尔（Franz Fischer, 1849—1918），很难找到关于他的资料。但是他后面就是著名的菲利克斯·莫特尔。莫特尔 1856 年出生于维也纳附近。照片上他留着整齐的侧分发型，蓄着小胡子，鼻子上架着一副夹鼻眼镜。莫特尔 1886 年在拜罗伊特指挥了《特里斯坦》的首演，直到今天他都是唯一一个在绿山上指挥过瓦格纳所有十部音乐戏剧的人，也就是按照传统在拜罗伊特演出的所有作品。1876年，莫特尔加入了由莱维、海因里希·波吉斯（Heinrich Porges,

1837—1900）和尤里乌斯·柯尼斯（Julius Kniese）组成的"尼伯龙根办公室"，这个小组由有才华的年轻一代组成，帮助瓦格纳制作管弦乐总谱、钢琴谱的清晰副本，最重要的是帮助瓦格纳准备《指环》。像波吉斯的拜罗伊特音乐节回忆录一样，莫特尔的日记也是一个非常有趣的材料来源，可以帮助我们了解瓦格纳当年的种种要求。瓦格纳在排练过程中有两句评论对我特别有启发。据说有一次他曾经说："如果你们不是这么一群乏味的家伙，《莱茵的黄金》应该在两小时之内就能演完。"一个大胆的说法，不可能实现的异常的大胆。我估计《莱茵的黄金》至少需要两个半小时。但是这个评论显示出瓦格纳总是倾向于流畅的行进。第二句评论是："气氛无足轻重，知识从来都是最重要的。"这句话和它所包含的意义是在拜罗伊特需要掌握的第一个重点。莫特尔（后来被尊称为菲利克斯·冯·莫特尔）在他指挥第一百场《特里斯坦》时突然倒在了指挥台上，于1911年在慕尼黑逝世。半个世纪后约瑟夫·凯尔伯特（Joseph keilberth, 1908—1968）的命运也是如此。这是一种美丽的死法吗？我不知道。

再往左走一步就是理查德·施特劳斯，1864年出生于慕尼黑，1889年在瓦格纳音乐节担任助理，1894年指挥过五场《唐豪瑟》，当时他未来的妻子保利娜·德·阿娜在这五场《唐豪瑟》中饰演伊丽莎白。科西玛·瓦格纳对这位瘦削的巴伐利亚人评价很高，想把自己的女儿爱娃许配给他——可惜没有成功。家庭生活在绿山一直非常重要。像瓦格纳一样，施特劳斯是一个典型的作曲家兼指挥家，以简洁的拍子和轻快的节奏闻名（在一些历史性的录音中，尤其是他自己作品的录音中，我们还能听到）。从 1933 年到 1934 年间，施特劳斯代替托斯卡尼尼在拜罗伊特节日剧院指挥了《帕西法尔》和贝多芬《第九交响曲》，以纪念 1872 年 5 月 22 日瓦格纳为庆祝节日剧院奠基在拜罗伊特城里的马格雷夫伯爵歌剧院指挥了贝多芬《第九交响曲》。"并不是我把《帕西法尔》指得更快，"他后来解释说，"拜罗伊特的其他人越来越慢了。相信我，这样做是错误的。"在希特勒"夺权"之后，多愁善感而狂热的"纳粹"风格在瓦格纳作品的演出中占了主流地位这种说法并不公正。意识形态上的滥用并不一定意味着表演上的扭曲。施特劳斯生前非常富有，他在 1949 年以八十五岁高龄逝世于帕滕基兴。

　　起初理查德 · 施特劳斯是拜罗伊特王位继承人、瓦格纳唯一的儿子齐格弗里德 · 瓦格纳的朋友。齐格弗里德 1869 年生于特里伯森，和他的父亲一样，也是作曲家、指挥、导演、舞美设计师和音乐节总监。他是一个有趣的人物，但不是一个天才。他觉得被世人误解，尤其是作为一个作曲家，他觉得自己"被宫廷的剧院所忽视"，并归咎于施特劳斯和其他人。他说，想到演出《帕西法尔》的舞台"被（施特劳斯的）莎乐美和伊莱克特拉这样令人反感的人物所践踏"，他就非常伤心。"莎乐美和伊莱克特拉只能说是对索福克勒斯（Sophocles，公元前 495—406）的嘲弄，对整个古典艺术的亵渎。我的父亲要是听见了理查德·施特劳斯的歌剧是什么样的倒退，在坟墓里都会不得安宁……从什么时候艺术开始与污垢不分了？"1894 年，科西玛让她的儿子在排练过程中成功接过了《罗恩格林》的指挥工作，并于 1896 年第一次登上了拜罗伊特的指挥台（而且一上来就指挥了《指环》）。不过，他的优点在其他方面显而易见。一方面，尽管他是同性恋，却使瓦格纳王朝免于绝后的命运。他在四十多岁的时候与十八岁的温妮弗莱德·威廉姆斯·克林德沃思（Winifred Williams Klindworth，1897—1980）结婚并生育了四个子女：维兰德（Wieland），弗里德林德（Friedelind），沃尔夫冈（Wolfgang）和韦雷纳（Verena）。另一方面，他对剧目在台上的表演和在台下的制作过程进行了温和的改革。最重要的是，从 1924 年开始，齐格弗里德为音乐节的经济打下了一个良好的基础。按照当时的惯例，自 1913 年，即作曲家去世后的三十年起，瓦格纳作品的大部分版权逐渐失去了收入，而当时的通货膨胀非常严重，音乐节必须找到其他的资金来源。齐格弗里德提出把家族生意转变为"德国人民的理查德·瓦格纳基金会"，筹集捐款，追索自己作品的版税，四处讲学，并作为客席指挥进行长期巡演，甚至到过美国（虽然他的反犹主义让他失去了几个潜在的美国赞助人）。直到 1928 年他才回到拜罗伊特，最后一次站在节日剧院号称"神秘深渊"的乐池里。他在音乐节的一次排练中心脏病发作，随后死于 1930 年 8 月 4 日，与他的母亲科西玛同一年去世。

画廊下一个指挥是安东·塞德尔（Anton Seidl, 1850—1898），他头发很好，髭须令人印象深刻。塞德尔 1850 年于佩斯（Pest）出生，1898 年于纽约去世，只在拜罗伊特指挥过一个夏天，即 1897 年的《帕西法尔》。塞德尔最大的成就是作为传奇的"瓦格纳巡演公司"的一员，指挥过一百三十五场《指环》。"瓦格纳巡演公司"有自己的合唱团和乐队，以及全套的舞台布景和技术人员。19 世纪 80 年代，他们足迹遍及欧洲——每个人都想要瓦格纳！卡尔·穆克博士（Karl Muck, 1859—1940）没有这种令人惊叹的演出次数，却以他所演绎作品的广泛性和经典定速在 1901 至 1930 年间留下了自己的独特印记，在拜罗伊特他主要指挥的作品是《帕西法尔》。穆克出生 1859 年，相貌独特，是强盗画廊里第一个没有留胡须的人。他的信条有些情绪化："对于拜罗伊特所指定的人来说，最重要的是与这个地方、与大师在文字中和总谱中所写下的艺术理念相符合，从知识的层面掌握它们，并以真正信徒的谦卑和神圣的狂热把它们带进节日剧院。"穆克于 1940 年去世。

穆克的左边是麦克·贝林（Michael Balling, 1866—1925）。贝林是中提琴演奏家，被菲利克斯·莫特尔发现，在英国成功地演出了瓦格纳的作品，并娶了赫尔曼·莱维的遗孀。关于他的事迹没有什么记载。弗朗茨·拜德勒（Franz Beidler, 1872—1930），除了他是伊索尔德·冯·彪罗的丈夫以外，也没有什么记载。伊索尔德·冯·彪罗是科西玛和理查德·瓦格纳的第一个女儿，由于她出生的时候科西玛仍然和汉斯·冯·彪罗保持着婚姻关系，瓦格纳家族不承认她是继承人之一（她的母亲亲自出面支持了不允许她继承瓦格纳遗产的法庭判决）。因此，伊索尔德的儿子弗朗茨·威尔海姆（Franz Wilhelm），瓦格纳的长孙，也没有瓦格纳遗产的继承权。有时人们难免会想，如果由他来掌握瓦格纳家族的命运，绿山的今天会不会是另外一番景象。

1924 年，歌手艾米·克鲁格（Emmy Krüger，1886—1976）言之凿凿地说，瓦格纳一家都不喜欢接下来的这个指挥（尽管他有一头金发和日耳曼人的英俊面孔）。弗里茨·布施（Fritz Busch）1890 年出生于锡根（Siegen），在 1933 年之前一直担任德累斯顿森帕歌剧院的音乐总监。他在拜罗伊特的日子不太好过，不仅抱怨艺术水平不佳，还经常与穆克和齐格弗里德·瓦格纳发生争执。那些听过布施录音的人可以猜到他的《名歌手》不仅仅是对瓦格纳的虔诚诠释，还充满了高度的敏感、对台词的细心关注，以及蓬勃有力的速度。他邀请阿图罗·托斯卡尼尼指挥 1925 年音乐节的建议遭到了曲解。八年后纳粹开始掌权，托斯卡尼尼解除了他与拜罗伊特的合同，布施再次进入了人们的视线。他在回忆录中悲伤地写道："他们向我伸出橄榄枝，要给我梦寐以求的一切，而我知道我不能接受。"他拒绝了拜罗伊特的邀请，不久就移民海外，于 1951 年在伦敦逝世。

威利巴尔德·凯勒（Willibald Kaehler，1866—1938）在画像中戴着别致的 20 世纪 30 年代风格的眼镜，只在拜罗伊特出现过两次。强壮的卡尔·埃尔门多夫（Karl Elmendorff, 1891—1962）则成为了瓦格纳歌剧院的常客。从 1927 年到 1942 年，他几乎每年都在拜罗伊特指挥。弗朗茨·冯·霍埃斯林（Franz von Hoesslin）生于 1885 年，曾经担任布雷斯劳的音乐总监。他娶了一个犹太妻子，在 30 年代中期之后生活得越来越困难。当时管理瓦格纳音乐节的温妮弗雷德·瓦格纳为了帮助他，在 1934 年及 1938—1940 年间邀请他到拜罗伊特指挥。在邻近的欧洲国家，特别是法国，霍埃斯林被认为是“与托斯卡尼尼齐名的最伟大的指挥之一”。1946 年，他有天晚上要在日内瓦指挥《后宫诱逃》，但是错过了前往日内瓦的航班。作为现代私人喷气机旅行的先驱，他租用了一架私人飞机前往日内瓦。飞机在里昂湾坠毁，弗朗茨·冯·霍埃斯林和他的妻子死于这场空难。

现在我来到纽约 NBC 交响乐团的传奇领袖阿图罗·托斯卡尼尼面前，他是指挥台上令人恐惧的暴君，更像是太阳神而不是酒神。他是弗拉基米尔·霍洛维兹（Vladimir Horowitz, 1903—1989）的岳父，也是第一个在绿山上指挥歌剧的“外国人”。1930 年，托斯卡尼尼第一次在拜罗伊特登台指挥了《特里斯坦》和《唐豪瑟》，战胜了当时单调的拜罗伊特风格，战胜了他的对手穆克，也战胜了当时困难的经济条件，并且赢得了乐队的认可。让他在排练中折断了好几支指挥棒的音乐家们后来高高兴兴地把他举上头顶，从节日剧院抬了出来。1931 年，托斯卡尼尼赢得了“最慢瓦格纳指挥”的名声，他指挥《帕西法尔》用了四小时四十二分钟，比穆克的版本长二十三分钟，比首演时莱维的版本整整长了三十八分钟，到目前为止还保持着最慢瓦格纳的纪录。这是一个悖论：以精准著称的托斯卡尼尼，音乐客观原则的守护者，在速度上却采取了科西玛发起的"拜罗伊特风格"，将歌剧设想为博物馆里的作品，并把这种风格发挥到极致。他这样做是为了寻找乐趣？还是因为语言不通？当时精通意大利语的齐格弗里德·瓦格纳已经去世，根据温妮弗雷德·瓦格纳的说法，托斯卡尼尼的助手基本上就是"无能"，还有谁能够把所有的作品熟记于心，能够帮助大师翻译排练笔记，翻译瓦格纳亲自书写的批注，和那些总谱上书写的演出指导？新上任的音乐节总监富特文格勒抱怨说托斯卡尼尼缺乏"深入的洞察力，更加活泼的想象力，更大的温暖和对作品的投入"。结果就是嫉妒和摩擦，这个夏天以各个方面的不合而告终。尽管如此，温妮弗雷德·瓦格纳仍旧说服了托斯卡尼尼在1933年的瓦格纳音乐节上指挥，双方确定了五场《帕西法尔》和八场《名歌手》。然而，4月1日这位意大利人从纽约发电报给德国政府表示抗议：官方抵制犹太人的行动威胁到了他的许多艺术家同仁。5月28日托斯卡尼尼以电报的方式解除了与拜罗伊特音乐节的合约，但表示"与瓦格纳一家的友谊之情长存"。同时，托斯卡尼尼同意在萨尔斯堡音乐节担任指挥。1937年他移民到美国，直到1957年近九十岁时去世。

托斯卡尼尼旁边的是宣称"反教皇"的威廉·富特文格

勒。富特文格勒出生于 1886 年，自 1922 年起接替亚瑟·尼
基什担任柏林爱乐乐团的首席指挥，1933 年担任柏林国家歌
剧院总监，是 20 世纪最重要和最有影响力的瓦格纳指挥之一。
托斯卡尼尼把天生魅力非凡的富特文格勒看成一个小丑，无
疑是在挖苦富特文格勒相当不正统的指挥姿势。1930 年，卡
尔·穆克气冲冲地离开之后，海因茨·蒂切恩（我很快就会
谈到他）和温妮弗雷德·瓦格纳向富特文格勒求助。他充分
利用了这一点，毕竟他有谈判的筹码。他要求担任拜罗伊特
音乐节的音乐总监并成功得到了这一职位。一年以后，他首
次在拜罗伊特登台演出了《特里斯坦和伊索尔德》，随后是
1936—1937 年间的《帕西法尔》《罗恩格林》和 1943—1944
年间的《名歌手》，战后又指挥了两场贝多芬《第九交响曲》。
富特文格勒在拜罗伊特一共演出过七十多场，但是他的瓦格
纳之路却漫长而充满危机。即使在拜罗伊特，尤其是在拜罗
伊特，无数的困难在等着他，尤其与温妮弗雷德和蒂特恩的
权力斗争永无宁日。另外富特文格勒服务纳粹的策略——只
有在可能对他的事业造成威胁的时候才与他们合作——不总
是奏效。有一则传奇的逸事说明了这一点：1942 年在希特勒
生日前夕举行的音乐会上，富特文格勒不得不从指挥台上弯
下腰与约瑟夫·戈培尔握手，然后再擦拭自己的手。他的遗
孀伊丽莎白很多年以后回忆说，富特文格勒无法选择放弃许
多"他自己的人"。他的其他非犹太同仁，埃里希·克莱伯（Erich
Kleiber，1890—1956）和弗里茨·布施等人早早地移民，富特文格

勒则选择留下来继续工作。

当富特文格勒还是一个小男孩的时候，父亲给了他慕尼黑骑士剧院（Cuvilliés-Theatre）《指环》的票，弗朗茨·菲舍尔（Franz Fischer）指挥，由当时著名的歌手演唱，一切就这样开始了。1936 年，富特文格勒写道，他记得那四场演出摧毁了他对瓦格纳的幻想和对他对这位作曲家的作品多年的热爱。为什么？因为他觉得他们"缺乏一切真情实感"，一切都是"剧场效果，完完全全的剧场效果"。实际上，三年后的 1939 年，瓦格纳作为音乐家和自由主义者被谴责为"剧院之人"的时候，富特文格勒说这是"深刻的误会"，简直是"假冒"。换句话说，富特文格勒不相信在瓦格纳的整体艺术中，语言、音乐和舞台表演同等重要。他把音乐放在第一位。这种态度当然会影响他的诠释，以及人们如何接受他的诠释。直到今天，富特文格勒的瓦格纳一直被公认是"主观、情绪化、浪漫主义、交响化和德皇威廉风格的"。同样地，人们认为他的速度不规则而"随意"，他的威武有些多余，他对歌手经常太不重视。令我愤慨的是，评论者们总是一概而论不加分别。富特文格勒并不总是一样的，简单地比较一下他不同时期的作品就足以说明这一点：他在 1936 年第一次指挥《指环》时，用了十四小时二十六分钟（其中《莱茵的黄金》用了两小时三十六分），比汉斯·里希特首演时快了三分钟。

而他最后一次指挥的《指环》——在罗马 RAI 录制的音乐会版本，却用了十五小时六分钟，也就是说比第一次长了四十分钟以上。其实，舞台上的版本一般都会需要更长的时间，而拜罗伊特节日剧院的声学效果总是让表演速度更慢。这说明了富特文格勒的发展：他的风格变得更宽广、更缓慢，更具有包容性。但是，我们不应该忘记，速度的选择永远是相对的，绝对速度与感知速度之间往往存在差异。也许在他后来的演出中，富特文格勒感觉自己更接近瓦格纳，比我们从统计数字中看到的和我们认为的都要多。1918 年他在一篇关于贝多芬的论文中写道，他希望至少能认识指挥家瓦格纳，因为"瓦格纳是第一个指出轻微但持续变化的速度可以使一段音乐不再只是从印刷谱纸上奏出的僵硬的经典，而是成为真正的音乐，一个不断成长和发展的过程"。我愿意在这句话的每一个字上都签上自己的名字。富特文格勒被称为"酒神"和"拖延者"——这是对手和继任者赫伯特·冯·卡拉扬对他的称呼——他于 1954 年去世。

富特文格勒对自己的位置和影响非常自信，他在 1937 年给戈培尔的信中抱怨一位同事"不是指挥，而是组织者，并且最多只是伪君子"。这对双方一点好处都没有。对他自己也没用，不管富特文格勒如何抱怨，受戈林庇护的海因茨·蒂切恩（出生于 1881 年）还是受命指挥了 1938 年、1939 年和 1941 年的《指环》。蒂切恩是个传奇人物，从 1927 年起就当上了所有普鲁士国家剧院的艺术总监，从 1931 年至 1944 年担任拜罗伊特音乐节的艺术总监，他也是温妮弗雷德·瓦格纳的情人——连自认为是富特文格勒朋友的阿道夫·希特勒，在这里也只能为温妮弗雷德的意愿让步。作为指挥、导演和一个颇有天赋的操纵者，英俊而腼腆的蒂切恩肯定是个不合时宜的人物。他与舞美设计师艾米尔·比勒陀利乌斯（Emil Preetorius, 1827—1905）一起，在 20 世纪 30 年代瓦格纳音乐节的审美现代化过程中走在前列，经常带着蔑视纳粹的意味（这些在战后完全被归功于维兰德·瓦格纳）。蒂切恩与富特文格勒的冲突在所难免，因为他的中心完全在音乐上。他与第三帝国领导人的关系相当麻烦：他们感觉到他的智力优势，理解他的战术机动，但不信任他。40 年代初，维兰德试图从绿山赶走蒂切恩并取而代之的计划失败了。蒂切恩在政治上恢复了名誉，在艺术上也成为得到广泛认可的艺术家。蒂切恩于 1967 年去世。

维克多·德·萨巴塔（Victor de Sabata, 1892—1967）在拜罗伊特的照片上看起来有点像耶胡迪·梅纽因（Yehudi Menuhin, 1916—1999），并且是第二个在绿山担任指挥的意大利人，除此之外就没有太多可说的了。理查德·克劳斯（Richard Kraus, 1902—1978）也是，他们都只在拜罗伊特指挥过一个夏天。他俩的画像旁边是莫特尔的学生赫曼·阿本德洛特，他在拜罗伊特指挥过两个夏天。阿本德洛特曾担任科隆的音乐总监和莱比锡布商大厦乐团的常任指挥。1943 年和 1944 年，他在"战时的瓦格纳艺术节"与富特文格勒轮流担任拜罗伊特的登台指挥，在丁香的气味之中以整齐的节奏演出《名歌手》。阿本德洛特在 1945 年之前和之后与当权者达成的协议让他彻底地垮了台。德意志联邦共和国（通过当时的总理康拉德·阿登纳）宣布阿本德洛特作为国家社会主义党员和德意志民主共和国公民，在德意志联邦共和国是不受欢迎的人。从那时起阿本德洛特便无法再指挥西德的主要乐团。在东德，他只在魏玛、莱比锡广播乐团和和东柏林广播乐团担任领导职位。这就是被夹在两个德国之间的德国人的命运。

　　说完阿本德洛特，我还没有把前任指挥们讲完一半，也没有走完强盗画廊的一侧。但是，我必须先暂停一下。1944年战时的瓦格纳音乐节也是中断每年举行的传统之前的最后一次。直到七年后的1951年音乐节才恢复，成为新拜罗伊特。节日剧院本身在战争中几乎没有受到损失，但理查德·瓦格纳自己的住所和1966年之前瓦格纳家族的寓所望福里德（Villa Wahnfried，德文意为"幻想和平之屋"）别墅却完全毁于轰炸。战后一切都需要重组。在第三帝国灭亡之后，德国能够有"新的"瓦格纳音乐节吗？应该有"新的"瓦格纳音乐节吗？资金从哪里来？谁来运营？什么样的观众会来参加？艺术家从哪里来？所有这些问题都需要答案。我觉得更加耐人寻味的是，实际上拜罗伊特遭遇了双重断层：在20世纪中期，能够称得上是直接从理查德·瓦格纳那里流传下来的音乐传统也终止了。从1940年到1950年间，前两代拜罗伊特的指挥家陆续离世。所有见过瓦格纳本人的人，或者是他学生的学生，一下子从拜罗伊特消失了，也带走了他们所知道的很多关于歌剧演出的第一手细节。尽管真正的拜罗伊特风格从来都未存在过（瓦格纳没有时间来打造它），而科西玛作为瓦格纳崇拜者的最高女祭司所做的多半是曲解和伪造，但在瓦格纳去世后的最初七十年里，那里一定依然有一种特殊的氛围，一种精神，一种创造音乐的火花：即使音乐戏剧不能改变世界，但至少可以阐释世界，这在拜罗伊特近乎成为一种宗教信仰。但这种精神这时开始消失了。

理查德的儿子齐格弗里德·瓦格纳从来没有真正致力于瓦格纳学派的发展，这是传统中断的一个很重要的因素。现在越来越多的指挥家来自瓦格纳世界之外，战后寻找合适而尽可能知名的候选人和战前一样艰辛。汉斯·克纳佩茨布施是少数几个能在这个时候起到桥梁作用的人，直到 1935 年，他一直担任巴伐利亚国立歌剧院的音乐总监。

克纳佩茨布施生于 1888 年，从 1909 年到 1912 年间担任汉斯·里希特和齐格弗里德·瓦格纳的助手。他没有更早成为拜罗伊特的指挥原因有三：第一是拜罗伊特和慕尼黑之间长久以来的竞争，第二是 1924 年温妮弗雷德对弗里茨·布施的偏爱，第三是纳粹认为克纳佩茨布施在政治上"不可靠"。直到 1951 年，他六十三岁的时候才第一次登上拜罗伊特的指挥台，但是同年他就指挥了《帕西法尔》《指环》和《纽伦堡的名歌手》三部作品。维兰德·瓦格纳是《指环》和《帕西法尔》两部剧的导演，也负责舞美设计。克纳佩茨布施嘲讽地把维兰德·瓦格纳舞台设计中标志性的圆环描述为灶台上的锅圈，很长一段时间他都觉得《帕西法尔》的舞台光秃、

阴暗是因为瓦格纳的孙子根本就没有完成舞台设计。直到
1965年他去世，克纳佩茨布施几乎每年都在拜罗伊特指挥。

　　克纳佩茨布施出了名的不喜欢排练，由此逸事迭出。"先
生们，"据说有一次他和乐队说，"这个戏诸位都会，我也都会，
咱们今天晚上见吧。"但是当我们在老电影的片段中真正看
到他指挥的时候——拿着长长的指挥棒，一缕头发搭在高高
的额头上，手势非常简约不带任何虚荣——常常让我想起基
茨笔下的瓦格纳，尽管他们两人的秉性是如此不同。成为克
纳佩茨布施这样的指挥——专心致志的无为或尽可能少为的
指挥，转而依靠个性、暗示、经验和高贵的心灵——是我追
求的终极目标。

　　20世纪中期瓦格纳传统中断的另一个原因则是新兴的媒
体。广播、电影和唱片通过技术的手段让转瞬即逝的音乐得
以反复呈现。人们不再有绝对的必要亲自去拜罗伊特（虽然
到今天人们还是亲自去）才能听到瓦格纳的《帕西法尔》能
够并且应该是怎样的效果。也不一定非要去拜罗伊特才能
体验到二战中阿本德洛特指挥的《名歌手》和年轻的赫伯
特·冯·卡拉扬战后指挥的版本之间的区别——通过录音就
可以了。新兴媒体时代的代表人物卡拉扬于1951年登上了
绿山的指挥台，也由此开始征服世界各大剧院的舞台。

　　沃尔夫冈·瓦格纳的自传告诉我们，从一开始卡拉扬在
拜罗伊特就固执己见毫不妥协。的确，拜罗伊特不太情愿
地满足了他对私人洗手间的要求。然而1952年，当他要求

录制《特里斯坦》的排练（从而更好地检验歌手的演唱）并且改变乐队的排列时（弦乐坐在右边，管乐坐在左边），他与拜罗伊特的合作就寿终正寝了。沃尔夫冈·瓦格纳认为替卡拉扬要求特殊待遇并掌管财务大权的华尔特·李格（Walter Legge, 1906—1979）应该对此负责。卡拉扬（富特文格勒刻薄地称他为"k"某）从此再也不曾在拜罗伊特落脚。

在我讲述的拜罗伊特指挥们的生平故事里，赫伯特·冯·卡拉扬是第一个在拜罗伊特遭受失败的，当然是以拜罗伊特自己的标准来衡量。如果不是有其他的指挥——如霍斯特·斯坦因、海因里希·霍尔莱瑟和丹尼尔·巴伦博伊姆——在拜罗伊特发展得风生水起，我可能还会对此表示遗憾。我毫无保留地欣赏卡拉扬演绎瓦格纳之声的均匀和纯净，卡拉扬也不是唯一一个在拜罗伊特遇到重重困难并且和音乐节产生摩擦的人。勒夫罗·冯·马塔契奇（Lovro von Matačić, 1899—1985）和约瑟夫·克雷普斯（Josef Krips, 1902—1974）都只在拜罗伊特指挥过一年，托马斯·施佩尔斯（Thomas Schippers, 1930—1977）、罗伯特·黑格尔（Robert Heger, 1886—1978）、卡尔·梅勒斯（Carl Melles, 1926—2004，女演员桑依·梅勒斯 [Sunnyi Melles, 1958—] 的父亲）、阿尔贝托·埃雷德（Alberto Erede, 1909—2001）、汉斯·岑德（Hans Zender, 1936— ）、艾度·迪华特（Edo de Waart, 1941— ）、马克·艾尔德（Mark Elder, 1947— ）也是如此。沃尔夫冈·萨瓦利什（Wolfgang Sawallisch, 1923—2013）在拜罗伊特音乐节成功地指挥了七年以后，由于拒绝安佳·希尔雅（Anja Silja, 1940— ）出演《名歌手》中的伊娃和沃尔夫冈·瓦格纳发生争吵，离开了音乐节。乔治·索尔蒂（Georg Solti, 1912—1997）想要拆掉乐池上的盖子，两年之后（1984 年）就放弃了指挥《指环》。在拜罗伊特不能成功有许多不同的具体原因，我认为归根结底是因为和节日剧院有缘或者无缘。只有在某些条件下，才能在拜罗伊特学习或指挥瓦格纳。

无论过去还是现在，指挥名单上都缺席了一些同仁，比如亚瑟·尼基什（1872 年，他曾经在理查德·瓦格纳指挥的贝多芬《第九交响曲》时演奏小提琴）更擅长指挥交响乐而不是歌剧，所以从来没有进入过拜罗伊特的系统。留着山羊胡须的汉斯·冯·彪罗在拜罗伊特指挥更加不可能，毕竟瓦格纳勾引了他的太太科西玛，给他戴上了绿帽子。古斯塔夫·马勒在维也纳过于繁忙，而且他还是一个犹太人。颇有争议的费利克斯·冯·魏因加特纳（Felix von Weingartner, 1863—1942）在拜罗伊特担任助理的时候，与科西玛相处得不好。英格伯特·汉普丁克（Engelbert Humperdinck）也许能够当个合格的助理，恩斯特·冯·舒赫（Ernst von Schuch, 1854—1921）则不愿意到拜罗伊特指挥。后来，名单上缺席的人还有布鲁诺·瓦尔特（Bruno Walter, 1876—1962）、埃里希·克莱伯（Erich Kleiber, 1890—1956）和奥托·克伦佩勒（Otto Klemperer, 1885—1973），而今天还缺少里卡尔多·穆蒂（Riccardo Muti, 1941）和马里斯·杨松斯（Mariss Jansons, 1943— ）。但是他们还有机会。

无论如何，拜罗伊特音乐节的指挥们是一群值得尊敬的人。我经常猜想那些著名的已经过世的指挥家是不是在看着我们所有人，觉得我们做得不好。或许觉得还可以，甚至还不错。这座歌剧院有眼睛和耳朵的想法对我非常有启发。

3 拜罗伊特和它的绿山

蜘蛛网，庄严性和香肠沙拉

绿山位于上弗兰肯地区的小镇拜罗伊特，从 1876 年以来就是全世界瓦格纳迷的朝圣中心。作曲家在这里建起了他传奇性的节日剧院，为他的艺术创造了最理想的地理、建筑、声学和政治条件。这里是年轻的日耳曼帝国的心脏，是边远省份里的麦加。这个地方本身就是一个神话，而且很快就成为了与瓦格纳有关的最伟大的神话！迄今为止，所有与瓦格纳有关的最好和最著名的一切都属于拜罗伊特。这里是众望所归之地。在这里发生过争夺观众的战役，艺术节的仪式被意识形态所利用，伟大的音乐和戏剧瞬间在这里立下了最高的标准。没有拜罗伊特的瓦格纳，我根本不能想象。

节日剧院

我经常觉得节日剧院是一个有生命的地方。它在呼吸，在聆听，在看着你。当你踏进剧院的时候，必须非常清醒，同时要能够为它放弃自我。如果你这样做，这个剧院就会对你保持忠诚。但是它不原谅任何疏离和冷漠，而它的报复就是在气氛上和音响上都不配合，如此的工作让人无法享受。这座剧院就像一件昂贵的乐器，或者一个苛刻的情人，它需要被认真地对待。每一次，你都要向它重新求爱。

每年夏天，我第一天来到绿山时总有一种强烈的仪式感。到节日剧院最快也最好走的路，是从唐豪瑟大街，也就是从剧院的背面上山。这里有停车场、排练舞台和剧院的主要入口。但是，当我抵达拜罗伊特的时候，我总是从齐格弗里德·瓦格纳大道，也就是正面的主要大道上山，就好像必须向节日剧院致敬。而我确实感觉到这座剧院要求我这样做。我喜欢看到这座古老的建筑傲然伫立，在它的面前我既渺小又激动。有时我会在半路停下车来，打开车窗，深深呼吸一口拜罗伊特的空气：全世界最令人兴奋的音乐就在这里上演！我们常说，全世界的歌剧院里最令人痴狂的景象，就在位于偏远的弗兰肯省份这个家族式剧院里。节日剧院曾经是，也仍然是一座神殿，同时还是创作室和朝圣地。直到今天，这个不可企及的混合体都让我不寒而栗：它不拘礼节而又神圣，庄严肃穆而又大胆。在我到达拜罗伊特几天后，就看到了汉斯·纽恩菲尔斯执导的《罗恩格林》里活蹦乱跳的大老鼠。我不禁要问自己，这些东西是怎么组合到一起的？

一直以来人们都在研究瓦格纳如何塑造了拜罗伊特，对此有很多不同的记录。瓦格纳有两个主要动机：一是他对于艺术节的理想，二是与他伟大的赞助人、支持者和狂热的崇拜者路德维希二世保持一定距离的愿望——但同时又不能与国王过于疏远，否则就会失去他的财政支持。从 1869 年到 1870 年，路德维希不顾瓦格纳的反对，让《莱茵的黄金》和《女武神》在慕尼黑进行了首演。他计划让《齐格弗里德》也在慕尼黑首演，瓦格纳必须很快采取行动。瓦格纳在《布罗克豪斯百科全书》中读到了拜罗伊特侯爵歌剧院的词条，随后在 1871 年 4 月造访了这座小城——1871 年，也就是德意志帝国诞生的那一年。那座巴洛克剧院不适合瓦格纳的作品，尤其是观众席过于狭小，但是瓦格纳很喜欢这座小城。1872 年初，瓦格纳收拾行装，准备离开他在瑞士特里伯森居住的别墅。在 5 月 22 日，也就是他五十九岁生日那天，瓦格纳为他在绿山上的节日剧院埋下了第一块基石。那一天大雨如注，但是大师坚决不肯放弃把路德维希发来的贺电亲自放入节日剧院地基的机会。

从政治上来讲，没有比对瓦格纳更为理想的时期了。年轻的德意志帝国渴望新的（也就是古老的）神话，任何对民族精神的描绘和强调都大受欢迎。但是经济上还存在着重大的困难，节日剧院项目的总体预算大约是三十万泰勒

(thaler)，而实际的花销却超过了预算三分之一以上，标价一千泰勒一张的赞助人证书销售得很慢，指定的管理董事会很快就在财政上失去了控制。建设过程有几次中断，支付1876年的彩排费用成了大问题。如果没有路德维希相助，给予巨大的支持，瓦格纳将会遭受惨重的失败。尽管国王与他最钟爱的艺术家之间存在着分歧，他还是在写给瓦格纳的一封信中起誓："只要我活着，只要我还在呼吸，我就是您忠实的仆人。"就这样，一个无政府主义者的理想成功地变为了一个真正的机构，而世界至今仍在因此受益。如果瓦格纳本人知道，他的艺术节至今已经举办了一百多次，又会说些什么呢？

起初，在拜罗伊特建成的二十五年以前，关于艺术节的想法完全是一个临时概念。艺术节是旨在清洗和摧毁当时盛行的"剧院经济病"的"一剂猛药"。1850年9月22日，瓦格纳从苏黎世给和他一样怀有革命思想的朋友、德累斯顿的小提琴家西奥多·乌里克（Theodor Uhlig, 1822—1853）写了一封著名的书信，表达了他的全部思想（当时瓦格纳正在忙于创作早期版本的《指环》，即《齐格弗里德之死》），他写道："在城外美丽的草地上，按照我的设计搭起一座木制的舞台，舞台上只有演出《齐格弗里德》所需的布景和舞台机械。"他与每个歌手签订独立的合同，合唱团和乐团则从"志愿者"中招募，他的"音乐戏剧节"通过每种报纸的公告栏发出广告，观众免费入场。"当一切就绪，"瓦格纳继续写道，"我将在一周之内安排三场《齐格弗里德》的演出；当第三场演出结束后，剧院将被拆毁，而我的总谱也要被烧掉。而我会对那些喜欢这个节日的人们说，你们也去像我这样做吧！"

令人惊讶的是，瓦格纳最初勾画的愿景至今并没有多少改变，只是在这些最初的理想之上增加了经济层面的考量（瓦格纳作为革命者才不关心艺术节会不会盈利），还有就是，节日剧院至今也没有被拆除。歌手仍然是精挑细选的，合唱队和乐团仍旧由志愿者组成，他们经常为艺术节牺牲夏天的假期，季节性的技术部门也是如此。然而几十年来，拜罗伊特从未需要通过广告吸引观众，只有票价相对于国际标准过低的时候才提高一点票价。德国历史将瓦格纳的总谱全部付之一炬，这不只是一个比喻，而是实际发生的事件。瓦格纳的早期歌剧作品《仙女》和《禁恋》，以及《黎恩济》《漂泊的荷兰人》《莱茵的黄金》《女武神》和《齐格弗里德》第三幕的手稿于 1939 年从维特尔斯巴赫家族转入了帝国商会，并在阿道夫·希特勒五十岁生日的时候成为了他的收藏品。没有人知道这位独裁者把这些总谱放在了哪里，是藏在狼堡深处，收入了奥地利边境卡斯题格力永别墅（Villa Castiglione）元首私人图书馆里，还是扔进了柏林上空密集的炮火中？总之，在二战结束之后这些总谱被认为消失了。但这并没有影响到瓦格纳艺术节的神话或艺术节仪式的延续性。

1874 年，瓦格纳一家搬进了花费两年时间建造的拜罗伊特宫廷花园旁边的望福里德别墅，瓦格纳称它为"宁静家园"。

这座房子也是路德维希二世送给瓦格纳的礼物，它有高大的前厅、大理石的半身像，以及上层环廊里描绘尼伯龙根故事的镀金装饰——主要目的就在于让人惊艳。就这样，一座曾经给瓦格纳提供庇护的城堡成为了众神的节日殿堂。瓦格纳对于奢华的喜好众所周知：他喜欢丝绸的内衣、锦缎的窗帘和帷幄、珍贵的乐器、昂贵的家具等等。指挥家海因里希·艾瑟（Heinrich Esser, 1818—1872）写信给出版商弗朗茨·朔特（Franz Schott），说他的朋友不仅不知道如何理财，而且声称自己"只有在生活得像一个君主的时候"才能进行创作。好像他所有的灵感都来自于繁复和奢华。在望福里德，这种倾向得到了永久的实现。入口的铭文上写着："在这里，我的幻觉归于宁静，所以我把这座房子称作望福里德。"

我经常惊讶于别墅和节日剧院之间的天壤之别。前者是他的神殿，后者是匆忙建成的木质剧院，山下的别墅辉煌壮丽，山上的剧院清教徒般简约。瓦格纳本人也一定意识到了他无法在拜罗伊特给他想要的艺术家们提供符合他们身份的居所，这些艺术家包括维也纳宫廷乐队长汉斯·里希特，还有像弗朗茨·贝茨（Franz Betz, 1835—1900）和莉莉·雷曼（Lilli Lehmann, 1848—1929）这样的当红歌剧明星。拜罗伊特没有高级饭店，没有温泉，连舒适都谈不上，就更别提奢华了。而且基本条件一直就是如此。直到20世纪，乐队排练也因为无法找到其他合适的地点而不得不在各种条件简陋的木制建筑里进行。音乐界第一流的人物都来到这里：维也纳室内乐团

的著名教授和演奏大师，德累斯顿和柏林管弦乐团的首席，
都在木制的简陋排练场排练，并住在附近的农舍。今天拜罗
伊特有了一些稍微上档次的旅馆，而乐队在排练时间也可以
留在节日剧院的餐厅里，但是低于预期的居住条件和放弃各
种特权的意愿仍是瓦格纳音乐节理念中的一部分，而且所有
参与者都因此感到一种特别的放松：《漂泊的荷兰人》的指
挥和《众神的黄昏》的指挥挣得一样多，或者说是挣得一样少；
导演的薪酬随着每一次的复排递减 50%（首演的第一年是百
分之百，第一次复排是 50%，第二次复排是 25%，如此类推）；
大明星 X 和刚刚开始演唱生涯音色出众的歌手 Y，扮演《罗
恩格林》都拿一样的演出费。除了每年 7 月 25 日开幕时的
红地毯，拜罗伊特音乐节的原则注定了这不是一个流光溢彩
的场合，红地毯也会在开幕的当晚重新被卷起。拜罗伊特真
正做到了人人平等，因为直到今天这里只有一位明星，而他
已经在 1883 年辞世。

乐池

　　到达拜罗伊特，我第一个要去的地方总是乐池。我得去
闻闻它的味道，呼吸一下那里的空气：木材的气味，伸手不
见五指的漆黑，无数美好（和不那么美好）时刻的辛劳与烦恼，
还有对传统的骄傲，以及在某个晚上一切都配合完美时的兴
奋感。自 1876 年第一届拜罗伊特音乐节举行以来，在这个"神

秘的深渊"里已经演奏过九千七百小时的瓦格纳，这个数字只包括演出，不包括排练。一共是超过四百天的瓦格纳！所有的音乐都安住在乐池的孔隙、纤维和裂缝里，你能感觉到音乐已经浸透到乐池的这些老木材里。

6月初，当年的乐季刚刚开始排练的时候，乐手的椅子被清理到乐池的一侧，重叠堆放在一起，乐谱和上一年的排练日程散落在各处。我非常享受这一时刻。对于我来说，乐池里的空气有点儿像齐格弗里德沾染的龙血。它给人勇气和力量，它可以令人鼓舞，但同时也令人胆怯。它没有说：因为今天你在拜罗伊特指挥，你就会永远坚不可摧。恰恰相反，那些曾在拜罗伊特指挥过，并且习惯了这座剧院的特性的人都知道他们的极限。那些不能在这个剧院成功指挥的人，都败于自身的缺陷。

乐池在剧院的底层深处，最接近剧院结构的真谛。你只需要用力地跺一下脚：所有的一切听起来都很空洞。这里没有坚实的地面，只有沙子、蛛网、碎石和死去的小动物，还有很多水。2010年建了一个新的下水系统，以防剧院的前厅会在雷暴或大雨中迅速漫水。在这里看一眼地下结构，你就知道这个剧院几乎和威尼斯一样，是建在木桩上的。除了地基是用砖石，整个剧院都是木制的。这样会产生优异的声音效果，因为木材会震动。当然在1872年，木材也是最廉价并最容易使用的建筑材料。在20世纪60年代，部分的木质结构被水泥或钢材所代替，但只限于地上的部分。结果就是直到今天，也无法在节日剧院里安装空调系统。如果室外热而室内凉爽，如果空间里太多的湿气被吸出，木质剧院就会产生裂纹，一切都会扭曲。所以观众席只能使用 1990 年安装的温和的管道冷却系统来降温，而我们这些坐在乐池里的人只能像赎罪般忍受高温——演出《众神的黄昏》的时候，在乐池里感觉有 48℃。据说指挥家卡尔·伯姆（Karl Bohm，1894—1981）遇到这样的天气会让人给他放两盆凉水，左脚和右脚各放一盆。征得沃尔夫冈·瓦格纳的同意，我让人在指挥台安装了两个通风管道。它们不怎么好看，但是会让空气保持流通。反正指挥台上的台灯、光线、电线和条形照明带让它看起来是一个老古董，一个地下的驾驶舱，一点儿都不像讲台或圣坛。让人欣慰的是，至少指挥的椅子每年夏天都会更换一个新的椅套。

拜罗伊特著名的乐池巨大而独特：一根倾斜着插入山里的轴线，一条与两个木质控声装置相连的隧道。第一个装置位于铜管乐器的上方，第二个位于弦乐的上方，观众可以看到。理查德·瓦格纳不想让观众看到椅子、乐器或者乐手的脸，更不想让他们看到一个正在指手画脚的指挥背影。他想要一个"看不见的乐队"，并在拜罗伊特成功设计了一个。音乐是神秘的事物，自然的原力：任何东西都不应该分散观众对纯音响的专心致志。一个声音就存在于那里，就好像我们呼吸的空气。很明显，瓦格纳知道该如何达到那样理想的声学效果。拜罗伊特的乐池采用阶梯形结构，从指挥台向下共有六层。最上层是小提琴，然后是其他弦乐，按照音域由高到低排列，随后是木管和竖琴，然后是声音较轻的铜管乐器，最后是大号和长号。从算术的角度看，乐池的总面积是 140 平方米，而乐团有 124 人的话，每个乐手和他的乐器只有 1.129 平方米的面积，空间不大。大提琴和长号演奏者要使用他们的琴弓和伸缩管，身材粗壮或头发比较多的弦乐手必须坐在他们声部的后侧。

音响

从声学效果上来讲，这个乐池是个奇迹。声音通过一个 S 型的曲线，从铜管上升，经过木管和弦乐上方到达舞台，汇集在一起洒向观众席。我刚才已经提到过，这是瓦格纳自己的主意，其中有很多想象的成分。他怎么能知道自己梦想的完美音响混合应该如何实现？拜罗伊特和布宜诺斯艾利斯的科隆大剧院，是世界上两座声学效果最好的歌剧院。瓦格纳为它冒了很多风险：在一切都已经快要建完的时候，他要求把乐池再次扩大，这一次不得不牺牲前两排的观众席。在建筑上不能实现更多以后，他修改了总谱中部分段落的配器，其中也包括《指环》的总谱。这显示了瓦格纳理念的深度：他衡量的是整体艺术而非只是乐谱。所有的人和事物都必须一起运行，完美合作，就像在餐厅里前台接待员和唱英雄男高音的歌剧明星和谐地坐在一起用餐。拜罗伊特团队中的某一部分可以比作心脏，另一部分则是大脑，还有眼睛、肝脏、肺、胆或胃。心脏并不比其他部分更重要。眼睛也没有权利说没有我你们都是瞎子。只有一个存在，所有部分都是为了一个有生命的整体。这才是瓦格纳的梦想。

当然乐池有时也会难以掌控，对初来乍到的人是如此，对经验丰富的音乐家也是如此。举两个例子，如果我站在指挥台上，感觉合唱队和乐团配合得非常完美，在观众席听起来一定恰恰相反：合唱进得太早。虽然不是太多，只早一点点，但仍旧是不在一起。或者当《众神的黄昏》里布伦希尔德演唱她的最后一曲要求火葬时，我只能看她的口型。因为乐队的声音盖过了歌手，我确实听不到她的声音。实际上，在拜罗伊特节日剧院唯一理想的位置就是观众席，只有在那里各种因素才最理想地结合在一起。在某种程度上，我们失去了作为作品诠释者的功能，很多时候乐队听不到歌手，至多是些尖锐的声音和遥远的叫喊。此外，乐手们很难听到彼此的声音，歌手则感觉他们永远也无法穿透乐池的猛烈乐声。指挥能看见所有人和所有东西，却不能相信自己的耳朵。所以在排练期间指挥台旁边有一架老式的灰色电话，坐在观众席里面的人一旦注意到哪里太强、太弱、太慢或者太快，电话机上的小红灯就会闪亮。在演出中间没有这部电话机（有时我会希望有）。丹尼尔·巴伦博伊姆曾经说过，在拜罗伊特，指挥不可以听音乐。

我们在拜罗伊特看到的究竟是什么呢？一个精神分裂的

不太人道的制度？一个自大狂作曲家的异想世界？就因为我们热爱他的音乐，他可以直到现在还主宰着我们？我更希望用积极的心态来看待它。在拜罗伊特我们必须形成一个整体，没有人可以只依靠自己。就像我刚刚提到的，每个人都很重要，包括在乐团里也是如此，也许在乐团里更是如此。圆号独奏，负责声部整齐划一的乐队首席，当贝克梅瑟在台上演奏竖琴时为它配上尖利乐声的竖琴高手，在《罗恩格林》和《唐豪瑟》剧中，坐在台口左侧和右侧为歌手们打拍子的合唱指挥——歌手们站在舞台深处，没有可能看到乐池里的指挥，由于舞台设计的需要，有时也不能放用于看指挥的屏幕。当然，乐队指挥也是其中一个重要的组成部分，他在这个奇异的环境里试图让一切有条不紊。

在拜罗伊特，在很多时候指挥都需要违反一些基本规则。他需要自己的助理来告诉他，什么时候速度太慢，或者声音是不是太大，需要合唱指挥来决定合唱队是否进得太早。他不能只是盯着台上的状况，或者直接相信音乐家们的直觉（在没有遮挡的乐池里，优秀的乐队可以做到这一点），在拜罗伊特指挥需要随时预想下一步。然而最重要的是，他必须放弃以达到最高艺术境界为唯一目的的想法。因此，在绿山上最成功的指挥，是那些优秀的、牢牢掌握了所需技巧的、功力深厚的指挥专家，而不是冒险家和野心家。当然，我的意思是功力深厚与好的想法也并不互相排斥。

随着时间的积累，一位指挥会对拜罗伊特或大或小的各种不定因素有所了解，开始意识到，《漂泊的荷兰人》里面的"强"与《齐格弗里德》里面的"强"是不一样的。通过接受别人的建议，你可以像学习总谱一样学习这座剧院的声音效果。还有非常重要的一样是，通过观看同事的排练来学习。如果有几天空闲时间，你不应该离开拜罗伊特，而是应该留下来听别人的排练，进行比较，多次聆听然后进行分析。在音乐界还有哪里能够让你这样学习？绿山依靠每个人的个人态度，也依赖于口头交流。这些都是拜罗伊特家族氛围和悠久传统的一部分。任何不能适应这种环境的人，无论是由于恐惧还是傲慢，基本都会被弃用。我见过有些指挥，坚持让第一小提琴坐在左侧，让第二小提琴坐在右侧，就像在世界任何其他地方。然而在绿山上从来都是相反的，而这样做有着非常充分的理由。当小提琴手把自己的乐器架在脖子上，发出乐声的 F 孔指向提琴手的右侧。如果第一小提琴在拜罗伊特像惯常一样在指挥的左侧，他们发出的乐声则一直都是对着乐池的盖子。这不是理查德·瓦格纳想要的效果，简单说来，这样会造成高音区域失去音色，所以两个小提琴声部交换了位置。这就像我们习惯了靠右行驶的人到了英国需要靠左行驶：起初它让人不安，但是你会习惯的。

同样令人迷惑的是在节日剧院里，回响究竟需要多长时间才消失？不幸的是对这个数字没有统一的意见，有些人估计为 1.8 到 1.9 秒，同时还有人认为有 2.25 秒之长（只有科隆大剧院和纽约的大都会歌剧院有可能会出现接近这个时长的回响）。无论人们怎么估算，在乐池里你会感觉到这个声音永远不会结束，这会诱使你采用更加"宽泛"的速度，而这在观众席上听觉效果并不好。如果处理瓦格纳的音乐时过于拖沓，结果经常会造成一种神圣庆典的假象，而作曲家本人作为一个脚踏实地的戏剧家不能忍受这样的虚假。1876 年8 月 13 日，《莱茵河的黄金》第一次在拜罗伊特演出的那一天，瓦格纳对他的歌手说："最后再提一条要求：清晰！大音符不成问题，小音符和唱词才是最重要的！"只有到了拜罗伊特，我才真正了解瓦格纳这句话的含义。在"深渊"里，我必须避免"雾气"升起，必须避免创造气氛。相反的，我必须谨小慎微地观察音乐本身包含了什么。

　　谈到整体艺术，导演和舞台设计也会时不时为拜罗伊特的声学效果大伤脑筋。比如，独立布景会由于过多的立面造成声音过强的反弹，这在每个歌剧院都是问题。而在拜罗伊特可能导致巨大的灾难，因为声音落入了自身的陷阱，不再按照优雅的 S 型曲线运动，而是变得凹凸不平、千疮百孔。这时候声音听起来就像被刻意地过度调整了一样。另外微妙的一点就是歌手在台上应该如何站位。这与平时指挥和导演之间经常发生的争论不同，他们经常是一个想让他们站在前台，而另一个想让他们站在台口之后。在拜罗伊特，如果歌手站得过于靠前，到了台口的位置，很多人的音色就会变得刺耳，连那些明明不刺耳的嗓音听起来也会如此。同样的，声音被限制住了，音响效果突然就变成了一盘过度老化的录音带。我认为这是很重要的一点，说明了瓦格纳并不想要有台口的舞台。从他在德累斯顿的时候开始，19 世纪的歌剧程式就是他的肉中刺——或者说耳中刺。从这方面讲，由于纯粹的建筑结构原因，拜罗伊特早在 1876 年就结束了肥胖的歌手在台前扭捏作态的噩梦。这并不是说，我们不需要一次又一次地保护瓦格纳不被曲解。

我唯一的指挥学校

拜罗伊特是我上过的唯一的指挥学校。在这里我学会了驯服自己的内心。节日剧院让你面对自己，虽然并不总是令人愉快，但长远来讲是非常富于启发的。我一直认为自己是个相信直觉的音乐家，然而拜罗伊特使我认识到一定不能强调自己感性的一面。它无法帮助我成功，如果还谈得上有什么结果，也只是一些复杂的脆弱伤感。在乐池里享受泡泡浴般的感觉，我就落入了享乐的陷阱。起初我并不知道，拜罗伊特节日剧院这种鸦片必须有控制地服用。我被吓坏了，感觉自己脚下的地面消失了。后来人们告诉我每一个新手都会如此。这算不上什么安慰，但是我已经下定决心，现在要做的就是听从沃尔夫冈·瓦格纳和助手们。

我试图做一个听话的好人。第一次在绿山上登台指挥《纽伦堡的名歌手》时，我已经四十一岁了，在这个年纪，指挥一般都建立了某种声誉，我也是如此。而我的艺术理念在很多时候和我在拜罗伊特得到的建议以及拜罗伊特对我的期望都不一致。然而当时我面对的是沃尔夫冈·瓦格纳，他的个性和经验都极有分量。我自然而然地意识到，他听过所有伟大指挥家的作品，从富特文格勒，到托斯卡尼尼和克纳佩茨布施，再到伯姆和卡洛斯·克莱伯。如果这样一个人对你说他认为这个过渡段落张力不够，速度太宽泛，你就应该接受，并铭记于心，至少要尽力这样做。

尽管如此，有些段落与我自己的感觉正好相反，我没有被说服但仍旧照做了，因为我感觉必须如此。内心有一个声音在对我说：咬紧牙关，干吧。回想起来，我正是在自己的音乐感觉被挑战的时候才学会了适应。忽然，我需要计划，事先思考，有目的地行动：我不能直到最后一分钟才做出反应。可以说，在拜罗伊特，我经历了真正的成长。

乐池有它自己的语言。观众席的声音效果与乐池和舞台上听见的效果都不相同，在指挥的时候，我需要某种翻译。这就像学习动词：我需要掌握什么样的专业技术才能在乐池以外达到这样或那样的效果？而通用的规则只有一条：《名歌手》与《帕西法尔》的语言并不完全相同。

我花很多时间来聆听同行们的排练，朱塞佩·西诺波利，安东尼奥·帕帕诺（Antonio Pappano, 1959—　）和亚当·费舍尔（Adam Fischer, 1949—　），皮埃尔·布列兹和彼得·施耐德（Peter Schneider, 1940—　）。一般说来，一个学习指挥的学生在拜罗伊特从不成功的排练里学到的东西要比从成功的排练里学到的多。这时助手可能会说：这听起来太厚重，因为弦乐在这里应该进行断奏，而他们演奏得不够清晰；这个强音听起来像挤出来的，因为由于总谱上写着"强"的记号，指挥收得太晚。在拜罗伊特要做出一个真正好的"强"或"极强"并不容易。最好的结果就是比理想状态差百分之五，也许这才是正确的公式。就这样，慢慢地为下次的主要演出积累一块又一块小小的马赛克。我在拜罗伊特最有趣而令人兴奋的发现就是：在拜罗伊特你得保护瓦格纳的作品不受他自己的伤害。有些时候总谱上写的是"极强"，但是如果你不想让乐队的声音掩盖住其他所有的一切，最多只能用"弱"。我相信，为了让指挥的工作容易一些，如果瓦格纳有机会的话也会想要更改很多表情记号：指挥是应该忠于总谱，还是应该从效果的角度考虑应该如何诠释音乐，如果有必要的话可以偏离总谱上的标记？

　　在拜罗伊特，《名歌手》被公认为是所有歌剧里边最难演出的，紧随其后的是《漂泊的荷兰人》——以我在 2012 年的指挥经验，几乎是不相上下的。然而，两者之间有很大的区别：《漂泊的荷兰人》的主要难点在于动力方面，总谱属于典型的写满"风暴和焦虑"的瓦格纳早期风格，指挥则需要尽可能地缓解这种焦虑，否则他在序曲阶段就已经吃不消了。总谱包含着暴力的因素，你需要非常重视各个音域里的人声，从而补偿配器中不够细致的部分。即便如此，在拜罗伊特演出最著名的鬼魂水手合唱这样的片段也几乎是不可能的。我们知道瓦格纳在这里想做什么，而我们也能感觉到他还缺少表达的途径。一般观众都认为《漂泊的荷兰人》是理解瓦格纳歌剧理想的入门作品，但是对于指挥来说，在绿山上任何版本的《罗恩格林》或《女武神》，都比《漂泊的荷兰人》要更容易制作。从这个角度上来讲，《漂泊的荷兰人》的难度经常被低估。

一位指挥会非常清醒地认识到，《纽伦堡的名歌手》不是为节日剧院谱写的，如果不是怕亵渎了剧院的神圣，乐池上方的挡板应该取下来才对。不像《帕西法尔》，《名歌手》的音乐没有炼金术般混合的色彩，这里重要的是喜剧的结构，越直接越精确越好。在拜罗伊特首次登台就指挥《纽伦堡的名歌手》，就好像一下子跳进了冰冷游泳池里最深的一角。令人惊奇的是，在2002年我干得不错。至今我还记得那年的8月1日，当序曲的第一个音符消失后，我就知道我能成功，在我的人生中这样的时刻非常罕见。那个时候，《名歌手》与节日剧院音效的矛盾激发了我的好奇心：在拜罗伊特的条件下，尽量演好一部不是为拜罗伊特创作的歌剧，利用现有的条件去尽可能完美地表现这部作品——这不正是探索节日剧院特性的最佳方式吗？

在拜罗伊特，让指挥的工作更容易也更难的另一个因素就是乐队。这个乐队是我所见过的最热血沸腾、最具爆发力的乐队之一，主要由来自德国歌剧院、广播乐团和交响乐团的近两百名音乐家组成，这些音乐家为了拜罗伊特音乐节放弃了他们的夏天和剧院年假。没有人是因为责任感而来到这里，他们都是自己想要来的，其中的大多数还想再来。所以，拜罗伊特乐队的音乐家比平时要开心得多，这正是在其他地方可望而不可即的。通常，指挥都会忙于启发和激励乐手们，让他们更加用心地演奏。在拜罗伊特则恰恰相反，然而这也造成了另外一些问题。在这里，你必须随时提醒乐手们控制自己——请不要这么多愁善感，不要这么冲动，咱们多来一些自我节制吧！如果你能在刹车的同时不破坏音乐家们的快感，所有人都会觉得非常满足。

2006 年，我第一次在拜罗伊特指挥《指环》，乐手们送了我一件写着"只是强而已！"的 T 恤衫，那时我一定常常说这句话来着。要理解我的意思，你需要知道，乐手们在拜罗伊特比在其他没有乐池顶盖的歌剧院演奏时的音量要大得多。例如，起拍需要更响、更有冲击力，否则就会毫无效果，在观众席根本注意不到。这容易导致乐队在原则上演奏任何东西都会更响，结果我作为一个音乐家，忽然听到了我在家里从来都听不到的乐器。这里的音量非常可观，管乐常常超过一百分贝（人类的容忍上限是 110 分贝），这时有可能会发生一系列连锁反应。为了防止连锁反应发生，指挥必须小心翼翼地把规定的强弱表情控制在较低的总体范围内。所以首要的是"只是强而已！"也就是说：请不要持续停留在最高音量！

我常常觉得从广播里听节日剧院的录音非常有用。它们经常让我思考：在乐池里我是怎样处理这个或那个速度的？
因为从广播里听到的音乐流动性强，容易测量且非常精确。
观察的结果经常让我感到不安，一般我都会注意到音乐是否
保持了足够的张力。但是在拜罗伊特？经过了如此的歇斯底
里呈现的效果却微不足道？

有些时候我觉得"神秘的深渊"就像一个炉灶上厚厚的
烤盘，为了让上面得到足够的热量，我需要在下面将热力调
大。然而再把热量调小就困难多了。

瓦格纳一家

瓦格纳一家喜欢吃香肠沙拉。在演出间歇的招待会，在
他们著名的家庭聚会，香肠沙拉从来不可或缺。我不喜欢吃
香肠沙拉，但基本上这是我和瓦格纳一家唯一持不同意见的
地方。

当我想到沃尔夫冈·瓦格纳的时候，我眼前经常浮现的
不是他坐在左边侧台的折叠椅里的样子，虽然他一直到年纪
很大的时候还会在演出期间整幕整幕地坐在那里，不是他病
危时卧病在床的情景，虽然我是最后见到他的几个人之一，
也不是他每天穿过自己的别墅和节日剧院之间的人行道斑马
线时，倚在他的手杖上——通常是那天的第二次。他经常很
早就到办公室，然后回家吃早餐，再在排练开始前回到剧院。
我想到的不是这些。经常浮现在我眼前的是沃尔夫冈·瓦格

纳在《名歌手》的演出结束后，穿着晚礼服站在我的面前，和我说话。很多人曾经抱怨他从来不说什么好听的话，的确如此。在这些年间我只记得七八次，他低声咕哝着说"演得很放松"或者"透明度很高"，仅此而已。不过，从古德伦·瓦格纳的脸上倒是经常能看出她是不是喜欢某些东西，她总是直接说出自己的想法，也从不把批评的话藏在心里。

通常我能从脚步声中辨认出沃尔夫冈·瓦格纳。他经常在楼梯的顶端稍停一下，然后从走廊下来到指挥更衣室。但是在前面提到的那次《名歌手》的演出后，我没有听到他的脚步声，因为我还在淋浴间里。当我只拿着一条小毛巾从浴室出来时（这些更衣室被称为"兔子窝"是名副其实），沃尔夫冈·瓦格纳正站在我面前，开始对我说话。他谈到合唱队、歌手，这个段落和那个段落。我觉得非常难堪，试图把他的注意力吸引过来："您知道吗瓦格纳先生，我感觉有点奇怪。"他却回答说："我不是第一次看见裸体的男人。"然后继续他的话题。试图拒绝他是没有意义的。他说完了想要说的话，就转过身和我道晚安，然后离开。那时候我身上的水都已经干了。

这是属于沃尔夫冈·瓦格纳的典型情景：当他想要表达自己观点的时候，没有任何事情能让他退缩。有时他会非常暴躁，当他想要发作的时候就会提高嗓门。这种时刻往往很短，而且他从来没有对我高过嗓门，但是拜罗伊特的墙很薄，难免会传出几次。我们从不讨论个人的事情，他虽然很爱交际，却从不向他人敞开内心。从职业角度我很喜欢这一点，这种风格非常老派。同时，我和他之间的关系有点像父子，他对我亲切、严厉而又慈爱。我很少见到像他这样低调的人。他是瓦格纳音乐节的象征，是绿山的族长、王子，在艺术、社会生活和经济财产各方面都是无可争议、无懈可击的统治者。像任何一个好的统治者一样，他了解他下属的一切。某个工作人员的妻子需要很昂贵的医疗，另一个人的孩子需要接受教育，某一个遥远的瓦格纳协会需要捐款——瓦格纳一家为他人提供过很多帮助，却从不谈论自己的付出。

沃尔夫冈·瓦格纳出生于 1919 年，是齐格弗里德·瓦格纳和他的妻子温尼弗雷德的第三个孩子和第二个儿子。照片上的沃尔夫冈是个脸色苍白、不好好吃饭的金发小男孩，显然在学校也只是个中规中矩的好学生。过了好些时候，人们才开始注意到他典型的瓦格纳鼻梁（理查德·瓦格纳和弗朗茨·李斯特的女儿科西玛结婚以后，这成了他们家族的特征），没人能看得出来他才是那个将音乐节打上自己的烙印并一直持续到 21 世纪的瓦格纳。他和兄弟姐妹们一起，戴着有翅膀的小头盔，穿戴着熊皮和纸板做的宝剑，在望福里德别墅的花园里表演《女武神》的故事。长期以来，沃尔夫冈一直生活在大他两岁的哥哥维兰德的阴影下，人们认为他的天赋不如维兰德。他非常想要成为一名指挥，但是战争使他不能如愿，于是在柏林国家歌剧院成为了一名助理导演。1950 年，他和维兰德一起接过了拜罗伊特音乐节总监的职位，沃尔夫冈负责财务和机构管理。同时他也开始制作剧目。

　　1966 年，四十九岁的维兰德出人意料地突然辞世，他的小弟弟开始在拜罗伊特掌管大权。他把艺术节、现存的家族档案库和望福里德别墅改为基金会，邀请激动人心的艺术家——比如指挥家皮埃尔·布列兹和卡洛斯·克莱伯、导演奥古斯特·埃维丁格（August Everding, 1928—1999）、葛茨·弗里德里希和帕特里斯·夏侯，继续自己导演的工作，他第二次结婚，搬进了绿山上自己的房子里，还为自己谋到了艺术节终身总监的合同。沃尔夫冈·瓦格纳守护了拜罗伊特音乐节近六十年，据他的同代人说，沃尔夫冈的管理非常严格。他的"家规"非常著名，门上和电梯里均用透明胶贴着告示，严禁任何人未经许可进入，并禁止拍照和录影。这些信息经常以《名歌手》第二幕里伊娃哄鞋匠汉斯·萨克斯的唱词"艺术是这里的君主"作为落款。这句话也印在了兄弟俩在 1951 年新拜罗伊特开幕时发行的手册上："为了艺术节的顺利进行，我们请来到绿山的观众不要谈论政治话题或者进行政治争论。艺术是这里的君主。"从此音乐不再被滥用，也不再是宣传的工具。

　　我 1999 年第一次在芝加哥见到沃尔夫冈·瓦格纳的时候，他已经是一位精力超群的八十岁老人。那时候他看起来最多只有五十岁。他显然就是一部活的历史书，你可以问他任何事情——由于卓越的记忆力他记得一切。克纳佩茨布施坐在节日剧院外面的草地上，散发自己签过字的明信片；

当然还有与卡拉扬的争论，以及全部细节；索尔蒂为什么在这里失败；1976 年，观众们为什么带着哨子来看夏侯导演的《指环》，在观众席里大吹特吹；瓦格纳一家怎样在警察的保护下才能出现在公众面前，一个愤怒的观众如何撕坏了古德伦·瓦格纳的晚礼服。还有其他很多的故事。

演出结束后，我们三四个人经常在底层的起居室见面，其中包括沃尔夫冈的女儿卡特琳娜。当沃尔夫冈的两个女儿爱娃和卡特琳娜姐妹接手音乐节后，这个地方就成为了她们俩的办公室。长桌上摆好了食品，总有一大碗必然出现的香肠沙拉，还有碱水面包圈和奶酪，卡特琳娜的保姆艾菲会带来几瓶啤酒。然后我们就脱掉鞋子，松开衬衫的扣子，一起在那里放松聊天到深夜。但是，我尽量避免参加幕间休息的招待会。我不知道我的同行们怎么做到在聊了一个小时的天以后，还能回去继续指挥《女武神》的第二幕或《特里斯坦》的第三幕。我只在 2003 年参加过一次，因为特别希望能够见到约瑟夫·拉辛格（Joseph Ratzinger,1927—，后来成为教皇本笃十六世），那时他还是红衣主教，前来观看《唐豪瑟》的演出。还有一次，我去招待会是为了见当时的总理格哈特·施罗德（Gerhard Schröder, 1944—　），为他介绍柏林几座歌剧院的现状。

经常有人问我，沃尔夫冈·瓦格纳是不是一个艺术家。我不知道他们想让我说什么。不是，他只是由于家族的原因才假装是艺术家？不是，我们必须咬紧牙关忍受他的作品，这样才能在拜罗伊特继续工作下去？我觉得这位老人深知他是家族的代表，不能也不想表现出他的全部艺术造诣。我的前任经纪人罗纳德·魏弗（Ronald Wilford）曾经说"沃尔夫冈·瓦格纳是世界上最优秀的艺术总监"，我完全同意他的说法。在我看来，纽约的大都会歌剧院是拜罗伊特节日剧院以外唯——座完美运转的歌剧院。

经常有人嘲笑沃尔夫冈·瓦格纳脚踏实地的弗兰肯人做派，也嘲笑他不会导演。很多人没有意识到那些务实的激烈言辞是一张面具，沃尔夫冈·瓦格纳用这个角色来保护自己。谈到他的作品，我学会了珍视他对总谱的渊博知识和对这座剧院的深刻了解。沃尔夫冈·瓦格纳会非常详细地告诉你，为什么他在《名歌手》的某些场景里会做出这样而不是那样的舞台呈现；这样施托尔青就不用在这段或那段里大声咆哮，或者这样做合唱队可以在演唱第二幕结束的混战中那段著名的超难的赋格时，尽可能地听到自己的声音。他立即就能判断出哪一种布景可以用，哪一种不可以用。谈到音乐他也是一位不可或缺的顾问。乐池里的电话会告诉我，"瓦格纳先生说速度太慢了"，"瓦格纳先生说声音太大了"。有些时候他也会亲自打电话。乐池里的电话机不会响铃，只是闪灯，你一只手拿着听筒继续指挥。直到今天，在指挥很多段落的时候，我仍旧能听到这位老人刺耳的声音在耳边响起。你先学会要做的事，然后再谈感觉——这也是我从沃尔夫冈·瓦格纳那里学到的。

当然有些时候他会令人难以对付，对于他这样个性张扬

的人来说这几乎是顺理成章的事情。他从绿山放逐了第一次
婚姻生下的儿子和女儿们，更不用说他哥哥维兰德的孩子们
了。关于他继承人的安排可以说是从 20 世纪到 21 世纪德国
文化史上最荒谬的故事，也许是这样的故事中的最后一个。
我曾经提到过，沃尔夫冈·瓦格纳从 1987 年开始担任音乐
节的终身艺术总监，让有关的政治家头疼了一阵。几次问询
会都半途而废，没有得出任何结论。一开始沃尔夫冈希望古
德伦接手音乐节，随后沃尔夫冈第一任妻子生的女儿爱娃·瓦
格纳-帕斯奎尔（Eva Wagner-Pasquier）也前来参与竞争。然而这
两种想法都没有实现，政治家们气得咬牙切齿，老人家愤愤
地固执己见，双方陷入僵局。2008 年，他们最终达成了一
个协议，两边都各让一步，保住了各自的面子。爱娃和卡特
琳娜共同接手拜罗伊特音乐节的管理权。维兰德的女儿尼克
（Nike）和巴黎歌剧院掌门人杰纳德·莫迪埃（Gerard Mortier）竞
争音乐节领导的努力失败后，当时的《法兰克福日报》评论说：
"姐妹还是比表亲血缘关系更深。"

对于我们这些在绿山上工作的人来说，当时的情况看起
来经常有些自相矛盾。媒体声称沃尔夫冈·瓦格纳患有老年
痴呆，无法做出任何理智的决定。下一分钟我们就看见他高
高兴兴地走过街角，听见他和技术总监争论。我们从媒体读
到节日剧院的气氛差到极点——但是我们都开心着呢。2002
年，我们读到了布里吉特·哈曼（Brigitte Hamann, 1940— ）写的
温妮弗雷德·瓦格纳传，里边确实有一些爆炸性的材料，引

发了一些颇有意味的评论，但是仍然觉得整个故事和我们相距甚远，不能破坏音乐给我们带来的乐趣。最终这些找麻烦的人——震惊的政客、刨根问底的记者、羡慕嫉妒的家族成员们——高估了他们的能力。他们觉得能够撼动沃尔夫冈·瓦格纳的根基，其实纹丝不动。外界批评的声音越高，内部团结的力量就越强大。那些声音过去经常批评瓦格纳音乐节有一种保护意识，现在也是如此，在这种时刻保护意识就会显示出它的力量。很多音乐节的工作人员把沃尔夫冈·瓦格纳尊为自己的父辈。尽管批评的声音不断，人们偶尔也会抱怨他非正统的领导风格，但我相信他在这座歌剧院里所受到的爱戴是真实的。沃尔夫冈·瓦格纳是个受欢迎的人。

有些人觉得他的第二任妻子古德伦更加难以相处。古德伦·瓦格纳诚实而坦率，说话不拐弯抹角。我本人很喜欢这一点。她来自于东普鲁士，一个柏林人和一个东普鲁士人很容易彼此理解。古德伦·瓦格纳经常对我说她生于坦能堡战役纪念碑被炸毁的那一天。她说，她的母亲住在阿伦施泰因（Allenstein，今天波兰的奥尔什丁）的医院里，一打开窗户，就能听到海恩斯坦（Hohenstein，今天波兰的奥尔什蒂内克）地区的爆炸声。德军的工程师奉命在红军到达之前毁掉这座后来被称为帝国纪念碑的建筑。这个故事非常精彩，尤其是后来小古德伦和她全家经过白令海沿岸的维斯图拉潟湖逃难，再也不曾回到故乡的部分。但是这里面有一个问题，事情不可能是这样的。古德伦·阿尔曼（她娘家的姓氏）生于 1944 年 6 月 15 日，而坦能堡战役纪念碑直到最后的时刻——1945年1月底才被炸毁。显然，她的母亲混淆了真实的记忆和想象中的画面，混淆了历史和当时的恐惧。有其他的消息来源说，这家人在1944年7月中抵达了下拜恩州的朗克韦德（Langquaid），古德伦就在这里长大。如果这是真的，他们就不可能是经过冰冷暗黑的潟湖逃离战场的。

除了这个故事，你可以百分之百地相信古德伦·瓦格纳。一旦你和她商量好了，事情就会办妥。她很专业，非常忠诚，而且的确深刻地了解瓦格纳家族的事业。她把身体、心灵和灵魂都献给了音乐节。她从新闻处的秘书开始做起，成为沃尔夫冈·瓦格纳的办公室主管，在去世之前的几年她已经是公认的艺术节的"秘密总监"。她是个非常聪明的女人，具有快速识人断事的天赋。在试唱时，古德伦·瓦格纳经常是第一个看得出哪个能行、哪个不行的人。

而且她从来都在剧院。我记不起有任何时候瓦格纳太太不在节日剧院。在我脑海里仍旧可以看见她的红色鳄鱼皮钥匙串，她在中午锁上西侧大厅的门，说她一小时后就回到办公室。她给我讲的那些我年轻的时候在拜罗伊特的故事，我自己无论如何也回忆不起来。比如，她说我在当巴伦博伊姆的助理指挥时，经常坐在观众席里把脚放到前排的座椅背上。她说，她曾经批评过我好多次！后来她一再地和我讲这个故事，我们已经把这当成了一个游戏。我总是回答说："亲爱的瓦格纳太太，我确实想不起来这回事了。"而她会回答说：

"但是我可记得清清楚楚！"

　　我们之间只发生过一次争执，那是在 2014 年克里斯托弗·施林格塞夫（Christoph Schlingensief）执导的《帕西法尔》首演的时候。瓦格纳一家对他极为标新立异的表现方式表示不满，他们觉得他的《帕西法尔》更像一个艺术装置，过于静止，而不像一部真正的歌剧和真正的音乐戏剧。我觉得他们没有理解施林格塞夫试图达到的效果，过了一段时间，他们对他失去了信任。有一天，克里斯托弗在餐厅里找到我，向我询问关于第二幕里拿花的少女：在舞台上什么样的行动才能配合这部分的音乐，什么样的行动才算合理？我实事求是地回答说，我不建议特别复杂的动作，那样会分散大家的注意力，不利于整体合作，只会给指挥和合唱指导增加烦恼。施林格塞夫马上记住了这一点。一旦有人抱怨在他的作品中台上没有发生什么事情，他就会用踢皮球的办法反驳说："可是蒂勒曼自己也这么说……"古德伦·瓦格纳生气了，因为她觉得我干涉了与自己无关的事情。过了一段时间，我带了一朵白玫瑰去见她。她坐在自己的办公室里，气氛一点儿都不好。我说，"瓦格纳太太，可以请您站起来吗？""为什么？"她问道。"就请您站起来一下。"我再次请求道。她终于咕哝地抱怨着站了起来。我把玫瑰送给她，还给了她一个拥抱，我们就和好了。

　　我们在绿山上举办过怎样的聚会呀！比如，古德伦·瓦格纳六月份过生日的时候总会举办酒会，所有人都会被邀请，每个人都祝她生日快乐。酒会上总是有大盘大盘的冷餐，爱喝酒的人总能喝上一两杯。合唱团的聚会，乐团的聚会，舞台技术人员的聚会，居然都叉了一整只猪来烤。瓦格纳一家就坐在聚会的酒馆里，既和蔼友善又令人心情愉快。还有哪家歌剧院能让大家想象出这样的情景？在外人来看，很难判断沃尔夫冈·瓦格纳和古德伦·瓦格纳到底如何分工。也许他负责所有的技术安排，而她集中精力管理剧院内部的事情并照顾艺术家。他负责出主意，想好如何选角；而她则负责执行，是他的左膀右臂和精神支柱。这真的可以称为非常经典的关系，其中古德伦·瓦格纳的影响力不容小觑。

回想起来，音乐节的新组织结构建立而不是损害了沃尔夫冈·瓦格纳作为艺术节总监的名声：从2008年开始，家族内部的专制主义就让位于一个民主、现代的剧院。联邦政府、巴伐利亚自由州、拜罗伊特市和赞助人联盟"拜罗伊特友人协会"分别持有音乐节的股权。这意味着更多的控制和大量增加的管理费用。然而，我认为这给音乐节带来了安全保障——当民众感到经济压力的时候，对"高雅艺术"的兴趣减少，也不再像以往一样把音乐节视为理所当然，而德国政府觉得对艺术节的神话及其作为"文化灯塔"的潜质负有责任。第一届基民盟和社民党的联合政府是如此，到现在的联合政府也是如此。就连我写这本书的时候，在任的文化部长、最不喜欢煽情的伯恩特·诺伊曼也都不断提到这一点。

尽管如此，我认为拜罗伊特的家族传统不可替代。很多人呼吁说瓦格纳家族已经江郎才尽，并且不合时宜。当然艺术质量与遗传基因无关，如果瓦格纳家族成员愿意并且有能力继续管理音乐节，为什么要打破这个传统？拜罗伊特拥有很多艺术节都向往和渴望的东西，全世界的创造力和金钱都投入到这里：一个真正独一无二的存在，一种绝对独特的品质。音乐节就是瓦格纳家族，瓦格纳家族就是音乐节。这种同一性是无价之宝。

我没有真正和沃尔夫冈·瓦格纳道过别，我接受不了"再见最后一面"的想法。但是在他不能出门后，我去探望过他几次。我还记得他看起来是那样小，像玻璃一样透明。一个人正在消亡，生命之火正在熄灭，现实正在他身上渐渐流失。即便是这样，他也有非常清醒的时刻，相当机敏。他总是能立即认出我，并向我伸出手来。后来他不怎么说话了，于是他的女儿卡特琳娜和我就把这样那样的事情讲给他听。他坚持不了很久，大约二十分钟，但是我们能够感觉到他的喜欢。他特别喜欢我们告诉他：瓦格纳先生，您得再去一趟节日剧院，大伙儿都希望看见您呢！沃尔夫冈·瓦格纳于 2010 年 3 月 21 日凌晨两点过世，那是一个星期天。三周以后的 4 月 11 日，节日剧院举行了追思会。当时天气非常寒冷，而剧院没有供暖设施。合唱队和乐团进行了演出，是沃尔夫冈·瓦格纳亲自挑选的曲目，我则有幸被选为指挥。台上的主要布景只有一张照片：八十岁的沃尔夫冈·瓦格纳，戴着金丝框的眼镜打着领带，固执而不可战胜，好像他随时都能从屏幕上跳出来，敲一下拐杖，把我们这群人全赶走。

拜罗伊特神话

在拜罗伊特，有时候我觉得自己就是《帕西法尔》里的一个角色，年复一年地我们揭开圣杯的面纱，但是从来不知道那是不是真正的圣杯，我们是不是真的找到了它，或者是否有一天能找到它。所以我们总是回到原地：纯洁的愚人、女巫、花童、受难的君王、骑士和侍从。众所周知，瓦格纳剧中的人物总是倾向于找出他们在真实生活里的投射，这也是拜罗伊特鹤立鸡群的一个重要因素。在拜罗伊特，最美妙的就是：你可以加入一群和你思想接近的人。我特别喜爱与那些和我有着同样艺术波长的人们相处。孤独的人在这里比较难过，任何不良行为都非常引人注目。你需要融入周围的环境，不仅只在音乐上，也包括与人相处，这时我们又回到了家庭的概念：一个双簧管吹得非常好但令人不快的混球，对我有什么用呢！作为指挥我会觉得他有用，但只是短期的。如果他不能在乐池里适应整个乐队而破坏了整体的和谐，他也可能破坏艺术效果。所以每年夏天都会重新探讨整个乐队和合唱队的人员名单，做出新的决定。没有任何一个音乐家在拜罗伊特持有演出季通票。

但这并不意味着在绿山上没有几个刺儿头，或者所有歌剧院的成员都很容易相处。富特文格勒和阿图罗·托斯卡尼尼都不是能被轻易驯服的人，记得卡拉扬当年的私人卫生间事件和音乐节历史上几次由于制作而引起骚乱（包括葛茨·弗里德里希的《唐豪瑟》和克里斯托弗·施林格塞夫的《帕西法尔》）的人会知道，实际情况恰恰相反。和思想接近的人在一起并不意味着每一个人都必须循规蹈矩。拜罗伊特是一个自相矛盾的地方，我们在这里生活就必须接受这样的矛盾。我们把这里当作最神圣的地方，同时也是最自由的地方。它意味着极度的忠诚与亵渎，陈词滥调与反陈词滥调，被启迪而又被蒙蔽，它意味着实用主义和乌托邦。这里一切皆有可能，反之亦然。

虽然瓦格纳给我们打下大好江山，但他的音乐节还是需要不断地推陈出新——通过一代又一代的歌手、导演和指挥给他的歌剧提供不同的视角。在节日剧院之外也是同样的情况：今天的媒体给我们提供了更多的可能性，比如公开播映、儿童歌剧、歌剧进入电影院、网络在线直播，这些都是 21世纪的一部分。这就像在政治上接受历史，或者把望福里德别墅改造成博物馆的概念一样重要。就像我刚刚说过的，我们头脑里并没有单一的"拜罗伊特风格"盘旋不去。

我肯定老理查德本人能够接受这一点。无论是恭敬还是反抗，他都能包容我们。他挺过了很多事情，一定还会接受更多。在这个世界上，瓦格纳主要以他坚不可摧的特质而闻名。他把自己当作一个创造者，他想要阐释生活的意义。他救世主般的视角和骄傲自大的态度引起了很多嫉妒，也带来了剥削者、剽窃者和竞争对手。瓦格纳对于人们对他音乐的反应非常敏感，我接下来就会谈到这一点。然而音乐节越是被藐视、被指责，就越是辉煌，瓦格纳的歌剧越是被亵渎，看起来就越神圣，闪着魔力般的光芒。尼采（Friedrich Nietzsche，1844—1900）在和瓦格纳交好的时候说过："总有一天我们全都会坐在拜罗伊特，奇怪我们怎么可以忍受呆在其他地方。"在节日剧院对面侯爵书店的报摊上，可以买到写着这句话的风景明信片。

4 关于意识形态

典型的德国话题

有一次，我在拜罗伊特的一个助手从莱比锡给我带来了一件画着门德尔松的 T 恤衫，上面活灵活现地用漫画勾勒出门德尔松的侧面，头发很多，还有一个鹰钩鼻。我穿着这件 T 恤衫去了《指环》的下一次排练，乐队成员们试图猜出这个侧面像的身份。终于有几个音乐家大声说："科西玛！"确实，科西玛·瓦格纳也有很多头发，还有从她父亲那里继承来的鹰钩鼻。一个强烈的反犹主义者和犹太裔的新教徒门德尔松——在拜罗伊特，一件简单的礼物能马上把人带进黑暗的深渊。另外，把门德尔松和《莱茵的黄金》联系起来是个好主意，我们决定尽量以门德尔松的风格来演奏：纯净透明，闪闪发光，像《仲夏夜之梦》里谐谑曲的音色，脚步轻盈但从不匆忙。

C 大调只是 C 大调吗？

把科西玛和门德尔松相提并论，在政治上肯定是不正确的，因为我们想起绿山的时候不可能不想起它过去的阴影。原则上我对政治正确不太感兴趣，通常政治正确仅仅标志着阻力最小的路径。然而，拜罗伊特音乐节的过去确实与政治密不可分，实事求是地说，直到今天仍旧给我们带来麻烦。《黎恩济》和《罗恩格林》是希特勒最喜欢的歌剧，这个独裁者还经常在纽伦堡的纳粹大会上要求演奏《名歌手》的音乐，我们能为此责怪瓦格纳吗？希特勒还喜欢站在镜子前穿着燕尾服，戴着高礼帽，打着白色的丝巾，摆出《风流寡妇》里达尼洛伯爵的样子，我们是不是也会想这是雷哈尔的错呢？难道是瓦格纳曲谱带来的不可抗拒的力量点燃了希特勒头脑中的自大狂倾向？我们在思考音乐时，是否能够或者应该把它与政治分开？哪里是诠释的结束和滥用的开始？一件艺术品与它为人们所接纳的方式之间的关系，意味着什么呢？对于我这样一个把曲谱摆在首要位置的音乐家来说，又意味着什么呢？C 大调只是 C 大调吗？或者是一种意识形态？托马斯·曼（Thomas Mann, 1875—1955）说过，瓦格纳中有很多希特勒的成分，我们是不是也可以说希特勒中有很多（确实太多）的瓦格纳成分呢？

从 1933 年开始，1945 年又再一次被加进或强塞进瓦格纳作品阐释中的意识形态，从时间概念上就可以看出与作曲家没有关系。瓦格纳比他臭名昭著的崇拜者早一个时代，1889 年希特勒出生在奥地利的布劳瑙（Braunau）时，他的"先知"——按照约阿希姆·克勒（Joachim Köhler）的说法——已经去世六年了。

　　然而，绿山上的政治因素不是阿道夫·希特勒的发明，它植根于瓦格纳的生活。在 1848 到 1849 年德意志革命期间，瓦格纳在德累斯顿与巴枯宁一起公开设置路障反对政府。瓦格纳被通缉追捕，其后的二十年间都在躲避债主和警察的逃亡中度过。但这也几乎没有影响他穷奢极侈的生活方式，1864 年他由于欠债太多有可能坐牢，又不得不逃离维也纳。一年以后，他在政治上和财务上都过分出格，即便在路德维希二世国王的保护下，也被视作不受欢迎的人，遭到公众请愿，要求他离开慕尼黑以及路德维希二世影响力所及的地方。他在世俗道德上也不清白，与女演员明娜·普拉那婚后不断出轨：酒商的太太洁西·劳索（Jessie Laussot）、玛蒂尔德·维森东克（Mathilde Wesendonck, 1828—1902）、科西玛·冯·彪罗（Cosima von Bülow, 1837—1930）。他不为道德所困，反而需要情色的张力刺激自己的艺术创作，就像他需要丝绸的裤子和织锦的壁纸一样。

　　无论从政治、社会还是道德上，瓦格纳都是一个难以定论的人。他总是处在矛盾中，与周遭的环境格格不入，并且不断加深他与外部世界的鸿沟。只有与众不同，才能满足他进入上层社会的需要，实现他通过艺术得到救赎的梦想。与众不同并不意味着他不渴望名声、褒奖、对自己价值的认可和爱情。与众不同和渴望认可是相辅相成的两面，有很多资料可以供我们研读分析。

毋庸置疑，瓦格纳无论在思想上还是感情上都是彻头彻尾反犹主义者。我们很容易从他的手稿和信件里看出这一点，而且科西玛在这点上完全支持她丈夫。然而，科西玛对犹太人的厌恶主要是来源于"好品位"和上流社会的观念。作为女公爵的非婚生女儿，她声称自己生来就属于上流社会。相比之下，瓦格纳对犹太人的厌恶主要来源于社会上对犹太人根深蒂固的嫉妒。从19世纪初期开始，被解放的、大大提高了社会地位的犹太人，成了瓦格纳最容易发泄嫉妒的对象。一旦生活中遇到什么不顺，瓦格纳就会归罪于犹太人：在莱比锡，他试图把自己的第一部歌剧《仙女》（*Die Feen*）搬上舞台而没能实现；然后在巴黎，他遇见了以贾科莫·梅耶贝尔（Giacomo Meyerbeer, 1791—1864）的作品为代表的"对歌剧艺术无比拙劣的呈现"，不得不掉转脚跟马上离开了这座城市；还有后来他准备拜罗伊特音乐节项目时的种种不顺，统统都是因为犹太人。瓦格纳憎恨特权，除非这特权属于他自己；他看不起靠家族渊源、机构背景、金钱财富，而不是靠自己的成就和作品取得成功的人。在瓦格纳看来，门德尔松是他的"对手"的典型代表：出身显赫的哲学家和银行家家族，知道如何利用自己的优势，一辈子都不需要为钱担心，而且似乎不费吹灰之力就成了德国资产阶级音乐崛起的缔造者。

瓦格纳与门德尔松

必须承认，一直到 20 世纪，理查德·瓦格纳都是门德尔松的坟墓，使得他不为公众接受。作为音乐家，我认为门德尔松几乎与瓦格纳一样重要，瓦格纳对门德尔松的做法让我感到非常不舒服，觉得受到了伤害。1850 年，瓦格纳在其富于煽动性的讽刺犹太人音乐的文章中写道："犹太人掌了权，只要金钱意味着权力，他们还将继续掌权，而我们的努力在权力面前微不足道。"瓦格纳给门德尔松的名声带来了长久的损害，他的动机是什么？羡慕、嫉妒、恨。瓦格纳嫉妒门德尔松一生都享有的特权，嫉妒他作为音乐家和作曲家所取得的成功，嫉妒他在莱比锡的人气。莱比锡是瓦格纳的故乡，却一直冷落他。莱比锡人喜欢只比他年长几岁的门德尔松，一个古典主义者，用瓦格纳的说法，代表了"音乐史上的一条死胡同"。

然而年轻的瓦格纳像许多他的同龄人一样，非常了解门德尔松创作的那种音乐。他自己曾多次运用门德尔松的创作方法。在《仙女》中他试图模仿门德尔松的赞美诗风格，而他的《哥伦布》（Columbus）序曲毫不掩饰地借用了《平静的海和幸福的航行》（Meeresstille und glückliche Fahrt）序曲里的精髓。为了推广《仙女》他甚至模仿门德尔松，利用自己的家庭关系网。瓦格纳的关系网包括他的哥哥艾伯特（Albert Wagner），1833 年他在维尔茨堡剧院给理查德找了一个合唱指导的稳定工作，干了整整一年。他的连襟弗里德里希·布洛克豪斯（Friedrich Brockhaus）试图恐吓莱比锡的剧院经理："如果还不上演这部歌剧就让你见鬼去！"最后还有他的姐姐罗莎莉（Rosalie Wagner），一位在莱比锡广受欢迎的女演员，竭尽全力让她的弟弟展示良好的形象。但是剧院经理面对这样的压力会如何反应？他们想方设法拖延时间，不让这部作品上演。理查德·瓦格纳可没有时间，他感觉自己必须有一部受欢迎的作品才能为自己在莱比锡"搞到一个职位"。他必须比其他人都更快地行动——其实就是要比门德尔松快。门德尔松当时还是杜塞尔多夫的音乐总监，将很有可能被任命为布商大厦管弦乐团的指挥。理查德·瓦格纳深切地感到，没有办法绕过门德尔松这只"牛虻"——科西玛在她的日记中如此刻薄地称呼他。但瓦格纳在莱比锡不走运，《仙女》没能上演，他的天才在第一次考验中失败了。

这次失败让瓦格纳备受打击。他逃往外省，当上了马格德堡的音乐总监，并从那里试图接触门德尔松。1836 年 4 月 11 日，他把自己十八岁时写的《C 大调交响曲》总谱寄给了门德尔松。门德尔松的前任克里斯蒂安·奥古斯特·珀伦茨（Christian August Pohlenz）曾经在布商大厦上演过这部作品。然而门德尔松无动于衷，他甚至都没有感谢瓦格纳把曲谱送给他。布商大厦管弦乐团的工作对他是否太沉重了？还是他已经下意识地感到与瓦格纳的关系只能对自己不利？或者只是觉得这部交响曲和它的作者不值得引起他的注意，认为瓦格纳只是一个试图推销自己的陌生人？结果这部总谱最终不知去向。几十年以后，瓦格纳声称门德尔松因为看出了作品中表现的天资，嫉贤妒能而故意毁掉了它。

莱比锡布商大厦乐队的指挥拒绝与马格德堡的音乐总监建立联系，这个侮辱加深了瓦格纳原有的敌意。他得出了一个重大结论：自己的种种不顺在某种程度上都是门德尔松造成的。1836 年 9 月 22 日，瓦格纳在给莱比锡的作家朋友提奥多·阿佩尔（Theodor Apel）的信中宣称："……现在我完全放弃了音乐厅。你建议我给莱比锡寄一份认真谱写的序曲，我不需要这个也能生活。我不想做一个阿谀奉承的人，你对门德尔松的赞美让我更加不想奉迎。卓越超凡的朋友，请你恕我直言，我将全情投入舞台的壮丽辉煌。从现在开始我只写歌剧，我将把我的肉体、灵魂、希望以及所有的一切都献给歌剧。"这些话多么意味深长又大胆！尽管个性和艺术受到轻视，但为了在音乐界出人头地，瓦格纳决定退而成为一位全能作曲家。他需要成为专才。以自卑情结为驱动，用对抗积蓄能量——瓦格纳和门德尔松有着天壤之别。瓦格纳一定是出于本能才选择了戏剧、歌剧和音乐剧场，在这个领域里，他令人讨厌的对手无法对他造成任何威胁。

现在天下可以太平了。音乐界应该为此欢欣鼓舞：门德尔松和瓦格纳，两个竞争对手，志不同道不合，各自潜心于自己的艺术天赋——一个是激情洋溢的外行作曲家、歌剧的改革者瓦格纳，另一个是多才多艺的资产阶级作曲大师门德尔松。然而艺术家们并不都是如此，这里我们看到的是特别极端的例子。

虽然不亲密，但两位作曲家仍然是有联系的，他们见面不超过四五次，有书信往来，也指挥彼此的作品：瓦格纳指挥过前文曾提到的《平静的大海和幸福的航行》序曲、门德尔松为第四十二首赞美诗所谱的音乐还有他的《苏格兰交响曲》，而门德尔松则指挥过瓦格纳的《唐豪瑟》序曲。门德尔松几乎不曾公开评论过瓦格纳，他的态度虽然疏远但彬彬有礼。而瓦格纳评论门德尔松的口气则迅速地发生变化。他最早的信函称呼门德尔松为"我极为尊敬的先生"，以"您最热情的崇拜者"落款，这时的瓦格纳还在寻求门德尔松的帮助。后来的称呼改成了"我亲爱的，亲爱的门德尔松"或者"我最尊敬的朋友"，显然更加友好。他们都支持了德累斯顿卡尔·马利亚·冯·韦伯（Carl Maria von Weber, 1786—1826）的纪念项目，至少瓦格纳认为他们彼此尊重。然而在1847年门德尔松早逝之后，一切都改变了。过去瓦格纳只是暗示的嫉妒、被迫害妄想症和反犹主义等，此时全部爆发出来。瓦格纳下定决心要填补门德尔松留下的空白，并发现撰写音乐史是发挥自己能力的有效手段。一有机会，他就诽谤门德尔松是停留在过去的、肤浅的作曲家。1872年11月7日，科西玛在她的日记中写道："门德尔松一点儿都不德国，根本就是一个外国人。"这是对门德尔松人格的毁损，且带来了后果。

然而对于瓦格纳来说，犹太人也不是一概而论。比如，他对贾科莫·梅耶贝尔和门德尔松是区别对待的。汉斯·冯·彪罗曾经开玩笑说瓦格纳的《黎恩济》是"梅耶贝尔最好的歌剧"，这一定让瓦格纳感到备受伤害。他在自己的回忆录中写道，作为音乐家他不敢冒险与门德尔松比赛个人能力。同时，他在给维也纳乐评人爱德华·汉斯里克（Eduard Hanslick，1825—1904）的信中评论道，在他看来，梅耶贝尔的名字集中代表了所有他最厌恶的"内在空虚，外在煞费苦心的歌剧音乐"。内容琐碎而舞台效果做作至极的梅耶贝尔，与无懈可击的门德尔松不可同日而语。

然而在瓦格纳攻击门德尔松的箭筒里，还有一支箭写着路德维希·范·贝多芬的名字。瓦格纳说，贝多芬把纯音乐做到了极致，不添加"诗意"（意指瓦格纳自己）的音乐将没有未来。科西玛提到门德尔松时，总是用"被古典主义左右"或者"已经过时的艺术审美的代表"这样的字眼。她写道："贝多芬如此出色地发挥了真正的德国民族传统之后，门德尔松又把音乐带回了肤浅的思路上。"于是瓦格纳成了贝多芬的正统继承人，而门德尔松只是一个苍白的模仿者。她只字不提门德尔松作为一个诠释者和指挥家如何一生都推崇贝多芬，也只字不提作为作曲家门德尔松又如何密切地关注贝多芬这位维也纳的大师。

一方面，瓦格纳称门德尔松从来没有"给我们带来感动肺腑与灵魂的深切感受，虽然我们知道音乐艺术可以做到这一点，也希望门德尔松可以做到这一点"。门德尔松无论是作为普通人还是音乐家都给瓦格纳留下了极其冷淡的印象。而另一方面，瓦格纳又热情地称赞清唱剧《圣保罗》(*St Paul*)是"最高洁的艺术之花"，称门德尔松为"优秀的音乐家"，并用"异常美丽"来形容《赫布里底》(*Hebrides*)序曲。这些观点能够同时存在吗？瓦格纳的回答是，当然！1869年，瓦格纳说门德尔松拥有"极高的天赋"，令人"瞩目"同时又十分"冷淡"，因此"与我们音乐的发展无关"。瓦格纳知道自己是如何地自欺欺人的吗？

　　大约在六十年之后，纳粹在德国也采用了瓦格纳的策略。我不觉得瓦格纳应该直接对这些后果负责。谈到纳粹，当然要考虑到19世纪下半叶反犹主义和激进民族主义的传播——在歌剧和其他方面都是如此，我们只要想想1881年捷克布拉格国家剧院开幕时上演的斯美塔那的歌剧《里布舍》(*Libuša*)就知道了。然而瓦格纳对这些后果的确产生了重大的影响，尤其是给惯常的反犹主义提供了一个审美取向方面的外在理由。这一切都不能阻止瓦格纳继续利用门德尔松的音乐概念。《莱茵的黄金》序曲明显地模仿了音乐会序曲《美丽的梅露西娜》(*Die Schoene Melusine*)中海浪的动机；《帕西法尔》引用了《改革交响曲》(*Reformation symphony*)中德累斯顿的圣歌。在《指环》系列的开头，瓦格纳的沃坦实际上穿着门德尔松的合唱作品《以利亚》(*Elijah*)中引导宣叙调的外衣。瓦格纳时代的人们一定意识到了这种借鉴，我们今天也不应该忘记。

1850 年，瓦格纳用笔名"K. 弗莱格丹克"（K.Freigedank，德语含义为"自由思想"）在《新音乐杂志》出版了著名的小册子《音乐里的犹太人》。1869 年，差不多二十年以后，又以自己的本名出版了一个更加直言不讳的新版本，并激起了激烈的反应。门德尔松和梅耶贝尔已经去世多年，瓦格纳只是觉得新的争论更加证实了他的想法。他天才地以从"令人入迷"的作曲工作中暂停下来，休息一下，来为他"突然挑起争端的题外话"辩白："我在作曲的时候确实是一个绝对古怪的人。"与此同时，门德尔松的名声被渐渐淡忘，他的生日和忌日不再为公众所纪念。然而，音乐实践却遵从不同的法则，它喜爱并且需要门德尔松，私人公馆和沙龙中都在演唱他的歌曲和合唱作品；而德国音乐厅的日常生活也离不开门德尔松的《e 小调小提琴协奏曲》和《仲夏夜之梦》序曲。20 世纪初，英国字典编纂家乔治·格罗夫爵士（George Grove，1820—1900）和德国音乐学家恩斯特·沃尔夫（Ernst Wolff，1886—1961）最早呼吁人们对门德尔松应该有更加全面的了解，而不是只限于流行的这几首曲子。20 年代初期，门德尔松的风格经常被认为是"优雅"而已，并不受重视。当时阿尔弗雷德·爱因斯坦（Alfred Einstein，1880—1952）把门德尔松的风格称为"大师"算得上可圈可点。

当然，从 1933 年开始，纳粹给这些新动向画上了句号。从那时起直到 1945 年，门德尔松的声誉一直在受损，就像《帕西法尔》中的安佛塔斯久伤不愈。今天我们都了解这一切，觉得以前发生的事情既可悲又盲目，然而这些对门德尔松的问题于事无补。用阿多诺的话说，门德尔松仍然是没有被完全接受的作曲家。莱比锡的门德尔松纪念碑于1936年被推倒，直到2008年才重建，这个事实简直意味深长。

因为瓦格纳对门德尔松的诋毁而鄙视他很容易，看到他在关于犹太人的文章中所下的可怕结论与大屠杀之间的关系也很容易。在结论中他向全体犹太人宣称："你们要记得，只有一样东西可以把你们从诅咒中解救出来：就是亚哈随鲁王所知道的那种解救——彻底毁灭你们。"希特勒知道这句话吗？非常有可能。然而作为指挥家，我同意阿尔班·贝尔格（Alban Berg, 1885—1935）的说法。作家和音乐学家汉斯·迈耶（Hans Mayer, 1907—2001）在他的《音乐概念》系列丛书里名为"理查德·瓦格纳——一个艺术家究竟能反犹到什么程度？"的章节里写过一个精彩的故事（这章的其他部分充满了极端的偏见）：20世纪20年代，迈耶在柏林见到了贝尔格，当时贝尔格的《沃采克》（Wozzeck）正在国家歌剧院由埃里希·克莱伯指挥首演。年轻的迈耶作为犹太人、马克思主义信徒和后表现主义者，要怎样给这位著名作曲家留下深刻的印象呢？他决定严厉地批判理查德·瓦格纳。迈耶继续写道："值得记住的是，阿尔班·贝尔格从上面俯视着我说：'是的，你这样说完全正确，但这是因为你并非音乐家'。"

情感与政治

　　贝尔格一语中的。一个音乐家永远都只会通过瓦格纳的音乐来评论他——以及他作为一位艺术家和工匠的才能。瓦格纳的才能毋庸置疑，所以我们很快就陷入了左右为难的困境。所谓的意识形态该怎么办呢？我们又该怎样看待瓦格纳的反犹主义呢？音乐里不存在这些，C 大调的确只是 C 大调而已。即便是宣称与瓦格纳为敌的人，也不能向世界提供有力的证据，证明《名歌手》里的贝克梅瑟、《帕西法尔》里的昆德丽和《指环》的阿尔贝里希与迷魅是对犹太人物蓄意扭曲的漫画。如果瓦格纳的音乐的确如此缺乏想象力，直接给我们呈现这样的复制品，事情就简单了：我们所谈论的不再是艺术而是宣传，就没有什么可担心的。然而，我没有办法把一个六四和弦演奏或指挥出反犹或亲犹倾向，没有办法指挥出法西斯主义、社会主义或者资本主义。我能够注意到非音乐的言外之意，而这种认识有可能给我的音乐诠释加上某种色彩。但是当我确定面前的总谱是大师之作，复杂至极，就不能从意识形态的角度去看它。我必须尊重总谱本身的要求，用音乐的语言来呈现它。

　　这与有意识地带着资本主义、社会主义或法西斯主义的态度来听音乐，或者试图把这样的态度强加到音乐之上是不一样的。我反对在 1945 年以后，尤其是 1968 年以后试图引用希特勒来解释瓦格纳的人。他们的目的是阻止别人倾听音乐，在某种程度上他们成功地做到了这一点。我完全不反对在如何接受瓦格纳方面与别人达成共识。毕竟，我们谈论的是整个德国文化史上最有教育意义的篇章之一，这里有低谷、高潮和瑕疵。然而作为一个音乐家，我不能想象这样做如何能帮助我的工作。从阿多诺、哈尔穆特·泽林斯基（Hartmut Zelinsky）到约阿希姆·克勒（Joachim Köhler）的所有著作，都不能给我任何信息，不能告诉我《名歌手》场景里的赋格段落中合唱的声音应该有多强，也不能告诉我《特里斯坦》序曲中正确的动力平衡应该是什么样的。这个想法既美好又可怕，既令人宽慰又使人警醒。当《特里斯坦》开始的时候，其他的一切都不再重要。音乐战胜一切。

我在年纪很小的时候就对瓦格纳的意识形态问题感到好奇。作为一个青少年，我无法把自己所热爱的音乐与听到或读到的有关希特勒在拜罗伊特的情景联系起来，也无法把自己崇拜的英雄富特文格勒和卡拉扬与他们卷入的政治纠葛联系起来。我们在家里常常讨论历史。另外，我母亲是柏林爱乐董事会前主席、单簧管演奏家恩斯特·费舍尔（Ernst Fischer）之女的朋友。费舍尔的太太是犹太人，在纳粹掌权期间他经历过很多困难。在我年幼的时候，有一次曾在他威默尔斯多夫的公寓里一架巨大的三角钢琴上为他演奏，并能够清楚地记得费舍尔家里有趣的咖啡聚会。费舍尔太太在我看来非常苍老（那时她大约六十岁上下），她经常邀请朋友们到家里来。她的朋友们都是有趣的老太太，她们有着华丽的名字，把书从后往前读，且都不住在柏林。有一位女士来自巴黎，另一位来自贝尔法斯特，第三位来自耶路撒冷，但是她们全都讲德语。气氛极其欢乐、温暖而放松。我还记得当时看到这些女士们在一起格外开心、笑声不断的时候，不由得吃了一惊。有些时候她们的对话会变得严肃起来，这时她们会谈起当年不得不离开柏林的情景。住在耶路撒冷的女士说，那里天气炎热，也不允许演奏瓦格纳。当时还是小孩子的我觉得离家的感觉非常可怕，但是搞不懂那和瓦格纳有什么关系。一定是大人们觉得实在难于向我解释。至少没有人对我说：别碰他的音乐，那是坏东西。即使在谈论以色列时，提起瓦格纳，那些女士也会频频点头：哦，是的，当然我们家的柜子里放着瓦格纳的唱片。我不确定当时如果有一个反对瓦格纳的严重警告，是否会对我起作用。我那时只有八九岁，当我在歌剧院里听到《罗恩格林》的时候，世界都不存在了。在我眼中只有音乐。

后来我读了很多书，遇到了很多对瓦格纳的批评。看到他的音乐如此饱受争议，我感到非常困扰，因为我在歌剧院里和周围环境中看到的完全不是这种情景。1976 年，《指环》首演百年纪念的时候，哈尔穆特·泽林斯基出版了《理查德·瓦格纳：一个德国话题》。读到这本书，我感到震惊而且出离愤怒，尤其在读到下面这段对公众的可怕谴责时：

　　　　一个自认为信奉基督教的社会几十年来，直到现在

1976 年了，一直允许、支持甚至欢迎在耶稣受难节在歌剧院上演和在广播里播放《帕西法尔》的惯例，他们的批判机能成何体统？《帕西法尔》被称为现代欧洲文化中最精致巧妙的艺术作品，而瓦格纳精打细算就是为了让它在现实中达到我刚才所陈述的那种效果。《帕西法尔》……与耶稣受难日毫无关系，构想它的目的就是为了摧毁耶稣受难日，至少是为了摧毁它所代表的基督教精神以及《圣经》里的耶稣本人。他们传递的关键信息"净化和救赎"，代表着对亚历山大城、犹太教及古罗马的暴虐与畸形的净化和救赎。这构成了瓦格纳在《帕西法尔》里宣称的要求补偿的权利，直到今天观众仍旧易于接受神话，并对精心谋划的诱惑难以免疫。

艺术会"算计"某种长期的政治效果吗？甚至到 1976 年，公众都不能抵制"精心谋划的诱惑"？这难道就是对瓦格纳为救世主的救赎而创造的神秘公式所做的无懈可击的解释吗？我觉得这很荒谬。这是一个作者在试图借他人泄私愤，我虽然很年轻，但很快就怀疑到这一点。泽林斯基自己也说，他的这本书不是谈论瓦格纳的音乐，而是谈论瓦格纳的音乐带来的后果和他的意识形态，但即便如此，也不应该血口喷人。这进一步加深了我的怀疑。实际上，泽林斯基选择了一组目标来发泄自己的情感：他把瓦格纳描绘成"希特勒精神上的养父"，汉斯－于尔根·西贝尔伯格（Hans-Jürgen Syberberg,

1935— ）由于拍了一部关于温尼弗雷德·瓦格纳的电影，泽林斯基便认为此电影"关注希特勒"，由此怀疑西贝尔伯格在为"老纳粹们"押注。甚至新拜罗伊特的创始人之一维兰德，也不能免于被套上"旧拜罗伊特理想主义"的罪名。

我觉得所有这些都过分了。我看到瓦格纳的作品被贬低为愚蠢的情感、简单的统治教条，这不可能是真的。泽林斯基的瓦格纳和我的瓦格纳之间的区别，就好像纳粹时期帝国广播电台在特别通告之前播放的"军乐"和李斯特《前奏曲》的原声之间的区别一样：一百五十支管乐同时不停地用最强的力度演奏，和作曲家创作的音乐没有任何关系。

在这里我发觉整件事情都很有意思。泽林斯基这样批判瓦格纳的作品难道不是彻头彻尾的亵渎？他的批判告诉公众应该思考什么，却把歌剧贬低为意识形态，解释说政治含义才是唯一的真正内涵，这完全是颠倒黑白。他们篡改了《罗恩格林》结尾的训诫，把原文中的"向布拉班特的王公宣誓，把他当成你的领袖！"写成"把他称作你的保护人！"他们也不能容忍《名歌手》结尾汉斯·萨克斯的结束语"尊敬你，德意志的大师们"，而把它改成了"尊敬你，高贵的大师们"。他们不在乎瓦格纳给这些词句配乐的方式，他们不理解重音或非重音，不理解那些上升或下降的节奏，非常明显地把重音放在了"大师们"而不是"德意志"上。然而我们需要知道这些东西，才能看出瓦格纳的音乐是如何聪明、判断正确而又机智诙谐。

70 年代我经常在柏林国家歌剧院听《名歌手》，由西奥·亚当（Theo Adam, 1926—　）扮演汉斯·萨克斯。亚当总是习惯于省略 deutsch（德意志）一词中的"d"，把"deutsch und echt"（德意志和真实）唱成"eutsch und echt"。有一场演出，男低音齐格弗里德·沃戈尔（Siegfried Vogel）代替亚当扮演汉斯·萨克斯，他把每个字母"d"都唱得非常清晰，包括"deutsch und echt"。我周围的观众在座椅上不安地动了动；观众席里明显有反应，但没有反对的意思。

作为歌手我可以强调某些词句或者一带而过，表明自己对所说或所唱内容的态度。作为指挥，我也可以达到类似的效果。比如让某一段落充满情感，或采用某种速度将它不经意地带过，还可以利用动力平衡的手段将它从其余部分中凸显出来。我能够做到——前提是我知道该怎么做。我需要在音乐和戏剧方面的充足理由来说服自己和其他人为什么要这样做。否则对音乐的诠释就像是人为强加上去的，将失去它的可信度，我努力的目的不再是为了音乐，而是为了嘲讽或者遵从当时的某种政治品位。我知道自己必须全力支持与音乐相配合的台词，否则不会有好的效果。

有些段落要求我作为指挥表明自己的立场，《众神的黄昏》里齐格弗里德的葬礼进行曲就是其中之一。我应该相信瓦格纳吗？他告诉我们齐格弗里德，世界的救主，被众人抬着走向坟墓；还是把这段只有八分钟的间奏曲作为音乐情绪转变的必要过度，把场景从莱茵河畔带回季比宏人的大厅，给舞美队留出足够的时间？我自己是否感到有些悲伤，还是在指挥的时候尽力避免这种情感？听起来我们好像有选择的权利。但是，如果理查德·瓦格纳没有严厉地剥夺他的作品诠释者选择的自由，就不是理查德·瓦格纳了。因为瓦格纳从来都是把情感和实用主义结合在一起，让酒神狄奥尼索斯与太阳神阿波罗并驾齐驱，让灵感与算计同在。至关重要的是平衡，找到正确的混合比例。在处理葬礼进行曲的时候，它听起来应该不像一个完全独立的音乐段落，而是建筑中的一块砖石，整个《指环》中联结上下文的桥梁。作为指挥，我的工作注定是让这八分钟的音乐保持张力，就像我在十四个小时的《指环》全剧中都需要做的一样。说实话，我对如何做到这一点比对台词里这句或那句是不是"烂段落"要感兴趣得多。我认为，尽自己的能力和良心表现总谱上所写的，把意义的部分留给观众去思考，正是从历史角度正确解读瓦格纳的一部分。

　　我与沃尔夫冈·瓦格纳的对话很少涉及政治内容。有些时候他会提到自己的母亲温妮弗雷德，讲几件关于希特勒的逸事——1923 年，希特勒第一次来到拜罗伊特音乐节的时候，沃尔夫冈只有四岁，他的哥哥维兰德六岁。无论他们自己喜不喜欢，独裁者的形象都伴随他们长大。然而这些逸事仅限于一些琐事，比如：为了在凌晨三四点钟听到从美国来的新闻，希特勒几个小时都在拨弄望福里德别墅壁炉里的火苗，男孩们则试图让他开心；他从巴德伯恩奈克（Bad Berneck）的布贝酒店（Hotel Bube）来到家里喝茶或吃晚餐的次数比公众知道的（或者应该知道的）多得多；还有关于希特勒和温尼弗雷德之间可疑关系的那些流言蜚语。

沃尔夫冈·瓦格纳在自传里写到了这些内容，我没有更多的可说。即便在私人谈话里，也没有关于希特勒的重大启示，节日剧院的壁橱里也没有尸骨，没有任何世界还不知道的事情。阿道夫·希特勒在我们的日常工作中没有任何意义。我理解拜罗伊特音乐节直到今天还有"一些历史的遗留问题需要解决"。在德国这句话有着特别的意义，尽管我还是搞不明白这种说法到底是什么意思。沃尔夫冈·瓦格纳在他母亲百年诞辰的纪念展开幕前夕突然取消展览的做法不是明智之举。然而卡特琳娜·瓦格纳和爱娃·瓦格纳-帕斯卡尔开始探究绿山上纳粹时期的历史。她们委托了两位历史学家。也许"温尼"和"沃尔夫"之间的书信往来会让一些令人惊奇的细节公之于世。

作为音乐家和指挥家，我经常觉得人们在政治上谈论的不是不够而是太多。我认为不能让理查德·瓦格纳的音乐为后来纳粹对音乐的滥用负责。我不能一丝不苟地只用手指尖来指挥《名歌手》，完全不碰这部作品。我有很多同事选择这样做，世界需要尊重他们的态度。然而难道因为希特勒有一条叫布隆迪的牧羊犬，并且不吃肉，在21世纪我们就还要谴责所有的素食者，或放逐所有的德国牧羊犬吗？难道因为从1933年到1944年间，通往节日剧院的路两边悬挂过纳粹的万字旗，元首曾经在阳台上向群众打过招呼，所有的政治家就不应该来出席拜罗伊特音乐节的开幕式了吗？当然不。正因为各种各样的人都曾经喜欢，而且至今还喜欢瓦格纳的音乐，他才成为世界级的艺术家。如今的拜罗伊特仍是一个可以象征整个国家的机构。因此，我认为德国的总统、总理和其他政要都应该出席拜罗伊特音乐节，因此拜罗伊特也欢迎所有的著名人士和明星。如果黄色小报经常报道在巴伐利亚总理为歌剧首演而举办的招待会上谁的头饰最花哨或谁的领口最低，人们也会注意到。一个国家不能只在经济实力上找到认同感，也需要保护并珍视它的非物质价值、它的文化与它的精神。

歌德在《浮士德》里面写道：从前辈那里继承的东西，你需要把它当成自己的，才能让它真正成为你的。这是拜罗伊特年复一年给我们带来的挑战。因为瓦格纳想让艺术节一直存在下去。他所有的音乐都不以小调结束不是毫无意义的。瓦格纳所有的歌剧都是以大调结束，甚至《特里斯坦》和《众神的黄昏》也结束在大调上。你也许会觉得这很疯狂，但是这也巧妙地代表了一个反抗的宣言：无论如何，生活都将继续。瓦格纳总会给我们留下些什么，最后的余烬渴望再次被点燃。

5　一场好的演出应该是什么样？

"如果我们要听瓦格纳，就要真正的瓦格纳"

　　我不会像幽默大师罗里奥特——又名维克欧·冯·彪罗（Vicco von Bülow, 1923—2011），汉斯·冯·彪罗的后人——说的那样极端："没有拜罗伊特的生活也可以过，但是没有任何意义。"没有到这个程度。如今瓦格纳在世界各地都有上演，也许数清有哪些歌剧院不上演瓦格纳的作品（因为它们太小或无法承受瓦格纳歌剧相当昂贵的费用）还比较容易。目前的情况是瓦格纳歌剧有些过剩，这是一件好事。因为伟大歌剧备受瞩目的荣耀在危机时代给我们带来安慰。因为在瓦格纳诞辰二百周年的时候应该以这样的方式来庆祝。因为音乐市场的全球化进程增大了对瓦格纳歌剧的需求。把瓦格纳带给所有的人？有些先决条件不可以视而不见，当然也不能听而不闻。歌剧院的建筑结构和音响效果便是其中的两个因素。

建筑学的因素

　　最大的歌剧院不一定最合适上演瓦格纳作品。纽约的大都会歌剧院差不多有四千个座位，声音也许会很不错，然而任何坐在最后几排的人都会很快就失去对舞台上活动的直接感受。我觉得适合瓦格纳作品的剧院应该符合下面几条要求：乐池需要容纳瓦格纳乐队大约一百二十多人的编制，且位置不能太高；观众席的三维比例应该协调（并且与舞台和两个侧台的比例也要协调）；论形状，拉长的椭圆形总是比鞋盒形好。适合演出瓦格纳作品的歌剧院可以是中型的，并不需要把墙壁都罩上丝绒。适合演出瓦格纳作品的歌剧院需要让编制巨大的瓦格纳乐团听起来不沉闷也不过分轻柔，声音可以很好地传递。

　　拜罗伊特节日剧院的建造者奥托·布吕克瓦尔德（Otto Brückwald, 1841—1917）是真正出色的剧院建筑师。当年在德累斯顿和瓦格纳一起设路障反政府的戈特弗里德·森帕（Gottfried Semper, 1803—1879）也是出色的剧院建筑师。我们不应强求乔治·文策斯劳斯·冯·克诺贝尔斯多夫（Georg Wenzeslaus von Knobelsdorff, 1699—1753）能造出一座适合瓦格纳作品的剧院，毕竟，在菩提树下大道建造柏林国家歌剧院的时候，他所考虑的是 18 世纪而不是 19 世纪的需求。在 1844 年克诺贝尔斯多夫的建筑失火以后，卡尔·费迪南·朗汉斯（Carl Ferdinand Langhans, 1782—1869）进行了第一次重建。这座剧院在"二战"

的空袭中被击中了两次，在1941年到1942年的轰炸中彻底被毁，必须重建。战后，理查德·鲍立克（Richard Paulick, 1903—1979）以这座当时德意志民主共和国最优秀的歌剧院给世人留下了深刻的印象。两德统一二十年以后，斯图加特的 H.G. 梅尔茨建筑公司又开始为它工作。非常有意思的是，一些常去听歌剧的老者告诉我，菩提树下大道的国家歌剧院在任何时候都没有在"二战"中开放的那两三年听起来效果好。当时还有第四层的观众席，并且中间还有一层包厢，方形的观众席被改造得更近似于梨形——一下子声音效果就不那么干涩了。这告诉我们，一个昔日的宫廷歌剧院不可能完全适合演奏瓦格纳作品，然而几处精明的改造就可以让它不至于放弃韦伯《魔弹射手》（Der Freischütz）之后的所有作品。

如今以现代手段运作的歌剧院想要上演所有作品：用古乐器演奏亨德尔，容易变通的莫扎特，威尔第、瓦格纳和施特劳斯所代表的19世纪伟大音乐家的作品，最好还能加上贝尔恩德·阿洛伊斯·齐默尔曼（Bernd Alois Zimmermann, 1918—1970）的《士兵们》，路易吉·诺诺（Luigi Nono, 1924—1990）的《普罗米修斯》，还有近期委约的一些21世纪作品——里面有很多现场电子音响和视频特效。

从建筑和声学的角度这都是不可能的。可演的剧目从未像今天这样丰富，但是我们的歌剧院并没有如此强大的适应性，至少能够适应的部分非常有限；歌剧院不可能满足所有作品的要求。

　　在这方面，像慕尼黑这样的音乐城市有很强的硬件：慕尼黑有适合演出巴洛克歌剧的骑士剧院、适合演出浪漫派和新古典主义作品的国家歌剧院、适合演出小型歌剧和轻歌剧的格特纳剧院，以及适合其他各种演出的摄政王剧院。摄政王剧院有一千个座位，就像是拜罗伊特节日剧院的小弟弟。1900 年，厄恩斯特·冯·波萨特（Ernst von Possart, 1841—1921）和马克斯·利特曼（Max Littmann, 1862—1931）为瓦格纳作品的演出设计了这座节日剧院，好像是来弥补路德维希二世在位期间没能在慕尼黑建成它的缺憾。与拜罗伊特节日剧院一样，摄政王剧院也是圆形的，有着优异的声学效果。这里的乐池也有一个盖子，但是这个盖子可以取下。1996 年，经过彻底翻新的摄政王剧院重新开幕。指挥开幕演出《特里斯坦与伊索尔德》的洛林·马泽尔要求取下乐池的盖子。尽管这个小小的善意之举让九十五个音乐家能够演出《特里斯坦》——因为乐池里确实没有更多的空间——但是，在摄政王剧院演出《指环》或《帕西法尔》是不可能的。

　　瓦格纳的故乡德累斯顿只有一座歌剧院，而且没有真正的音乐厅作为补充。所以森帕歌剧院（Semperoper）必须什么都演，大型的或小型的，旧作品或新作品，歌剧或音乐会，而且犹如神助，它总能演出好的效果。我们今天看到的剧院已经重建过三次。1841 年的第一座建筑已经成为了火灾的牺牲品，在蜡烛或油灯照明的时代（拜罗伊特是用煤气灯，在当时是先锋的新发明）这种情况经常发生。第二座森帕歌剧院建于 1871 到 1878 年间，由森帕的儿子曼弗雷德监管。建筑师本人由于曾经参加过革命，终身被禁止在萨克森州落脚，只能在苏黎世和维也纳流亡时把设计和计划发给他的儿子。第二座森帕歌剧院在 1945 年 2 月 13 日夜晚的盟军轰炸中化为了灰烬。第三座建筑在 1985 年重新开幕，获得巨大成功。剧院保持了建筑师森帕的设计比例，观众席和舞台稍稍加大了一些，这个有一千三百个座位的歌剧院的声学效果既非常适合歌手，也非常适合乐团。

2010 年，我在德累斯顿结识了负责森帕歌剧院重建的建筑师沃尔夫冈·亨施（Wolfgang Hänsch, 1951—　）。他告诉我，你可以做大量的计算和建筑构作，你可以尝试不同的做法，进行比较，再重新演算三次，但是为什么一座歌剧院或音乐厅会有好的或不好的声学效果最终仍是一种神秘。戈特弗里德·森帕或理查德·瓦格纳（我们知道他曾竭尽全力帮助拜罗伊特节日剧院的建设）这样的天才，也许就是对声学有天赋，有正确的直觉。

掌握指挥大型歌剧的技术

通常没有非常年轻的瓦格纳指挥，这对我也适用。其实我开始得很早，然而，我在纽伦堡的舞台上第一次指挥《罗恩格林》的时候也已经快三十岁了。在此之前，我在汉诺威指挥过一次《黎恩济》的音乐会歌剧，而第一次尝试完整的舞台演出是在威尼斯（很凑巧，威尼斯的凤凰歌剧院和米兰的斯卡拉歌剧院一样，都非常适合演出瓦格纳作品）。为什么需要这么久的时间，有不同的原因：其一，从纯技术的角度讲，阅读和掌握一部瓦格纳的主要歌剧总谱比海顿的交响曲总谱更费力，你理所当然地会从易到难来积累自己的曲目。另外，在你成为某个剧院的首席指挥之前，不可能真正成功地指挥瓦格纳的作品。1981 年，我在拜罗伊特为丹尼尔·巴伦博伊姆在绿山第一次登台担任助理指挥，当时的剧目是《特里斯坦》。我曾经在排练中时不时地站到指挥台上，这样他可以坐在观众席里听他刚刚呈现出的效果。但是他经常很快就回来，所以全靠记忆指挥音乐的能力并没有为我加分——归根结底，这在拜罗伊特没有任何意义，反正没有人能看到你。而且那时候我也紧张得要命。

那年夏天，在一次《特里斯坦》的演出当中，巴伦博伊姆发高烧。他们让我坐在乐池的台阶上，准备好在需要的时候接过指挥棒。他对我说："如果我下去了，你就上来接着指挥。"但是这最终并没有发生，而且，没有缘由地，我一直就知道这不会发生。然而，有我在那里他会感觉放心，这让我感到与自己的目标前所未有地接近。

一个年轻的指挥该怎样引起别人的注意呢？通过努力工作和勤奋学习，尽可能多地担任声乐指导，深入掌握作品。然而，你也需要进行战略性的思考。如果不这样做就太天真了。你必须稍稍地出卖自己一点，接受一些在艺术上不能让你完全满意，却可以为你打开通路的职位；你必须接受那些已经功成名就的音乐家作为你的伙伴，并且出现在所有重要的场合。尽管如此，总有一天你必须停止所有这样的让步，否则你就会失去自我，不再忠于自己的初心。我很早就认识到这个危险，甚至是威胁。乔治·索尔蒂曾经说过，想要进入音乐行业是极其困难的，但是离开音乐行业则更加困难，他说得非常正确。

下面这个故事充分表现了这个矛盾。20世纪60年代，指挥家切利比达克和丹尼尔·巴伦博伊姆（作为钢琴家），还有巴伦博伊姆的妻子、大提琴演奏家杰奎琳·杜普雷一起在伦敦合作。他们相处得非常愉快，音乐会也很成功。一天，"切利"把两位年轻音乐家叫到他的酒店，向他们提出了一个要求，他说，他们俩都非常有天分，如果在这次系列音乐会结束以后，他们能在两年之内不再接受演出邀请，就跟他一起住到地中海他的一个岛上，他打算在那里帮他们进入音乐神秘的深处——这两个年轻人一定能做出伟大的事情。这对年轻的夫妻哑口无言。第二天，巴伦博伊姆试图向大师解释他所要求的是不可能的。切利比达克注视巴伦博伊姆良久，终于叹气说："丹尼尔，你是一个浪荡货。"如今，巴伦博伊姆承认切利比达克是对的，然而尽管如此，在一个遥远的岛屿上接受私课也不是一个办法。这是常常发生的事情，音乐家需要面对的问题是在出卖自己与拒绝他人之间、在遵守誓言和出卖灵魂之间维持平衡。

这美妙的第一次到底是什么样子呢？你登上指挥台，抬起手臂，瓦格纳声音的急流冲刷过你的全身，你头脑里存在了很久的那些想法终于可以变成现实？才不是这样。每一个年轻的指挥都对令人喜爱的细节有很多想法。你觉得自己太有才了！你能把过渡的段落指挥得如此美妙！你知道该如何解决这个或那个问题，实在是太聪明了！这些并不全错，然而当你以后重听的时候，会发现大部分都没有什么道理。你这里太响，那里太慢，你曾经特别享受某个段落，但现在它突然听起来很蠢。一言以蔽之：音乐中各个成分的关系不对，没有内部平衡。这正是你需要学习的。

基本上，所有年轻指挥都应该尽早指挥瓦格纳作品，这样他们才能学习如何着手处理大型歌剧。你可以用贝多芬来训练，勃拉姆斯或布鲁克纳也行，我自己首先全情投入的是瓦格纳。当然，另外一个有关因素就是《特里斯坦》或《众神的黄昏》这类作品，单纯从长度上就要求身体和心理的良好素质。指挥就像一个极限运动中不断攀登更高山峰的登山者：他需要让自己适应环境，熟悉工作范围，否则就会失败。他必须相信他能够征服山峰，一步一步地走，一拍一拍地指。然后，你会发现不是每一座山都是乔戈里峰或南迦·帕尔巴特峰。

首先，你需要计划好内部资源配置，你的能量应该如何流动？这需要思考，最好是事先思考。独自在家阅读总谱时，演出前在更衣室时，音乐响起前独自站在指挥台上的几秒钟时都进行思考。所以我喜欢提前到剧院，这样我可以从容地在脑海里再过一遍：各个段落，某些过渡部分，或者快速回顾一下整体。我觉得叫"概念"不合适，那样太生硬，纲领性太强，也许叫"计划"比较好。我需要一个计划。我需要考虑清楚在《女武神》的第三幕，沃坦和布伦希尔德的长篇对话中，如何保持音乐的张力。还有该如何处理第一幕的开头才能让自己不犯心脏病。那个开头声音很大，是一场真正的雷暴，但它不是世界末日，看起来也不应该是世界末日的样子。这些我必须事先知道，也是我能够事先知道的，因为这样的东西可以分析、解释、掌握。然而指挥瓦格纳作品的其他方面却并非如此。

贝尔托·布莱希特（Bertolt Brecht, 1898—1956）在《三分钱歌剧》里是怎么说的？"是的，只管制订一个计划 / 然后重视它 / 接着再制订一个计划 / 反正都是不可行的。"这话说出了部分的真理（为《三分钱歌剧》谱曲的库尔特·魏尔 [Kurt Weill, 1900—1950] 也曾经深入地研究瓦格纳）。首先，对于年轻的指挥，不是每个计划都能够实施，包括备用计划。其次，计划会随着时间改变，有时改变会非常明显。因为我们自己也在改变，并且总能在瓦格纳的总谱里发现新的和以前没注意到的东西。

通向伟大作品的道路可能非常艰难而辛劳。你需要考虑的太多了。至少我必须对瓦格纳年轻时代的、《漂泊的荷兰人》以前的作品（《仙女》《禁恋》和《黎恩济》）有所了解。我必须对他的十部主要歌剧／音乐戏剧（从《荷兰人》到《帕西法尔》）了如指掌，因为这些剧目彼此关联并相互阐释。我必须从演奏音乐的角度评估一座歌剧院的规模和声学效果。我必须能在紧张的条件下思考音乐的色彩与情绪。我必须了解每一样乐器和它们的技术要求。我必须知道快节奏的段落，如果表达得稍微慢些，比如通过小提琴的十六分音符，经常会比直接快速演奏听起来更快。我不能专制地改变速度，每一个徐缓的段落都需要精心准备才能彻底理解。如果还能有选择的特权，我必须能够区别开放的乐池和有盖子的乐池。在某些情况下宁静流淌的音乐，其他特定情况下可能听起来特别单调乏味。反之亦然：在拜罗伊特过快的速度，可能在其他剧院听起来极好。因为在拜罗伊特，任何没有清晰奏出的音符都会很快变成一片模糊。

最重要的是，我永远不可以自满——瓦格纳的塑像也这样教育我们。我不能沉溺于自己的享受，那是毁灭性的、致命的。我不能低估市场的压力：一个年少成名的指挥经常被放纵，尤其是放纵他们指挥瓦格纳作品。一个娃娃脸的男孩驾驭着一百二十位有经验的音乐家获得巨大成就，比一个五六十岁的指挥取得成功更有吸引力。在二十几岁的时候你还会被捧为神童。观众为你欢呼，乐评家热情洋溢，邀约纷至沓来，你不禁要自问：我还有什么可追求的呢？然而在到达想要的高度之前，一定不能幻想可以在自己的音乐生涯玩这样的把戏。

　　我经常从年轻的同行身上看到，只有表现音乐的意愿能够保护你不受这种幻象的伤害。他们想要做出伟大的瓦格纳歌剧但是(尚且)不能把自己的想法付诸实现。这是个好兆头，因为这意味着他们试图把自己的想象力和理念诉诸自己的技巧和手上功夫。表达的意愿，用音乐说话的乐趣，都不是每个人与生俱来的。

题外话：指挥

　　如果需要在德国护照或其他德国身份证上写明职业，我的证件上不会写"Dirigent"——德语里说到"指挥"最常用的字——而是"Kapellmeister"。我一点也不想用 Dirigent这个字眼（起源于拉丁文 dirigere，意为安排、指向、领导）。它把我的工作缩小到只限于领导和权威。它背离了艺术领域里的工匠精神。我也可以"指挥"汽车进入停车场，或者"指挥"汽车开出多层停车楼。然而，"指挥（conductor）"这个字已经进入了我们的音乐语言，即便是我也不能绕开它。但是我更喜欢"Kapellmeister"这个说法。它对我来说，象征着对作品的丰富认知、优秀的才华、为音乐事业献身等优良品德。而且，它与意大利文里的"maestro"是同一个意思，"maestro"相当于教堂的主事，也就是乐队的主事。今天德国还有许多乐团仍旧叫作"Kapelle"，比如德累斯顿国家管弦乐团叫作 Dresden Staatskapelle，柏林国家管弦乐团叫作

Berlin Staatskapelle，为什么不应该有"Kapellmeister"呢？

"Kapellmeister"的原意不止是站在乐队前面打拍子的人，同时也是作曲家和编曲者，同时还有一系列广泛的职责，比如组织活动、制定节目等等。他更像肩负作曲职责的音乐总监，满足乐队的所有需求。一个受人尊敬又充满挑战的职业。今天在德国许多音乐学院用"Kapellmeister studies"描述指挥专业，这在某种程度上传达了指挥这个职业曾经包含的全面工作。另外一方面，我还是不能理解"Kapellmeister"在什么时候，因为什么原因被降格使用了。现在"Kapellmeister"通常被描绘成一个苍白而温顺的、打拍子的人，一个站在台子上指挥音乐交通的警察，仅此而已。在纽约，我第一次意识到这种降格意味着什么。我听见他们用英文形容某个人（我不记得当时的上下文了），"哦，他只是一个'Kapellmeister'"。我问说话的人这是什么意思，他告诉我，这是说那个指挥毫无魅力。

毫无疑问，我的工作里当然有一些枯燥的成分，魅力也不是可以学来的。但是为什么非要用这个德文字来指出区别呢？明里暗里，这是说"Kapellmeister"比"maestro"（即明星指挥）级别低，可以忽略不计。而明星指挥充满了灵感与想象力，让每场音乐会都成为不可忘怀的事件，好像每一次指挥完普契尼的《托斯卡》他都会亲自从圣天使城堡上跳下去一样。单纯的技巧他看不入眼，并不是因为他已经掌握了技巧，而是因为他不需要掌握。人们觉得，你只需要有魅力，配上正确的发胶，再足够虚荣地挥舞手臂，没有技巧也没问题。你已经比那个只会打拍子，懊恼得咬牙切齿的家伙高出了一等。这太让人不安了。

早在1933年纳粹掌权的很久以前，音乐界就知道"Kapellmeister"这个说法。它不像"Blitzkrieg"（闪电战）这样从第三帝国直接引用的词语那么容易分类，却很容易指代某种刻板印象中的德国形象。人们觉得"德国人"生来就是"Kapellmeister"：考虑周全、可靠、整洁、守时、勤奋、谦虚，而且尽职尽责。1945年之后人们试图摆脱这些品德的光环，摆脱得如此彻底，甚至连"Kapellmeister"这样一个无辜的字眼都被废弃不用。而1968年前后，伴随着古典音乐逐渐工业化和流行化，这种倾向更加强烈。坦率地说，在人们意识到之前，音乐距离经过慎重思考的可信诠释越来越远，越来越看重完美的外表；忽然之间，技巧不再重要，只有事件才重要。在这样的氛围里，"Kapellmeister"没有任何优势。可以想见，我们所处的这个危机四伏的时代更倾向于把我们的价值体系再次本末倒置。

"Kapellmeister"可以不是一个"conductor"，但是"conductor"必须是"Kapellmeister"。"Kapellmeister"比"conductor"少一些内容：表达个人感觉的冲动，新颖创新的想法。"Conductor"如果达不到"Kapellmeister"的标准，则会缺少最基本的条件：对作品的了解、在剧院的经验，以及某些能够让你放松的日常习惯。因此，在剧院的演出季中就不会出现《被出卖的新

娘》；要演出常备剧目中莫扎特的《费加罗的婚礼》或施特
劳斯的《阿拉贝拉》都需要挣扎一番。"Kapellmeister"的艺
术是其他所有一切的职业基础。理查德·瓦格纳本人就是从
马格德堡剧院的"Kapellmeister"开始做起的。

当我作为歌剧指导仔细研究过一部歌剧以后，指挥从来
不成问题。因为我了解所有的唱段，清楚哪个部分比较困难，
也基本知道自己想要达到哪些音响效果——在实际中我是否
能够达到所希望的效果，曾经是一个手上功夫的问题，现在
更多的是在精神层面。我对自己站在指挥台上是什么样子不
感兴趣。我的很多同事——不只是那些爱慕虚荣的——都在
家里对着镜子"练习"，探究如何才能指挥得好看。我对此
只感到厌烦。一开始的时候经常有人说我指挥的样子不优美
并且笨拙，但我从来没有真正想过这个问题：我指挥最重要
的是让别人听见而不是看见（这不是说我不喜欢在观众面前
露面）。

在我们这个职业能做到出类拔萃的，无一例外都是把想
象力、技术、某种气场、"Kapellmeister"的方法和个人特色、
指挥技艺完美结合的人。我永远不会忘记在一次钢琴课后，
我的老师赫尔穆特·罗洛夫说的话："接着来，给我个惊喜
吧！"他像往常一样轻声言语。在这节钢琴课上所有的技术
问题都处理得很好，但是没有涉及其他方面。我还记得自己
在柏林动物园站着等地铁，感到非常绝望。那时我只有十五
岁，感觉自己什么也做不成，以前没有成功过，以后也不可能。

"弹得慢一点，快一点，大声点，或者柔和点，"鲁洛甫对我说，"你爱怎么弹就怎么弹，只是音乐要有一个面孔。"

很久以后，终于有一天我懂得了鲁洛甫说的面孔，以及想要一个惊喜是什么意思。他希望音乐能够引燃我头脑里的热情，他想要我相信自己内心的声音。所有我学习的一切都只是工具；我必须加快速度自己飞行。

读懂瓦格纳

理查德·瓦格纳教会了我总谱读法。很早我就想知道：他是怎么做的，为什么能有这样的效果，这些非凡的声音组合是如何成就的？音乐首先是声音。先是声音、音调、音色，随后是结构。沃尔夫冈·里姆（Wolfgang Rihm, 1952—　）和阿里伯特·莱曼（Aribert Reimann, 1936—　）这样的当代作曲家，如果被问到，也同样会说：他们首先听到的是音乐的色彩，一种音色，某个特别的情景——只有这时，他们才会开始思考形式。考虑到这一点，我从不认为旋律就是一切，而总是首先考虑音响。

例如瓦格纳的《特里斯坦》第二幕中布兰甘妮的"守望之歌"，作曲家写道：伊索尔德的女仆兼知己，站在城垛高处看不见的地方歌唱，而台上的情侣"完全沉浸在幻想曲中"。在我看来，在布兰甘妮开始断断续续地唱出"独自守望"之前的第一千二百一十小节，魔法般地从寂静中召唤

出声音，好像整个世界都静止不动，又好像在黑暗的深渊里
反射出一线遥远的阳光。两支单簧管加一支总谱中特别指
定的低音单簧管、三支大管、四支圆号演奏各自的声部，没
有其他的铜管。瓦格纳没有用长音，而是用上了精彩的连奏
曲线，吸气、呼气、渐强、渐弱，再加上竖琴的琶音，一半
的弦乐，带上弱音器演奏，表情记号标着中弱或极弱：这就
是秘方。甚至只需看一下音符，你就能够知道瓦格纳是怎么
打算的：他想要唤起振动，一种盘旋不去的音乐空气独自徘
徊的感觉。瓦格纳是个天才，然而他又往前迈出了重要的一
步。木管乐器奏出的极为复杂的长音已经包含了这一场景中
所有的和弦。也就是说，所有这一切都将从一个源头流淌出
来：布兰甘妮，她的声音逐渐升起由弱到强逐渐接近，好像
光的投影，虽然在这一幕的大部分时间她都在视线之外。弦
乐的声音越来越响，直到释放出所有的力量（这时是不带弱
音器的）；然后瓦格纳在布兰甘妮"小心"的呼喊中加入了
三支长号，随之把小提琴的独奏与它们田园牧歌般的装饰
分离出来。

　　同样耐人寻味的是瓦格纳如何结束这一戏剧性的段落。
特里斯坦与伊索尔德的爱之夜尚未结束，而接下来要发生的
情节也是评价一幕戏质量的重要因素。"夜晚即将消逝，"布
兰甘妮警告这对情人，"消失"这个字停留在她最后的一个
升 C 音上。乐谱上的表情记号是"morendo"，意思也是逐渐
消失，这时木管与弦乐用长音奏出结束的段落；竖琴最后一

个滑奏，极弱，随后更换场景同时转调，从忧郁的悲剧升 f 小调转到神秘的 A 大调。舞台指示中写道，"保持极度的平静"，似乎瓦格纳害怕突然的动作出现在这里。改变的是音乐的聚焦点，从远处拉向近前，从大到小。直到伊索尔德唱出"听啊，爱人！"弦乐都在整段两声部中温和地保持着主导，表达自己的感受，好像轻风拂过夜晚的花园。直到特里斯坦唱出标题性的"让我死去吧！"才重新听见管乐的声音，渐强直到全力爆发。

我可以这样详细地讲上很久——然而，很可惜，没有任何描述和分析可以创作音乐。但是这五十几个小节，总谱上面的十一页，可以让我们看出瓦格纳是如何清晰地谱曲，我们又可以如何用心读出它的逻辑。当然，《齐格弗里德》里面有很多更紧凑、更复杂、更"黑暗"的段落，而《帕西法尔》里的段落和声更加复杂，在《漂泊的荷兰人》里音量是个问题，《名歌手》的问题是德语朗诵式的风格——总而言之，想要理解瓦格纳的技巧、多样性、智慧和幽默，你需要极其用心地看和聆听。在家里，把乐谱往腿上一放，很容易学会阅读和表现总谱。然而在乐池里，我需要一颗狮子般坚强的心。因为所有——几乎是所有的一切都要靠我掌握。体量越大，指挥的责任则越多，这也同样适用于理查德·施特劳斯的主要歌剧《伊莱克特拉》《无影女》，布鲁克纳的一系列交响曲和马勒的《第八交响曲》。指挥，或者"Kapellmeister"——无论你更喜欢哪个说法——需要把自己看作是作曲家的代表或诠释者，是他让作曲家们得到应有的认可。在莫扎特的歌剧中，如果有必要，乐池中的音乐家可以自己为舞台上的歌手伴奏，他们能听见歌手，歌手和音乐家确实可以听见彼此的声音。在瓦格纳的歌剧中，这几乎是不可能的，瓦格纳歌剧的规模破坏了任何想要超越整体的想法。

　　如何背诵瓦格纳的总谱呢？我的许多同行拥有图像记忆，当他们指挥熟记于心的总谱时，就在脑海里把乐谱一页一页翻开。我有时也这样做，但是我没有图像记忆。当《齐格弗里德》的第二幕中，每个歌手都突然开始弱下来时，我就知道在下一页乐谱中应该让低音开始唱出渐强的拨弦音。一个好指挥不需要把这些在乐谱上明显地标示出来。当我再次指挥一部作品，回想起这个红色的叹号或绿色的曲线是要提醒自己什么时，往往已经太晚了。所以我用过的总谱基本都是处女地的状态，我甚至不用铅笔做记号。我希望自己保持警觉的心智：谁知道会不会有某个全新的细节在下一次的演出中进入我的视线？我从赫伯特·冯·卡拉扬那里学到了这一点。我需要自由和一定的紧张度才能创造音乐。

　　如果没有图像记忆，你应该怎样把瓦格纳的总谱记在心里呢？用的就是和背诵席勒的诗歌《潜水者》一样的方式，《潜水者》一共有二十七节：你思考能如何运用记忆方法，构建韵律的框架，集中精力记住独立的单词。实际上记住音乐要容易得多。我自己不去记忆音符，我记住声音、情绪、色彩——从而记住整个音乐之流的方向。像阿里阿德涅留下穿过迷宫

的线索，我用情绪的变化为线串起整个作品。它引领我，我
跟从它。

关于导演

　　有一段时间我很少遇到令人满意的导演。如今我经常感
到没有足够的挑战。有些时候，我的导演同事们掌握不了手
中的材料，还想剪掉这段或那段，又不识谱，和他们探讨又
有什么意义呢？这种态度（文艺评论倾向于对其放纵）经常
是为了遮掩技巧上的不足：我曾经见过刚刚加入歌剧导演行
列的新手，头上戴着耳机，再带一份雷克拉姆（Reclam）出版
的系列剧本来参加第一次排练。还有的新人，当你解释说合
唱在《漂泊的荷兰人》这部歌剧里起着非常重要的作用时，
他用惊讶的眼光看着你。这样那样的我都见过。然后还有一
些导演，他们懂得音乐，但是过于敬畏，以至于忘记了自己
的本职工作，对任何事情都赞同。这样我就没有任何阻力，
没有摩擦，也就没有爆发出的火花。反过来，太多的阻力也
会带来严重的不利影响。如果导演不听劝阻一意孤行，经常
会发生问题——和我是一定会有问题的——工作将不再是乐
趣。在柏林国家歌剧院我经常与葛茨·弗里德里希发生矛盾。
　　我心目中理想的导演是露丝·伯格豪斯和让·皮埃尔·庞
内勒。他们都会读总谱，原则上他们的创作是从音乐出发来
思考的；一方面他们知道自己想要什么，另一方面他们足够

独立，能够偶尔改变自己的想法。而葛茨·弗里德里希随着年龄的增长，有时会非常固执。每到这时，他会坚持在舞台上进行有损于音乐、作品整体协调性或声音效果的表演。有时虽然在演唱方面还有更合适的人选，他作品的成功或失败却要取决于某个特定的选角。作为一个年轻的音乐总监，我对自己剧院的艺术总监非常尊重，毕竟弗里德里希比我年长三十多岁。如今，如果我遇到一位固执己见的导演，并感觉到他的固执会妨碍甚至毁灭我所希望创造的音乐气氛时，我自己就会变得务实而好事。我会尽量抢救出我所希望的效果。但这不是令人满意的艺术家之间的对话或争论。

　　我希望有一天能和汉斯·纽恩菲尔斯、彼得·斯坦因（Peter Stein，1937— ）一起工作，还有已经去世的帕特里斯·夏侯和吕克·邦迪（Luc Bondy，1948—2015），他们都是对艺术有着强烈感觉并且技艺精湛的导演。在柏林与菲利普·阿劳德（Philippe Arlaud）共同创作《无影女》是一次愉快的经历，2011年与克里斯多夫·罗伊（Christoph Loy，1962— ）在萨尔茨堡的见面也很愉快，当时他在执导同一部歌剧。个人之间的化学反应和工作方法问题当然也很重要，在涉及瓦格纳作品的时候，你需要想好是对他作品的总体设计更有兴趣（我就是这样），还是对其中的不连续性、间断性和不一致性更有兴趣。露丝·伯格豪斯教给了我，只要性别张力、相互的敏感和彼此间的尊重都恰到好处，在台上表现出一个东西，在乐池里则指挥另外一套，是多么令人兴奋！不像法兰克福 80 年代早期的米夏埃尔·吉伦（Michael Gielen, 1927— ）和汉堡国立歌剧院 90 年代后期的因格·麦茨马赫（Ingo Metzmacher, 1957— ），我肯定不是一个为了某个导演的审美取向而服务的指挥。我不希望后人评价我说，我帮助某位导演成了名，我想要他们说《指环》我指挥得好还是不好。

2006 年拜罗伊特的《指环》就发生了这样的情况，并付出了高昂的代价。我希望坦克雷德·多斯特（Tankred Dorst, 1925—2017）和他的副导演乌尔苏拉·艾勒（Ursula Ehler）更加认真地对待拜罗伊特"工作室"的概念，在首演之后的几年中利用这独特的机会修改舞台呈现。很遗憾他们没有利用这个机会，结果就是在这一版《指环》制作中，人物之间没有足够的互动。偏巧我认为这是现代歌剧制作的关键因素之一。如果我们看到人物之间的关系，看到他们之间的互动，无论台上的歌手是穿着中山装，还是齐格弗里德披着传说中的熊皮跑来跑去都是次要的。而今天很多时候都是本末倒置：巨大的理论结构，极为复杂的舞美设计和媒体的喋喋不休共同构成了铁板一块的审美标准，消耗了歌剧制作团队的全部精力和关注力，因为没有几个导演真正知道应该如何智慧地创造人物之间的互动。

原本，是发起"道格玛 95 运动"的丹麦电影导演拉斯·冯·提尔（Lars von Trier, 1956— ）受命导演《指环》，而不是坦克雷德·多斯特（Tankred Dorst, 1925—2017）。提尔无疑会是一个巨大的成功，他会摒弃老掉牙的心理分析与解构，为《指

环》在 21 世纪的解读指出一个与完全不同的新方向。回顾
一下，瓦格纳家族被指摘没有为这个项目的成功做出应有的
努力，由于害怕自己过于大胆的选择而过早放弃。那时我在
拜罗伊特，我可以说明两件事情：瓦格纳家族不知道什么是
害怕，并且为这个项目格外努力。拉斯·冯·提尔被特许在
节日剧院独自度过了一整夜，以感受并沉浸在这个地方的魔
力之中。他用了好几个月的时间在家里思考这个项目，四周
的墙上贴满了《指环》的剧照，如果他愿意，可以在任何时
间找任何相关人士探讨。我喜欢他对这件事情的极度投入，
还有他坦率到近乎天真的承诺。他不断强调要让人们在"情
感上"体验瓦格纳。我觉得他理解并认同我的音乐本能。

同时，他也是一个很难相处并且极为自我中心的人。还
记得 2004 年的春天，我和沃尔夫冈还有古德伦·瓦格纳一
起到访哥本哈根。北欧坏天气名不虚传。那天非常寒冷、潮
湿，让人很不舒服，我们一直在探讨提尔的概念，脸冻得发青。
突然提尔站了起来，脱掉了衣服说要去游泳，问我们谁想跟
他一起去。我们惊得目瞪口呆，而他真的跳进了花园中冰冷
的游泳池里。我觉得沃尔夫冈·瓦格纳没有时间陪他异想天
开。然而他对《指环》的理解有非常迷人的独到之处：一出
充满幻象的戏剧，在"内涵丰富的黑暗"中上演。拉斯·冯·提
尔对自己想法做出了令人印象深刻的解释：如果在剧中，A
通过 B 过程达到 C 结果，那我们在舞台上只呈现 A 和 C，B
则让观众们自己去想象。

　　瓦格纳一定会很高兴看到观众成为整体艺术的一部分，让剧情在他们的脑中完成。然而，在现实中呈现这个"黑色剧院"或"魔力剧院"的技术复杂得可怕，并且会突破所有人员、财政和时间的底线。歌手需要替身站在台上；整体的薄纱系统给所有人（也包括指挥）看清台上发生什么剧情造成困难；令人眼花缭乱的"光斑"和投影需要编排，从而指出 A 和 C。准备工作进行得越具体，问题和怀疑就越积越多。提尔最终在很晚的阶段提出退出，并写了一份"转让声明"作为解释。他说，他想象中的制作无法包容任何微小的错误，对剧院的实际工作考虑不足，"我并不是宣称这不可能，但是我无可救药的完美主义会活活让这里成为地狱"。

　　虽然我对这个项目的失败感到非常遗憾，提尔对自己的判断很可能是对的。尽管如此，我还是会向所有瓦格纳歌剧的导演热情推荐他"转让声明"中的文字。他提出了对瓦格纳的一种值得关注的态度。提尔写道：

　　　　齐格弗里德和沃坦，法弗纳和布伦希尔德，还有所有的其他人，都是真实的并且生活在真实的世界里。他们首要的意义并不是符号、插图、装饰或抽象。他们都有灵魂，因此会产生矛盾，给观众带来情感上的经历和感觉。把瓦格纳凡人般的"神"放在英国工业革命或第三帝国的背景下，一定会带来令人震撼的效果。但这对表现歌剧没有什么正面作用。我们不需要平行的故事，实际上这些只是让我们分散注意力。让我们把比较和解释的部分留给观众吧。如果法弗纳应该让观众起鸡皮疙瘩，那导演的责任就是尽最大的努力让观众起鸡皮疙瘩。如果齐格弗利德是一个英雄，那他必须被表现为一个英雄，不论这是否过时、吃力不讨好或者缺乏政治上的正确性。如果我们想要瓦格纳，那就要真正的瓦格纳。就让我们坚持这个想法吧，其他都是懦夫的选择。如果瓦格纳从部落迁移时代和中世纪晚期汲取灵感，那么导演在处理他的作品时就应该把这个原则记在脑子里。如果瓦格纳艺术的出发点是我们今天难以接受的人类形象，那么表演就应该顺着瓦格纳的思路进行。强行把瓦格纳的《指环》局限在狭窄的现代人文主义，就像用取笑经典的方式沉迷于经典，不仅完全错误而且误导他人。瓦格纳用古老的神话创造新的神话，任何惧怕神话的人都应该远离瓦格纳的作品。

我认为无论作品是什么样子、导演从哪里来——是从电影圈还是檀香山——我们都必须严格遵守这个原则：如果我们想要瓦格纳，那就要真正的瓦格纳。这不是从属、限制或"忠实于原著"的问题，而是某些碰撞如何激发想象力的问题。我们不应该在瓦格纳的全部作品前丧失自我，而是应该正视它、面对它。

我希望导演能够创造出在心智层面交流思想的氛围，就是我们平常所说的头脑风暴。那一定会非常有趣。你读了剧本，研究总谱，聆听音乐，然后发问：这唤醒了我们的哪种心情？头脑中出现了哪些景象？我们做出什么样的结论？然而当今职业歌剧的业务经营几乎不允许导演和音乐在创作的早期进行这样自由的合作。如果指挥出现在舞台布景彩排（即第一版的临时布景）的现场并参与第一次彩排前的讨论，大家会认为他太具侵略性。正常情况是，指挥在排练开始的阶段简要地露一下脸，然后把工作留给他的助理们，然后在首演之前的一个星期再次出现，进行主要排练。拜罗伊特的规则不一样，然而这是在国际上每天都发生的常态，实在很是荒诞。

我不想隐瞒，我们这些音乐家由于歌剧业务的衰落得到了某些好处。我们舒服地坐着，远离公众的视线，抗拒导演可能给我们带来任何困难的想法，成就自己的职业生涯。实际上我也是受益者。唯一的问题是：我们是否应该，应该何时回到其他的工作方式上？指挥不一定要亲自参与在台上的每一次排练，但是他应该在精神上和情绪上都保持在场。说到这个方面，我担心在过去的几十年间，由于缺少兴趣和想象力，在歌剧制作的音乐方面没有人出来发声，如果导演向我提出某些建议，至少我需要能够想象它的样子。所以我需要在一定程度上练习如何想象舞台上的表演，就像导演需要学习如何思考和感觉音乐。

可惜现实往往不是这样，很多指挥把艺术空间完全让给导演。如果音乐家能起到合作伙伴的作用，很多恶名远扬的所谓"导演戏剧"就不会存在。但是我不好多说什么。早些时候，我不是非常热衷于了解导演的想法。而现在，我已经准备好进行这样的对话。我希望导演向我提出要求，提出挑战，激发我的灵感。如果某个制作带给我新的想法，我为什么不能尝试改变自己对音乐的阐释呢？

原则上，如果导演能够说服我，我没有什么不可以配合的。色情和政治宣传我不能配合，我个人的口味更加偏向于装饰性强、比较奢侈的制作，而不是非常朴素的审美。但是我最反对的是制作违反音乐的精神。序曲是经常被引用的例子：导演希望从第一小节开始就有影像，而指挥会提出抗议。指挥很快就会发现他处于下风，被批评为思想狭隘、虚荣、老派且难以相处。人们经常忽略，序曲与前奏曲在传统意义上就是把观众带入适合当晚音乐的情绪，把他们吸引到歌剧的表演上来。当然也有一些边界模糊的例子，有一些很微妙，另一些则不甚微妙。在葛茨·弗里德里希 1995 年柏林版的《名歌手》中，在前奏曲中呈现了一个纽伦堡中世纪传统的典型景象，音乐在逐渐达到高潮、再到达结尾的过程中渐渐发生变化，突然变得完全透明，展现出舞台上 1945 年纽伦堡被炸成废墟的景象。这个构思可以探讨。然而原则上，由于音响效果等问题，我对在瓦格纳作品中实现这样的想法持怀疑态度。大幕是拉开还是垂下会影响音乐的演奏，所以瓦格纳在作曲的时候考虑到了大幕的位置。《名歌手》前奏曲结束的段落植入了歌剧第一幕最后的和弦：首先我们听到激动人心的定音鼓、三角铁和管风琴，突然，从一小节跳到另一小节，就像电影片段一样，"当你的救主来临时"忽然响起。如果大幕升起得太早就会破坏戏剧效果。类似的情况也发生在《特里斯坦》，总谱中写到"大幕升起"是在第一百零六小节，只有大提琴和低音提琴用"弱"的音量演奏。然后经过六个灰暗的小节响起了两声拨弦，你感觉前奏曲结束了。全体空拍。而瓦格纳是怎么做的呢？他让年轻水手的声音继续，不带伴奏地唱出："我的目光望向西方。"水手"在高处演唱，好像他从桅杆上的乌鸦窝里发出声音"，如果大幕不在恰当的时刻拉开，就会失去这一特别的效果。我最后再举一个《罗恩格林》的例子。序曲的结尾是弦乐四重奏，精致的银色音符间镶嵌着长长的休止符，好像要把观众带到太空。随后"不停顿地"前进——瓦格纳在第一幕第四小节前面突然写道。第一幕开始时国王的士兵和他们的号角由远及近，大幕随着他们的到来徐徐打开。简而言之，指挥要违抗瓦格纳想实现的戏剧效果是不容易的，他们需要导演拿出非常好的理由才会这样做。

2015 年，我在拜罗伊特指挥卡特琳娜·瓦格纳导演的《特里斯坦与伊索尔德》。在我对这个制作有所了解之前，歌手的名单早已决定了。我们生活的时代令人不安，对于这部特定的歌剧却是令人激动的。随时都有很多事情发生，从福岛核泄漏到金融危机，每逢这样的时刻，你就会感觉到世界离最终的灾难只有一步之遥。然而，残留的部分让我们继续生活下去，尽管如此也要生活下去，就像我们在《特里斯坦》剧中看到的。《特里斯坦》的音乐代表着彻底熔毁；没人说得清核反应到底是什么时候开始的，或者反应堆内已经熔解到什么程度。处理那些把音乐带入白热化的段落时，我必须非常小心，全神贯注地把握正确的尺度。如果从第一小节到最后一小节，所有的一切都同样浓烈，就没有什么浓烈可言了。如果你直接看向炽烈的太阳，立即就会失明。

而在未来的几年后又会是什么样子呢？《特里斯坦》的舞台呈现怎样才能产生这样浓烈的效果？在很大程度上它已经挣脱了现实的羁绊（对此我感到非常欣慰）。今天我们不一定非要回忆起奥斯维辛，或者化妆成某个独裁者才能把瓦格纳的艺术作品与现实相结合。如果我要把《特里斯坦》与音乐的熔毁结合在一起，并不需要在舞台上搭建核反应堆。

演唱瓦格纳作品

对于当今瓦格纳歌剧的演唱危机我没什么可说的。我个人的判断是，歌手们过早地演唱瓦格纳的作品，唱得太久，次数也太多，而且在演唱瓦格纳的同时还演唱太多其他高难度的歌剧作品。这是歌手们自己的错，我不能因此责备匿名的市场操控者、堕落的剧院经理，或贪得无厌的经纪人。也不能责备我们这些指挥把音乐奏得太响。由于这个或那个指挥想用瓦格纳的作品出人头地，所以让乐团肆无忌惮地演奏完全压倒歌手，这种说法过于简单。我不否认，这样的事情确实可能发生。把瓦格纳的作品改编成钢琴曲演奏的流行趋势也很微妙，却没有得到应有的重视。

　　然而难道不是从来都如此吗？在 1919 到 1939 年两次世界大战之间，对瓦格纳歌剧演唱的批评非常少，而之前和之后却有很多。有一些甚至来自于瓦格纳本人。1878 年，月刊《拜罗伊特通讯》报道了瓦格纳的言论："在音乐训练中，没有哪一个专业比声乐更受忽视，更加没有章法。我所指的是戏剧声乐。能够到达演唱之外更高境界的优秀歌手少之又少就是无可辩驳的证据。"海因里希·伯格斯（Heinrich Porges, 1837—1900）关于拜罗伊特音乐节和 1876 年《指环》首演的回忆录也告诉我们，很多指示强弱的标记都做了改动，很多地方"从极强改成了强，从强改成了中强"。伯格斯接着说："这样处理，人们才能够听清楚歌手的唱词和音调。"另外，音质的强度永远不应该到达极限，反之乐队应该支撑歌手。用大师自己的话说，就像涌动的大海托起小舟，让它永不遭遇倾覆的危险。

　　如今瓦格纳的作品演出时很多歌手都是在喊叫。这是好几个原因造成的，包括今天的瓦格纳乐队演奏的声音更响，力量更大，也更光彩夺目。尽管如此，我仍然坚持自己的论点：任由乐队的影响力毁掉自己的声音是歌手们自己的错。很多非常有天赋且著名的音乐家不了解自己的极限。当今的一切都是那样快速而简单，你可以从维也纳途经芝加哥飞到东京，再飞回伦敦，马不停蹄地进行环球旅行。如果现有的航班不适合你的时间表，你还可以乘坐私人包机。年轻的歌手往往在体力和精神上都透支自己，在短时期内可能会由于内啡肽的化学反应和肾上腺素的冲击获取暂时的成功，然而他们迟早都会毁掉自己的乐器：人声。我过去经常警告年轻人，现在也如此。我在纽伦堡工作的时候，曾经因为劝告两三位歌手不要演唱难度更高的作品，不要强行超越他们当时的声音能力，而被指责为妨碍了他们在国际舞台上的发展。这种不祥的预言式警告往往会被忽略，然而那些不听劝阻的人们依然会感觉到它们的力量。

不过，当我听到如此大声的抱怨时，不由得想弄明白：如今真的存在歌唱危机吗？今天的演唱，的确比上世纪 20 年代、50 年代或 70 年代糟糕得多吗？我对此表示怀疑。我经常与沃尔夫冈·瓦格纳谈论这个话题，毕竟他听过几乎所有伟大歌手的现场演唱。他说，我们今天如果听到那些年代的著名声音一定会感到惊讶——比我们从唱片上感觉到的音量要小得多，也抒情得多。如果现在在拜罗伊特节日剧院的舞台上听弗里达·莱德尔（Frida Leider, 1888—1975）这样的歌手，我们需要好好竖起耳朵：我们不仅会听到她特有的颤音和她为布伦希尔德或伊索尔德注入的情感，还会听到她天然的光辉的高音，以及我们一般不会与瓦格纳联系起来的温柔音色和悉心培养的"弱音"瞬间。弗里达·莱德尔深谙此道。她在自传中写道："为了达到并保持演唱瓦格纳所需的耐力，我仔细研究了所有弱的段落。这样我在演唱他的音乐时就没有任何危险了。并且，比起整晚自始至终都只能听到强的音量，用弱的音量演唱时，充满旋律感的音色会给听众带来更多的听觉享受。"我衷心同意她的说法。改变的不仅仅是嗓音（在 20 世纪 20 年代，一个戏剧女高音显然会有更多闲暇来发展自己），表现手法和品位也发生了变化，对歌手的要求大大地提高了。在视觉效果上也是如此：过去人们一度接受瓦格纳歌手身材粗壮，强健而非纤细。今天，我们看到 20 世纪二三十年代老剧照中头戴角盔手持长戟的瓦格纳人物只会感到好笑，现在我们期待歌手还要拥有模特的身材。这可丝毫没给歌手们减轻压力。

某些技术性的因素也在原因之列。过去，乐队的音高通常调得较低，音乐会的标准音高 440 赫兹是从 1939 年才开始执行的。在德国和奥地利的交响乐团，有时还会出现 442 或 443 赫兹的调率。对于乐团来说，调高音调意味着增加亮度。高音区辉煌闪耀，整体音量都显大。乐器本身也朝着类似的方向发展：弦乐琴弦的质地由肠衣演变为钢丝，管乐的结构更加坚固而稳定。而乐器承载得越多，乐手就可以向乐器、也向自己提出更高的技术要求。音乐训练也相应地受到了影响：乐器不断被改造得越来越好，如今的音乐家比以前演奏得更好、更大声。

而人声显然没有这种选择的机会。歌剧演唱经常被描绘成极限运动，从要求的复杂程度来看，这无疑是很准确的说法。而与运动相反的是，人声可以到达的频谱是有限的。最早的一百米世界纪录，是 1912 年的 10.6 秒，而当今的世界纪录保持者尤塞恩·博尔特（Usain Bolt）只需要 9.58 秒。音乐市场变得更加专业化，尤其是在 20 世纪下半叶，更多资金流向音乐教育，有更多机会发展专业特长，明星歌唱家有了自己的喉科医师，就像顶级足球运动员有自己的理疗师一样。然而，在歌唱方面我们没有可以用于测量的纪录，胜利或失败，讲究的是变化能力和精湛的表达技术。通常，声线是可以训练的，然而增加音域或音量都是以牺牲灵活性和色彩为代价的。而且，在瓦格纳和施特劳斯的歌剧中，一个歌手所需要的知识和视野不是通过强力健身就能够达到的。现代的管弦乐团在声音、演奏技巧和动力方面都大大增加了武装。而且，生活在嘈杂喧闹世界里的当代观众需要更强的刺激。当今的歌手不能真正满足这些趋势的需求。这就是当今的困境，最终只有指挥才能解决它。

我们对过去伟大歌手的崇拜都是基于唱片。但是我们对生产这些唱片的特定环境又了解多少呢？毋庸置疑，马克斯·洛伦茨（Max Lorenz, 1901—1975）和劳里茨·梅尔基奥尔（Lauritz Melchior, 1890—1973）这样的男高音登台演唱是全球瞩目的事件：洛伦茨以他炽热的、稍显老派而富有表现力的风格闻名，尤尔根·凯斯汀（Jürgen Kesting）不无恶意地形容他是典型的"射出每一个音符"；丹麦人梅尔基奥尔有着完美的音高，音色性感而具有非凡男子气概，《女武神》第一幕中的"瓦尔松之歌"他唱出了传奇般的十五秒。我倾向于怀疑这两位歌手是否确实拥有传说中的绝好嗓音。我觉得更加可能的情况是：在拜罗伊特纵深的舞台上出现问题是家常便饭，而他们的声音承载着更多能量和力度，从而显得尤其可贵。沃尔夫冈·温德加森（Wolfgang Windgassen, 1914—1975）是一个经典的例子，能够说明我们对歌手嗓音自相矛盾的概念。20世纪五六十年代，人们认为他是绿山上独一无二的存在，很少有人能够达到他在音乐和戏剧上的强烈程度。然而在柏林或纽约，人们经常会说："这就是那个有名的温德加森吗？我们记忆中的他可不是这个样子。"

通常，把今天的歌手与历史上的歌手相比较既不公平，也没有意义。阿斯特丽德·瓦奈（Astrid Varnay, 1918—2006），玛莎·莫德尔（Martha Mödl, 1912—2001）和比尔吉特·尼尔森（Birgit Nilsson, 1918—2005）有着出色的嗓音和传奇的个性。然而，她们也用了将近四分之一世纪来揣摩布伦希尔德和伊索尔德的角色，她们有时间成长为自己的角色。格温妮斯·琼斯（Gwyneth Jones, 1936— ）第一次演唱布伦希尔德时只有三十七岁，最后一次演唱时则已经六十一岁了。而现在，歌手持续演唱这个角色的平均时间是七到十年，这也是对歌手不断提高要求的结果。瓦格纳歌剧从未像今天这样在世界各地频繁地上演。每个人都想听瓦格纳，每个艺术节，每座小歌剧院——而他们都期望着同样的效果，因为他们都听过同样的CD。以前某个地方剧院上演的时候，观众们听到稍小而不那么富于戏剧性的声音也很高兴，因为没有对比。如今，大都会歌剧院的《罗恩格林》在全世界的电影院上演，即便是魏玛或其他小剧院也都想要约纳斯·考夫曼（Jonas Kaufmann，1969—　）这样的歌手演唱男主角。

如今，在每个罗恩格林、齐格弗里德和沃坦后面，都有另外十位歌手想要演唱这些角色。如果他们的嗓音还不能完全达到要求，他们就会强迫自己达到：瓦格纳高亢、响亮、绵长的音符就唱不清楚，颤音也不自然，声音是喊出来、强行往外推或硬挤出来的。"把辅音往外吐"是大行其道的坏习惯。它破坏了音乐的流动性和句子的完整，大大放松了对某个音节在独特色彩和细节上的要求，让歌手省了很多力气。

在这个奢华的时代，歌手们没有时间演唱其他作品。过去可不是这样：莉莉·列曼（Lilli Lehmann，1848—1929）既演唱瓦格纳的布伦希尔德和伊索尔德，又演唱莫扎特的夜后和威尔第的茶花女，这是很自然的事。弗里达·莱德尔经常强调演唱瓦格纳作品时掌握莫扎特角色的重要性。勒内·克洛（René Kollo，1937—　）有时也会演唱轻歌剧和圣诞颂歌，这并不是为了转换口味：他知道这些被称为多愁善感的类别对他的嗓音有好处。现在也有一些歌手不仅仅把精力集中在瓦格纳作品上，还保留了威尔第和普契尼作品这样的意大利美声作品。原则上，我确信专注于某一分支弊大于利。

从根本上说，没有什么可以阻挡现代社会对更高、更快、更强的期望——这是我们时代的诅咒——然而还是有一些老派的优秀习惯，例如作为合唱队的一员练习演唱，哪怕是小型的简化的合唱队；更多地在自己的家乡演唱，少参与一些客席演出。身边有一些能告诉你实情的人，而不是那些心里惦记着你下一次自杀式的冒险演出而阿谀奉承你的人：在迪拜唱两天，坐下一班夜航飞机赶回欧洲，在飞机上快速读一遍乐谱好去参加下一个排练，完全不顾气候的变化。在这种情况下，指挥的表现不尽如人意也就没有什么可奇怪的了。

除非歌手能有公牛般的体格（这也有可能），否则他们不可能对这样人为加快的速度免疫。如果你在很短的时间内经历了太多长途飞行，你会感到声带变干，意识到想要回到原来的状态是多么困难。身体本身就是一个良好的健康指示器。然而指挥可能会认为他的指挥棒不会唱错音，容忍一下时差或腰背痛并不困难。

我知道很多歌手令人惋惜的故事，很多伟大的声音，很多有趣的、聪敏的艺术家无情地透支自己。当人们强调年轻的时候，他们很容易误用自己的天分。歌手的市场被比喻成鲨鱼池，那些不遵循"要么咬人，要么被咬"的规则的人，很快就会发现自己已被推到水池的边缘。那些示弱的人——放下面子拒绝随叫随到的人，退演或拒演的人——都冒着极大的风险。关于生病和危机的谣言在互联网时代传播得很快，并且很难澄清。然后你就失去了工作机会，人们认为你要求太高或者"难以对付"。我非常清楚那意味着什么。

同样地，那些想要成功演唱瓦格纳作品的歌手需要小心而慢速地前进，在到处都有赚钱机会的时候尤其如此。至少，我认为你需要自己的生活，才可以抵抗商业上的诱惑。你需要剧院和酒店房间之外的生活，有根基，有家，有朋友。否则，总有一天你会发现自己一无所有。

瓦格纳本人曾经说过，"人声是所有音乐的基础"。他的音乐戏剧好像一个放大镜，把今日所有的症结都照得清清楚楚：在这个高曝光度的行业，市场趋势和错误不仅很快就会暴露，而且会造成更大的影响。在这个行业，瓦格纳的歌剧就像是盖格计数器，指针指向哪里尚在我们的掌握之中。有人说每一个时代都有配得上它的瓦格纳演出。我们不应该满足于现状。

诠释瓦格纳

一直以来我非常崇拜奥特马尔·苏伊特纳（Otmar Suitner，1922—2010），一个活跃在德累斯顿、拜罗伊特和柏林舞台上的蒂罗尔人。他有两个家庭，一个在东柏林，另外一个在西柏林（2007 年，他的儿子伊戈尔·海茨曼拍的一部电影中描绘了这个情景）。然而，苏伊特纳真正让我感兴趣的是，他是个后浪漫派"德国"风格的指挥家，一个老派的人物。我还记得 20 世纪 70 年代，当时的苏伊特纳大概是我现在这样的年纪，他在菩提树下大街柏林国家歌剧院演出《名歌手》。在剧院里他走向指挥台的时候，观众已经都从坐席上站了起来。那个气氛就像触了电一样。他刚到指挥台就坐了下来，仪式般地掏出手帕，摘下眼镜，向镜片呵口气，在所有的观众和乐团面前不慌不忙地开始擦眼镜。每个人都屏住了呼吸。过了一会儿，他重新戴上眼镜，环望一下四周，好像在说"啊，我的指挥棒在那里"——随后开始指挥前奏曲。疯狂的C大调！整个序曲好像永远也演不完，紧张的情绪攫住了你。

我希望自己也能有那样坚强的神经，满脑子想着面前一部又长又困难的作品时还能擦干净一副眼镜。在歌剧开始的前几秒，我总是想象一下结尾。我坐在指挥台上，闭上眼睛，集中精力想着整晚最后两个或三四个小节。只有那时我才能开始，只有那时，我才知道自己想要去哪里，必须去哪里。也许，这对于我来说就像苏伊特纳擦眼镜的动作一样。

那些把苏伊特纳描绘成一个"Kapellmeister"、尤其是德国"Kapellmeister"的人并不一定是要夸奖他。他们认为指挥是疏导交通的警察，维持应有的规则，但不在艺术性上有所发挥。这种陈词滥调对我没有什么意义，谈到苏伊特纳和他格外稳健而清澈的《名歌手》更是毫无意义，然而它使我思考如何诠释音乐这个问题。对音乐的诠释应该何时开始，又何时结束？"诠释"这个字眼当今的用法暗指着以极端为目标。"诠释"意味着可以几乎不计任何代价地追求与众不同。简而言之，"诠释"是指挥工作绝对的对立面。不用任何揉弦来演奏贝多芬交响曲自动被认为是"强烈"的诠释。无论这个诠释背后的"纯音"观念对贝多芬是否合适，反正以前从没有人听过这样的演奏。1931 年，阿图罗·托斯卡尼尼在拜罗伊特指挥《帕西法尔》第一幕时用了两个小时，也算得上是"强烈"的诠释（虽然我在读到这个故事的时候宁愿不去想象这长得多么可怕）。坦率地说，诠释经常是修养不够的人想象出来的。

对我来说，诠释是通过艺术上的意志来表达的。让音乐尽量融入自身从而成为第二天性才是诠释者的工作。首先，我不需要哗众取宠；我希望像一个"Kapellmeister"那样打下坚实的基础，全方位地阐释作品：剧本、剧院的声学效果、乐队中不同声部的声体。琢磨效果会给谁带来深刻的印象以及为什么是另外的事。只要诠释严格地以音乐为基础，我就必须尊重指挥所呈现的作品的"样貌"。例如，勒内·雅各布斯指挥莫扎特第四十一号《朱庇特交响曲》的很多段落，都让我听得后颈上寒毛倒竖。他对莫扎特最后一部交响曲的诠释是如此停留在表面，结果几乎没有什么"遗作"的特点得以保留。雅各布斯指挥出的不是莫扎特最后一部交响曲中的情感，而是莫扎特丰富的修辞经验。这个想法非常有趣，虽然不是我的观念，我却认同创造这种表现形式的意愿。

"诠释"这个字起源于拉丁文，意思是阐明、翻译或解释某些与《圣经》中的段落或法律中的条文有关的东西。另一方面，在音乐的层面用到这个词，通常首先说的是表演。它开始于指挥打开总谱的那一刻（还有擦眼镜或者闭上眼睛）。每一个开始、前奏曲、休止、变速、四三拍的段落和强音记号，都是在演奏中诠释出来的：阐明、翻译或解释，被安放在特定的背景之下。它始于你自己对结构的创造。

像瓦格纳、马勒和施特劳斯这样同时担任指挥的作曲家，在总谱上写满了关于演奏和表现的指导。他们清楚地知道是在和谁打交道。但这样会让总谱更加清晰易读吗？巴赫的乐谱上从没有这样的标记，那么理解他就会更加困难吗？从细节方面，是这样的。《圣诞康塔塔》中，"我站在你降生的马槽边"这样的合唱段落应该用什么样的速度，指挥几乎是独自一人决定的。这个速度必须接上前面的宣叙调并衔接下面的宣叙调。最理想的是，这个速度从贯串整个康塔塔的装饰线条中自然产生。没有什么比这更容易，也没有什么比这更难的了。当我遇到做出决定的情况时，我常常想起《名歌手》。自由和任性的界线在哪里？忠实剧本和咬文嚼字的界线在哪里？施托尔青（Stolzing）询问汉斯·萨克斯（Hans Sachs）按照"名歌手"的规则，他应该如何开始歌唱。萨克斯简短地答道，他应该自己订立这些规则然后再遵循这些规则。诠释者是他自己的主人，瓦格纳用这个说法指出有关诠释的问题。他不给每个人为所欲为的权利。

当然，在每次诠释之前，分析的工作是必需的：即努力思考这部作品。指挥在第一次排练之前需要尽量诚实地面对自己。这首或者那首音乐作品哪里最接近我的内心，什么对我是最重要的？我眼前有没有出现图像指引，我有没有感觉到某种特别的联结？我是否清楚地了解音乐和情感的高峰？

有哪些阻碍？我如何处理音乐的过渡，第一个速度和第二个速度之间存在什么样的关系？所有这些问题都要求答案，最终的结果则是一个混合体。在这种状态下，我经常感觉自己是在梦中，有些东西向我扑来然后又消失，有些时候看起来清晰而明确，有些时候则很模糊。理解一部总谱的植物神经系统，掌握它的感觉是一个方面，可以说是天真的方面。运用你的音乐知识来分析它是另外一个方面，深思熟虑的方面。两者的结合就是诠释的开始。

　　我的想法思路经常在排练中出现。这是一个关于事先准备和勇于把想法付诸实践的问题。我经常能够提前感觉到在这时或那时会有某些事情发生，只是不知道究竟是什么事情。弗朗兹·雷哈尔（Franz Lehár, 1870—1948）的《风流寡妇》有一段二重唱，"紧闭双唇，小提琴在低语"，丹尼洛伯爵唱出第一句，汉娜·格拉丽唱第二句，两人一起唱出第三句。雷哈尔在开始时写着"中速华尔兹"，然后是"动作更多的"，最后是"放慢的"。所以速度不是从头到尾一致的，而是变化的。音乐的脉搏变快然后逐渐放缓。也许在第三句唱词结束后甚至时间都停滞了，世界在窃窃私语中停止了转动："他清楚地大声地对我说，这是真的，这是真的，你也爱我！"

　　但是速度该怎样变化呢？我经常觉得自己想要在二重唱开始的时候瞥一眼音乐渐渐放慢直到完全停止的效果。歌手很快就会气短，在较长的段落总是如此，所以想从歌手那里看出效果很不容易。然而，雷哈尔给第三段写了一个管弦乐的引子，对我预见到渐慢的效果非常有帮助。这段过后，我再次加速，直到快结束的地方才再突然放慢，好像有人干扰了音乐之轮的转动。经过努力思考，现在我做出了三个几乎同时发生的不同变化。

这和瓦格纳有什么关系？非常有关系。首先，轻歌剧（和德国喜歌剧一样，都是没有受到应有重视的类别）是教授指挥技巧最优秀的老师。其次，它帮助我们学习在古典韵律的范畴里变速意味着什么，变速的结果不是改变速度，而是改变它所表达的感觉。我非常赞成自由速度（它来自意大利语rubare，抢或者偷的意思），那是一种聪明的、最好是让人觉察不到的音乐时间的改变，进行得很有计划，主旋律有时候比伴奏快一些，有时候慢一些，自由速度最终达到平衡。在19世纪，自由速度没有什么好名声。伊格纳兹·莫谢莱斯（Ignaz Moscheles，1794—1840）把自由速度否定为"随意演奏"，声称它很快就会退化到完全没有时间感的地步。赫克托·柏辽兹则认为自由速度是"节奏上的独立"而弃置不用，甚至弗朗茨·李斯特也说自由速度"毫无规则地干扰时间，灵活、突然而充满感情"。这些评价听起来不太好，而且很快被广泛地接受，连弗雷德里克·肖邦都否定自由速度，认为它既多愁善感，又毫无品位，既装模作样，又自命不凡。20世纪初它彻底地过时了，而直到今天还带着某种污点。对于一个诠释者来说，忠诚与自由，诗意与悲情，头脑与感情之间的界线很微妙，但我们为什么不去学着掌握它呢？

在处理速度上的自由对我诠释瓦格纳的工作非常有用，归根结底，我们不是在讨论节拍器上的数字。在瓦格纳作品中速度的弹性可以事先思考和计划，如果你知道怎样处理，也可以即兴发生。你需要防止的是有所顾忌。这样做行还是不行？当你想到这一点的时候，往往已经晚了。过往时代的伟大音乐家对我们今天标注的音乐记号只会一笑了之：他们往往是按照自己的想法进行下去。很多时候这都是正确的做法。我们需要恢复对自我感觉的确信。

在瓦格纳作品中的高潮处尤其如此。例如，在《女武神》第二幕宣告死亡的时候，布伦希尔德唱道："齐格蒙德，看着我！"这一段非常难，因为音乐几乎停顿冻结在这里。这里有低音铜管的和弦，远处传来的定音鼓轮奏，然而在音乐的骨架上没有包裹上什么肌肉。好像英雄齐格蒙德的血液全都在血管中凝固了。观众席里的听众和乐池里的音乐家们都感到如鲠在喉。音乐表达了情感上的忍耐，带着沉重的预言，其实这最真实的感情就是"pathos"（悲怆，源自希腊文pathein，意为受苦，感受情绪），让人很容易在这里变得太慢或太感情用事。然而艺术家不能够屈从于这种感觉，不能加倍诠释这种情感，做得太过头，否则情绪的线就会崩断。那要怎么办呢？指挥的时候要有流动性和稍微的变速，增加效果的深度而不是堆积到高处。我们知道理查德·瓦格纳经常认为指挥们把他的作品处理得太慢。他的孙子沃尔夫冈则经常说，你需要让音乐流动起来，比你想好要演奏的速度稍微快一点点。能够找到这种感觉是诠释瓦格纳作品的关键之一，在拜罗伊特之外也是如此。

　　作为一个诠释者，为了创造你自己的图像，你需要像学习语言那样研究瓦格纳的作品：词汇、语法、句法、词源、用词、表达、习语——这些都有所涉猎。当然，你用来诠释《漂泊的荷兰人》的工具与诠释《莱茵的黄金》所需要的工具是不一样的，用来诠释《众神的黄昏》的工具对《名歌手》也不适用。我们可以确立某种关系和一些参考点。非常著名的主导动机技术（瓦格纳自己更喜欢称之为"回忆动机"）几乎贯串了他的全部作品。主导动机在《漂泊的荷兰人》中仍旧粗糙并且易于得到，而在《莱茵的黄金》中，我们看见的几乎是催眠般的极致优雅。瓦格纳撒下的主导动机之网内容丰富且闪闪发光——就像在整套《指环》中，《莱茵的黄金》开场和《众神的黄昏》结尾处莱茵河少女们衣服上的亮片。在这里，每件事物都与其他的事物相联系，很多时候只是很细微的差别，像是个人的"路标"（这也是瓦格纳自创的表达方法），很多时候只是组合上的不同：瓦尔哈拉的动机与命运的动机有所不同，从而与宝剑的动机也有所不同，并且不同于爱情的主导动机，爱情的主导动机暗示着英勇而敏感的布伦希尔德。

　　席勒说，艺术和自然一样是无穷无尽的。把我今天能够从《指环》的四部总谱中看到和听到的，与我 1998 年在柏林德意志歌剧院首演《指环》的时候所听到和看到的相比较，我只能说我愿意用心脏里所有的血液为这句话签上我的名字。然而随着技巧的精进和音乐的逐渐成熟，指挥家逐渐发展出个人的音乐风格。你找到自己的偏爱，发展出自己的语言，发现自己的曲目并不断发展。就像可可·香奈儿有一天发明了小黑裙一样，如果一个指挥家足够幸运，也将在某一天发现他独特的表达方式并且作出对他的音乐诠释产生永久影响的决定。某种声音的感觉，某种平衡的感觉，内心深处的音乐，最终你将会发现到底是瓦格纳还是巴赫，或者是马勒音乐中的形象更加接近自己的心灵。

人们总是说我对瓦格纳的诠释里有些任性放纵、夸张的成分，有些充盈满溢的感觉。他们说得没错，当然我也觉得受到了恭维。如今谁还会去冒险提供一顿真正令人饱足的盛宴，在主菜里浇满充足的酱汁？身处 21 世纪初期的我们善于找到食物的替代品，可惜的是在音乐上也是如此。华丽绚烂的风格只是我心目瓦格纳音乐形象的一半。用射箭来比喻的话，最大的弓如果不能弯曲是毫无用处的。只有令人信服的细节，才能组成令人信服的整体。老生常谈里的只含有强烈情绪和沸腾热血的瓦格纳音乐戏剧根本不存在。瓦格纳是创造魔法效果的大师：他知道持续的高潮根本就不是高潮。宣布齐格蒙德死讯的那段，还有《众神的黄昏》中的葬礼进行曲，正是因为在戏剧上和音乐上都一丝不苟地契合了整体的发展，才能在情绪上攫住我们、打动我们。

所有的瓦格纳诠释者都将面对着巨大的矛盾：选择沉迷

其中还是深思熟虑？疯狂激动，还是理性分析？人们津津乐道于指挥瓦格纳的作品需要"冷静的头脑和热烈的内心"。在我看来狂热的头脑和冷静的内心——正好南辕北辙——将一事无成。那些认为他们可以从知识层面削弱瓦格纳作品中影响机制的指挥，只依靠理性分析来处理其中所有的危险和潜在的裂隙，把所有的肌理都抽干，而低估了辩证的要素。这时我们只能听到分析、小节线、音符的符尾、和弦，所有的一切都像用标尺量过。而另一方面，那些一心想把观众带入恍惚状态，让他们进入如醉如痴的共鸣，而让指挥去扮演台前一个伏都教巫师或灵媒角色的人，注定也会触礁。因为这样一来，清晰度将不复存在，高强度的表现和外形失去了清晰度，不可能成为艺术。

作为作曲家和拜罗伊特的建造者，瓦格纳本人都遵循着辩证的原则。拜罗伊特的观众席好像是教堂的硬长凳，而当《特里斯坦》突然开始的时候你感觉一切都飞走了。音乐家们演奏的时候感觉他们的一只脚已经迈进了节日绿山顶上的霍赫瓦特（Hohe Warte）医院。斯巴达般简朴和迷幻的元素，理性分析与塑造气氛的元素，迷雾与清晰视界统统组合在一起。瓦格纳给我们传递的信息是，我们在想起其中之一的时候一定会想到另一半。瓦格纳的诠释者，作为音乐家或者指挥家无论有多么大的不同——天生的分析者知道如何让迷雾保持存在，充满激情的人学会控制自己的情感，还有实际的剧院工作者们违背自己的某些信念，尝试音乐的魔法——只要他们，还有我们，都准备好向另外一个方向妥协一小步，我们将会从瓦格纳的作品中，也从我们自己身上，体会到前所未有的快乐。我们将会发现闪亮的新思路，指出未来的方向。

6 初学者的瓦格纳

金钱还是热爱

不要害怕！

条条道路都通往瓦格纳，我相信没有一条是完全平坦的。但是，难道每件事情都必须马上就是容易和平坦的吗？菜单上没有瓦格纳快餐这一项，你想要懂得他的音乐，就得愿意为此付出时间、耐心和专心致志的聆听，总之多多益善。愿意投入的人将得到丰厚的回报。他们将会发现一个怪异离奇的世界、坚强的女人、邪恶的造物、悲伤的英雄。同时，他们也将学会认识自己和忘记自己。

能在家里或学校里初次体会一下瓦格纳是非常理想的。只需要一个好的（或坏的）音乐老师，就能够决定你的一生是否将伴随着古典音乐度过，是否将伴随着瓦格纳度过。这不是说后天不可以弥补。电视上转播的歌剧，拜罗伊特的公开放映，在慕尼黑和柏林举行的"大家的歌剧"，或者是工作中某个同事买了歌剧院的套票而某一天临时有事去不了——机会到处都有。你只需要好好利用。关于这样的幸运机会有很多故事：例如，一个在超市收银的女生得到了一张歌剧票，当她听到《罗恩格林》的序曲，不知道什么突然打动了她，让她成为了歌剧和瓦格纳的狂热拥护者。我很喜欢听这样的奇闻逸事。

　　如果你想有系统地了解瓦格纳，也许可以从读书开始。如果你可以读德语材料，关于瓦格纳的歌剧，阿提拉·森佩（Attila Csampei）和迪特玛·霍兰德（Dietmar Holland）写过很好的指南（可以上网查看 www.opernfuehrer.org）。对歌剧知识已经有所了解的人可以阅读乌里希·施莱博（Ulrich Schreiber, 1951— ）五卷本的《高级歌剧指南》。

　　不要害怕直接去读剧本原著。不识五线谱的人也许不想从瓦格纳开始学习音乐。然而唱词总是可以读的。唱词是瓦格纳自己写的，如果唱词的确能够代表他音乐的初始阶段，真正成为"声音的语言"，那么唱词能够告诉你的将不只是舞台上发生的事情。在演出之前能够熟悉唱词是很有好处的，因为演出一旦开始，有很多需要接受的信息都颇有挑战性。观众需要在聆听的同时观看，把每样东西组合在一起来理解：文字本身、文字所传达的信息、导演与指挥的诠释。在观看整部长达四五个小时甚至六个小时的史诗歌剧时要做到这一点，实在是太难了。

经常有人问我：瓦格纳的歌剧为什么一定要这么长？说实在的，我也并不能完全解释，只能说从我个人的角度讲，我不想错过任何一个音符。《众神的黄昏》第一幕竟然有两个小时！《帕西法尔》的第一幕也有两个小时！《黎恩济》的第一版有七个小时：对观众的期望太高了。但是，理查德·瓦格纳想用他的音乐戏剧创造出一个世界，通常你不能用小剂量的顺势疗法做到这一点。瓦格纳决定占有他的观众，并在他们的生命中打上自己的标记。他通过歌剧的强度来实现这一目的，而歌剧的长度也与此有关。如果我们联想一下古希腊神话或者日耳曼的古典剧作，瓦格纳的戏剧看起来并没有长得过分。埃斯库罗斯的《奥瑞斯提亚》全本演出需要十个小时。歌德的《浮士德》（上、下两部），按照彼得·施泰恩2000 年在汉诺威世博会期间演出的版本，需要二十二个小时。与它们相比，《众神的黄昏》的长度绝对算谦虚的了。

瓦格纳的信息

瓦格纳的音乐戏剧都是关于权力和爱情，权力或者爱情。沃坦的女儿布伦希尔德违背了他作为众神之父所定下的法律，使沃坦的王国分崩离析，他必须为此惩罚她；马克王试图让康沃尔和爱尔兰之间永远保持和平的计划被爱情魔药挫败了；布拉班德的艾尔莎在她被认为已经死去的弟弟、布拉班德正统的戈特弗里德公爵再次出现时恢复了正常生活，却付出了永远失去罗恩格林的代价。瓦格纳的英雄们常常来自于外界或上天，这都是节目中的一部分：要说清楚这些天鹅骑士、注定永远漂泊的船长和纯洁的愚人到底是怎么回事并不容易。他们是谁？他们要做什么？他们最终去了哪里？这些问题常常都笼罩在神秘与奇迹之中。在我看来，最重要的一点是他们起到了催化剂的作用。他们带来改变，暴露出冲突，从过时的规则和形式中解救社会，打破禁忌。他们都是他们的创造者理查德·瓦格纳"另一个自我"的显现，他们象征着瓦格纳艺术家的灵魂——施托尔青这样的角色更加倾向于市民阶层，帕西法尔这样的角色更加具有宗教色彩。理查德·瓦格纳说，只有艺术家才能从世界的手中拯救世界。在瓦格纳自己的玄学体系中，他通过他的艺术（近似于第二次生命，至少是可以拥有第二次生命的完美幻想）创造另外一个世界来拯救旧世界。

当然，瓦格纳提出的要求非常高。这位拜罗伊特的大师不会钩桌花，也不为我们上演小喜剧。然而，他所讲的是创造世界。从一开始他就扮演造物主的角色，这也是我从来都能够理解他的偏执狂的原因，同时也是让他的艺术充满人性的原因。这是一个活生生的人的作品！瓦格纳式的艺术家不跟随神圣的慈悲使命，当然也不介入政治活动，只跟随他的灵感。秉持这一信条，理查德·瓦格纳在浪漫和现代之间，在神话故事和精神分析之间找到了平衡。他是最后一批真正寻求超自然的人，也是第一批深深触动我们潜意识和无意识思维的人。

瓦格纳走向极端。他的音乐戏剧中充满了谋杀与暴力，以及乱伦、复仇、背叛、淫秽、色情，都不是什么好东西。然而在经历过瓦格纳之后，我们回到家里，会觉得自己更坚强。我们把自己的恐惧投射在沃坦和他的同伴身上，我们懂得了生活是如何让人筋疲力尽。在瓦格纳的作品里生活总要继续。在《众神的黄昏》结尾究竟发生了什么？先是世界毁于火焰，然后又重新开始。在季比宏人的宫殿旁燃烧着葬礼的柴堆，为了纪念死去的齐格弗里德，布伦希尔德往柴堆中扔了一个火把，然而火焰却突然黯淡下来，瓦格纳在这里写到："莱茵河水漫过河岸，水从燃烧的火上流过，一直到大厅的门槛。"好像自然的力量在相互对抗，毁灭世界的大火就这样熄灭了。谁又能知道，布伦希尔德和她的坐骑格兰德跳过火焰是不是为了躲到水中？反正被描写为"黑色精灵"的阿尔贝里希特幸存了下来，莱茵河的女儿们也躲过一劫——忽然间景象又回到了十四五个小时之前，《莱茵的黄金》开头"在莱茵河的河床上"。

这个信息很不普通。它没有传递给我们任何关于忍耐的老生常谈，也没有向我们讲一些"生活虽然充满不幸，但总要继续，所以我们无需担心"这样的陈词滥调。反之，它包含着极大的挑战。对于其他歌剧作曲家来说，可以像古希腊悲剧那样抒发情绪：首先是悲痛，然后是恐怖，最后当托斯卡从圣天使桥上跳下的时候，或者阿依达和拉达梅斯被活埋时，这些情感都导向净化，从而使我们感觉自己也被洗净了。作为观众，我和台上的人物一起患难与共——在歌剧结束的时候我会感觉自己成为了一个更好的、更理性的人，因为我经历了这些歇斯底里和情不自禁，将来就能更好地控制情绪。很多歌剧的悲情结尾也是——或者说首先是——对观众们的警告，不要让事情最终发展到这个局面：唐璜下了地狱，弄臣刺死了他自己的女儿吉尔达，或者在普契尼《艺术家的生涯》里，咪咪从一开始就没有任何希望。

瓦格纳的作品也有类似的效果。《特里斯坦与伊索尔德》向我们展示了一副可怕而紧急的灾难图像，我们看后大呼：我可不要这样！我永远也不要陷入那个境地！然而瓦格纳并不到此为止，当最后的和弦消失，大幕落下，音乐戏剧不但没有结束，而是才刚刚开始。观众把它带回家里。那也是整体艺术的一部分。瓦格纳说，接受它，忍耐它，我会给你足够的时间——但你从这份体验里能够得到什么，并不止于舞台上发生的一切。瓦格纳点燃了通往未来的导火索，从而违反长久以来的歌剧传统。点燃导火索需要火星，燃烧过的余烬表明并非一切都是冰冷和毁灭。正因为如此，阿尔贝里希（也许还有他的儿子哈根）在《众神的黄昏》中幸存了下来；正因为如此，在《唐豪瑟》的结尾，教皇的随从拿出了绿叶；也正因为如此，在《纽伦堡的名歌手》中，伊娃和施托尔青最终发现他们是天造地设的一对。瓦格纳是个乌托邦主义者，尽管失常且混乱，尽管虚无而颓废，但他从未放弃希望。从他的歌剧那些令人满意的结尾中，我可以吸取很多东西；它们并不粉饰太平，它们说：善有善报，恶有恶报。

我在上文提过，没有任何一部瓦格纳的音乐戏剧是以小调结尾。所有的作品，从《黎恩济》到《帕西法尔》，全部都是以大调结束。然而我们不应该用过于简单化的方式去理解这一点。大调并不是简单地与欢乐画等号，小调也并不等于伤感。大调有着较为有锋利的边缘和清楚的线条，更加明晰。瓦格纳把自己所创造的全部世界都结束在大调上，说明了他愿景的清晰程度。我们需要面对这样或那样的形势，没有模棱两可，也不需要遮遮掩掩。即便是《特里斯坦》也结束在 B 大调和弦上（乐谱上有五个升号：升 F、升 C、升 G、升 D、升 A）。赫克托·柏辽兹形容这个和弦"崇高，洪亮，闪闪发光"。一种明亮的，几乎是闪耀的光芒洒满了整个舞台。剧本写道，"旁观者们被感动，被升华"，经过《爱之死》一段和谐的漫游与痉挛般的速度变化，音乐渐渐平息下来，渐渐放慢，渐渐消失。台上的三个人物都死了。伊索尔德怎么样了？"好像变了一个人，她慢慢地在布兰甘妮的臂弯中倒下，伏在特里斯坦的身上。"她也死了吗？这是一个彻头彻尾的悲剧吗？还是在结尾处最终让我们看到了一丝光亮？

人物

　　瓦格纳剧中的人物有时让我想起 18 世纪晚期雕塑家梅塞施密特（Franz Xaver Messerschmidt, 1736—1783）的作品《人物头像》。我们可以看到各种人：愚蠢的，沉思的，有智慧的，被摧毁的，宽容的，苛刻的，贪图权力的，厌倦权力的，地下世界的生物，天堂里的造物，聪明的和头脑简单的，神，人和侏儒——应有尽有。观众很容易在其中找到自己。他们从中看到自己的影子，认出自己，从诸多方面集合了他们自己的个性。然而，当我们谈到瓦格纳笔下人物的性格，我觉得他们比意大利（还有俄罗斯和法国）的歌剧中的人物少些古板，没有那么正统。更常出现的情况是，天真的女高音夹在明亮的男高音和邪恶的男中音之间。瓦格纳歌剧中的冲突更为广泛，更具全球性和神话性，当然这与他歌剧的主题息息相关。如果剧中没有出现冲突，比如《纽伦堡的名歌手》，瓦格纳则会以最机智最讨人喜欢的方式玩弄歌剧传统。

　　下面是按时间顺序排列的瓦格纳歌剧概要：

　　黎恩济不仅是标题中所写（罗马人的）最后一任治安官，也是瓦格纳笔下第一个独立的英雄人物。他死于神殿的大火（与《众神的黄昏》有些重复，我们不需要回避），和他一起逝去的还有瓦格纳想要写出宏大歌剧的野心。

　　漂泊的荷兰人没有姓名，他代表着一个不安而未得拯救的灵魂。荷兰人的故事也描述了瓦格纳从里加逃亡到伦敦时，在大洋上遇到风暴的经历。荷兰人的音域是男中音，他追寻永恒的爱情和坚贞的女性。只有她才能把荷兰人从大海上无尽的漂泊中解救出来。他觉得自己终于找到了自己的拯救者**森塔**（女高音），而森塔在他上岸之前就已经爱上了他的画像。年轻的猎人**埃里克**（男高音）也很喜欢森塔，这时就出现了我们所熟悉的三角恋爱。这次的三角恋不太严重，因为整部歌剧仍旧采用了传统的形式，在某种程度上可以算是瓦格纳的分段歌剧：咏叹调接着咏叹调，合唱接着合唱。相比之下瓦格纳晚期的音乐戏剧作品都是从头到尾一气呵成的"不间断的旋律"。

《唐豪瑟》是瓦格纳第二部以英雄男高音命名的歌剧，他就像瓦格纳——也许像所有的男人一样——在太阳神与酒神、肉体之爱与精神之爱、情欲之爱与圣洁之爱之间摇摆不定。虔诚的**伊丽莎白**献给他圣洁之爱，在维纳斯堡（现实中坐落在图林根森林的赫塞尔贝格）他享受着与**维纳斯**的情欲之爱。伊丽莎白由女高音演唱，维纳斯是女中音，这两个女性在音乐上没有很大的区别，以至于瓦格纳在第三幕中有时很容易搞混。伊丽莎白在著名的"殿堂咏叹调"中唱道，"亲爱的殿堂，我再次向你问好"，然后她数着玫瑰念珠在祈祷中死去。剧中**沃夫兰**的原型是中世纪最伟大的日耳曼诗人、史诗《帕西法尔》的作者沃夫兰·冯·埃申巴赫。《唐豪瑟》中沃夫兰所唱的"晚星之歌"也许是瓦格纳所有作品中最美丽的咏叹调。沃夫兰是瓦格纳歌剧中戏份最轻的男中音，而晚星代表的自然是维纳斯。

男高音天鹅骑士**罗恩格林**在前两幕中也没有名字。他乘坐天鹅拉的小船渡过斯海尔德河（River Schelde），这个场景产生了无数的讽刺漫画。接着他被迫说出了自己的真实身份，因为**艾尔莎**（Elsa）无法信守自己永远不问他姓名的诺言，被**奥特鲁德**（Ortrud）唆使追问他的名字。艾尔莎和奥特鲁德与《唐豪瑟》剧中的两个女人完全不同：艾尔莎是天真的、没有太多复杂念头的女主角，她相信"没有遗憾的爱情"；而邪恶的阴谋家奥特鲁德和她卑躬屈节的丈夫**特拉蒙德**（Telramund）在整部歌剧的音乐中不断演变，最为精彩。瓦格纳的作品中经常出现这样的情况：较高的声部分配给那些（说得好听点）不太复杂的人物，而那些更聪明、更诙谐、更容易犯错的角色由较低声部演唱。奥特鲁德由戏剧女高音或女中音演唱，特拉蒙德是男中音。在各方之间挑起冲突的国王亨利也属于这一类，和《特里斯坦》中马克王一样，都由男低音演唱。

特里斯坦与**伊索尔德**是瓦格纳笔下情侣中的极品：英雄男高音和戏剧女高音，爱尔兰国王的女儿和康沃尔的叛臣，杀害伊索尔德未婚夫莫罗尔德（Morold）的凶手和会疗伤的女人，夜晚的巡游者和想要报仇的人。在现实生活中，他们彼此没有任何相爱的理由。然而爱情魔药引发的肉体欲望使他们的眼中只有彼此，伊索尔德唱道，"我就是特里斯坦，伊索尔德已不复存在"，瓦格纳给特里斯坦写的歌词则是"我就是伊索尔德，特里斯坦已不复存在"，其效果就像镜屋中反复折射的影像。直到最后这对情侣才走上不同的道路：他死于身体的伤痛——挣扎中自己求死，她则是在"爱之死"的咏叹调中死于爱情。瓦格纳笔下的女性角色是非常有趣的话题。毫无疑问，和奥特鲁德、布伦希尔德和昆德丽一样，伊索尔德是个戏份很重的角色，在音乐上她比特里斯坦毫不逊色。然而从她们的性格侧写和心理上看，我认为瓦格纳笔下的女性总是比他笔下的男性浅薄、不够丰满且未做深层次刻画，也更侧重于未来。这是个非常有趣的特质。不可避免地，瓦格纳的视角是男性的：他把女性看作"未来的女人"，在她们身上寄托了他自己乌托邦式的希望，然而慎重起见最终她仍旧是未知的、神秘的造物，某种圣人。我经常琢磨特里斯坦忠实的男仆**库韦纳尔**（Kurwenal）为什么也要在歌剧的结尾死去？是不是因为在特里斯坦死去以后他失去了生活的目标？是不是因为特里斯坦并不是死于剑伤而是死于无法得到爱情？如果是这样，库韦纳尔早已无法帮助特里斯坦。遭到背叛的**马克王**哀叹道："所有人都死了！他们全都死了吗？"这也意味着世界被分开了，分成那些愿意为激情付出一切的人，和那些忠于社会责任、忠于王国和战争的人。瓦格纳在特里斯坦中融入了他与商人之妻玛蒂尔德·维森东克的感情，在现实中他并不完全属于任何一边。而作为一个艺术家，他也不需要属于任何一边。

我认为《名歌手》里的**汉斯·萨克斯**是所有歌剧中最伟大的角色，集匠人和诗人为一体，是瓦格纳完美的自我代言。

萨克斯由男中低音演唱，这音域本身已经表明了这个"德国人最爱的鞋匠"（《明镜周刊》曾经不无恶意地如此形容）是个复杂的角色。他爱讽刺别人也善于自嘲，他的想法聪明而有战略性，同时情绪活泼。当然，萨克斯纠结于作为一个鳏夫，他也许不适合向金匠的女儿**伊娃**求爱，而放弃追求伊娃在舞台上则缺乏效果而无趣。萨克斯的放弃并不是愚蠢地顺从于必然。伊娃有一个著名的唱段："你不老！最重要的只有艺术，懂得艺术的人才能得到我的爱！"而汉斯·萨克斯回答说："亲爱的伊娃，不要对我假装！"曲谱则用"甜美的、富于表情的"记号强调了这个小小的白日梦。所以这并不完全是一个荒谬的想法。不过，汉斯·萨克斯虽然选择了放弃，却仍旧是快乐的。这正是他的伟大之处。相对而言，为了赢得伊娃才学习歌唱，并以一首美丽却颇为天真的获奖歌曲抱得美人归的**施托尔青**反而是个典型的男高音。

《尼伯龙根的指环》构建在一张复杂的关系网之上，这张网的顶点关乎两个人：众神之父**沃坦**和他的妻子**弗里卡**，他们之间的争论与神圣无关，更像凡间普通的老夫老妻；沃坦是男中音，弗里卡则是女中音或女低音。《指环》里有两对兄妹，**齐格蒙德**和**齐格林德**，分别是男高音和女高音；**昆特**（Gunther）和**古德伦**（Gutrune），分别是男低音和女高音：其中的一对圣洁却（在不知不觉中）乱伦；另外一对对权力有着近乎残忍的狂热，也因此非常具有人性。《指环》里也有几对父子：沃坦和他最钟爱的女儿**布伦希尔德**，而布伦希尔德反抗他和弗里卡的命令；侏儒**阿尔贝里希**和他的儿子**哈根**（分别是高男低音和男低音）。上文提到过，阿尔贝里希在《众神的黄昏》结尾幸存了下来，哈根又是如何呢？《指环》最后几乎是讽刺的舞台指示上说，**莱茵河的少女们**"用手臂勒住他的脖子，游回河中间，带着他一起沉入河底"。也许有一天他还会再次出现？最后，同样重要的还有布伦希尔德和**齐格弗里德**（齐格蒙德和齐格林德兄妹所生的儿子）这对情侣，高音区的戏剧女高音和英雄男高音，女武神和世界的拯救者。他们之间的爱情被着重描写，使他们非常容易受到伤害。齐格弗里德被背叛被谋杀，布伦希尔德自愿走向死亡。《莱茵的黄金》一开始莱茵的少女们唱道："否认爱之力量的人／不能得到爱之欢喜的人，只有他可以从金子里锻造戒指。"布伦希尔德和齐格弗里德付出的代价是失去爱情。

　　瓦格纳的最后一部作品《帕西法尔》专为拜罗伊特而作，被称为神圣节日舞台剧。说来也怪，《帕西法尔》里的女性们发现自己被限定在妓女（**捧花少女**）和（或者）女巫（**昆德丽**）的角色里。男性角色和圣杯骑士则是悲伤而病弱的：因为儿子**安佛塔斯**（Amfortas）溃烂的伤口无法愈合，骑士**狄都雷尔**（Titurel）不能死去，忠实的骑士**古内曼兹**（Gurnemanz）已经束手无策，甚至为了加入贞洁骑士团不惜自宫的魔术师**克林格索尔**（Klingsor）也遭受了残酷的命运。不同寻常的是，他们全都是低音声部，男低音或者男中音，因此救赎只能来自男高音——这样就顺理成章了：他的名字叫**帕西法尔**，他就是那个"纯洁的愚人"。他造成了自己母亲的死，射杀天空中的天鹅，却全然无辜。帕西法尔两次尝试并用了几年的时间来理解人类（男性？）的群体意味着什么：同理心，同伴的感觉，正确的问题把他引向对同情心的理解。随后他被加冕为"圣杯之王"。

在这些瓦格纳创造的角色里，他自己最接近哪个呢？在某一时期，他都有属于自己的男主角。对于他遥远的情人玛蒂尔德·维森东克，他就是特里斯坦；像众神之父沃坦创造了众神一样，他创造了拜罗伊特，又像"流浪者"一样从自己创作中消失；而最重要的是，像所有不安分的天才一样，他非常希望能够成为汉斯·萨克斯，不再为自己的艺术幻想所驱使，而是找到安宁，找到一个可以休息的地方，从而感到满足。

然而与之相反的是，文学（尤其是电影）对于作为一个人的理查德·瓦格纳非常难下结论。在由著名导演——如赫尔穆特·科伊特纳（Helmut Käutner, 1908—1980）、鲁奇诺·维斯康蒂（Luchino Visconti, 1906—1976）、汉斯-于尔根·西贝尔伯格——拍摄的关于路德维希二世的影片中，作曲家瓦格纳几乎都没有摆脱一个固定的程式化的形象。这些电影版本不知为何都套用美国影片《魔法火焰》——1955 年由威尔海姆·迪特尔（Wilhelm Dieterle, 1893—1972）执导——的结尾。《魔法火焰》拍摄于巴伐利亚州基姆湖（Chiemsee）岛上路德维希二世的皇家宫殿赫伦基姆湖新宫（Herrenchiemsee）和拜罗伊特。在这部影片里，埃里希·沃尔夫冈·科恩戈尔德（Erich Wolfgang Korngold, 1897—1957）扮演汉斯·里希特在节日剧院的乐池里指挥经过重新编排更为深奥的瓦格纳音乐，卡洛斯·汤普森（Carlos Thompson, 1923—1990）扮演的瓦格纳戴着一顶奇怪的假发，结束时瓦格纳带着充满渴望的眼神死于威尼斯。这比肥皂剧还要肥皂剧。

第 3 章

瓦格纳的音乐戏剧

　　天才儿童很容易被大众接受。门德尔松的弦乐交响曲难
道不是已经预兆了《仲夏夜之梦》里音乐的优雅？莫扎特的
小提琴奏鸣曲（K.6 和 K.7，出自于八岁的孩童之手）难道
不是已经让我们能够想象着他未来的弦乐四重奏《不协和音》
（K.456）？当然是这样的。然而，音乐的世界对于其他初学
者来说要困难得多。大多数作曲家的首次尝试都不能帮助我
们了解他们的成长史，反而会模糊我们的视线，让我们看不
出他们后来将写出真正的大师之作。这些首次尝试的著作看
起来缺乏自信、笨拙而粗糙，没人重视它们。

　　理查德·瓦格纳是一个极端的例子。如果你幸运的话，
你的标准瓦格纳歌剧指南应该从《黎恩济》——首演于 1842
年，为瓦格纳完成的第三部歌剧——开始。1834 年的《仙女》
和 1836 年的《禁恋》最多在整体介绍部分提及一下，更早期
的作品就不必说了。翻开瓦格纳的艺术简历立即就可以看出，
他走过怎样艰难的道路才找到了音乐戏剧。在瓦格纳作品目
录（Wagner-Werk-Verzeichnis，简称 WWV）中，作品一是"大型悲剧"《劳

伊巴德》(*Leubald*, 作于 1826—1828), 如今我们只有这部莎士比亚式大杂烩的文字部分。在此之后的 1830 年, 瓦格纳取材于歌德的作品《恋人的心绪》(*Die Laune des Verliebten*) 写了未命名的 "田园歌剧" 中的几个片段, 然而都没能保存下来。两年以后又写出了被称为 "恐怖歌剧" 的《婚礼》(*Die Hochzeit*)。当瓦格纳听到他的姐姐罗莎莉承认她既不喜欢这个题材, 也不喜欢瓦格纳对这个题材的处理的时候, 就毁掉了全部手稿。《婚礼》描写了两个贵族家庭和解的悲剧: 先是新娘在婚礼当天把一个秘密崇拜者推下了自己的阳台, 然后发了疯, 毫无知觉地倒在地上。这几乎是瓦格纳作品中许多女性角色的"习惯"。《婚礼》这部作品流传到今天的只有一段七重唱。

然而, 最初的几次尝试以失败而告终对瓦格纳是家常便饭, 而且不仅是他早期的作品才如此。从《漂泊的荷兰人》到《帕西法尔》并不是一条直线, 不间断地从一个杰作到另一个杰作。瓦格纳是一个追寻者, 一个探索者, 他也有不能成功命中而出了差错的作品。这些作品都有名字: 1838 年的《男人比女人更狡猾》(*Männerlist grösser als Frauenlist, oder Die glückliche Bärenfamilie*, 又名《快乐熊一家》), 1846—1849 年的《弗里德里希一世》(*Friedrich I*), 1849 年的《拿撒勒的耶稣》(*Jesus von Nazareth*), 1868 年《路德的婚礼》(*Luthers Hochzeit*), 以及 1870 年一次草草定名为《有条件投降》(*Eine Kapitulation*) 的尝试。

为什么瓦格纳的早期作品不受重视呢? 为什么单单是瓦格纳的作品没有引起考古学上过分的好奇心呢? 是否这些早

期的作品在戏剧的任何方面，也就是我们后来一再面对的人
物、题材以及相关联的主题都乏善可陈呢?

下面这些可能的因素值得我们注意:

第一，理查德·瓦格纳出生于一个崇尚天才的时代。天
才便意味着是天生的，无根无凭，无缘无起。不过，瓦格纳
一开始就是个挺优秀的、富于想象力并相当崇尚哲学的年轻
人，一个能干的工匠和实际的剧院工作者。如果不带着先入
为主的观念 (当然这是不可能的) 而尝试聆听《仙女》或《禁
恋》，我们必须承认这位年轻的萨克森音乐家很可能成不了
什么气候。一直到《黎恩济》，他的潜力和想在戏剧界有所
作为的决心才比较清晰地显现出来。瓦格纳的早期作品带着
创作室的强烈特质，这让我感觉非常亲切。甚至他或许也猜
到了在自己脑海里发酵的是什么，才有勇气来从事未完成的
创作而后又很快地抛弃它们。但这很难为后世所理解。

第二，我们已经习惯于从一部创造性作品的结尾来评判
它，也就是说，我们把作品看成一个整体，在聆听首部作品
的时候就想象着到达高潮的顶点。我们带着对贝多芬《第九
交响曲》的认知来听他的《第一交响曲》;我们在《冬之旅》
的魔咒之下聆听舒伯特的早期歌曲。我觉得这是一个问题，
在这里，绝无仅有的，我选择支持考虑历史影响的演出实践。
在所有的作曲家中，瓦格纳是个极端的例子:他的三部歌剧
《漂泊的荷兰人》《唐豪瑟》《罗恩格林》到达了一个独特的
高度，让同时期的所有歌剧，也包括他自己的早期歌剧都黯

然失色。就此而言，用《众神的黄昏》中复杂的歌剧标准来衡量《黎恩济》这样的法式大歌剧，不仅不公平，而且根本无法实现。任何仍然坚持要这样做的人永远都学不会如何欣赏这些早期作品。更好的作品是且永远是最好作品的敌人。

第三，瓦格纳还需要赢得戏剧界的胜利。如今看来，《漂泊的荷兰人》的情节比《仙女》的情节明显要好得多，结构也更加紧凑。然而，这不仅仅与瓦格纳有关，这也与歌剧剧目的全球化有关。直到 19 世纪三四十年代，卡尔·戈德马克（Karl Goldmark, 1830—1915）的歌剧《示巴女王》（Die Königin von Saba），弗朗索瓦—阿德里安·布瓦尔迪厄（François-Adrien Boieldieu, 1775—1834）的歌剧《白衣女人》（La Dame Blanche），海因里希·马施纳（Heinrich Marschner, 1795—1861）的歌剧《汉斯·海林》（Hans Heiling），洛尔青（Lorzing, 1801—1851）的歌剧《水仙女》（Undine）都在从图林根州鲁多尔施塔特到波罗的海边塔林之间的广大地区上演。这一系列的常备剧目包括了从娱乐歌剧（德语叫作 Spieloper，泛指在音乐段落中间插入对白的歌剧，包括轻歌剧和喜歌剧）到德国浪漫主义歌剧的一些作品，如今已经过时了。可能的原因是当时的风格和公众的品位——虽然我不排除某些仍有可能复排——毕竟不是所有的剧目都适合任何阶段。然而这个发展过程对于理解瓦格纳早期作品有着深远的影响，如果没有上面的这些作品，我们将错过整整一个时代的经验、情感和理解。我们听《仙女》或《禁恋》的时候感觉不耐烦，也无法理解它们。要么就是理解得太少，要么就是理解得不对。

第四，很少排演瓦格纳的早期作品还有非常现实的理由。所有的角色要求都非常高，导演们需要找到明知最后可能只有一场、最多两场的演出机会还仍旧愿意学习和演唱这些角色的歌手。歌手会想，为什么要费力地去学韦伯《尤瑞安特》（*Euryanthe*）里的艾格兰蒂娜·德·普赛（Eglantine de Puiset）或利希阿特伯爵（Grafen Lysiart）这个角色呢？我们可能不会第二次演唱这些角色了。还不如学唱《罗恩格林》里的奥特鲁德和特拉蒙德呢。无独有偶，这两部歌剧的音乐特点非常相似，引人注目。从经济上考虑也是如此：即便起用世界上最顶尖的歌剧阵容，瓦格纳《禁恋》的上座率也只能达到一半。而且，即便如此，也不能保证这部歌剧可以成为常备剧目。

瓦格纳年轻时代作品中的转变很有趣。在 1840 年至 1841 年间，从《漂泊的荷兰人》开始，他突然知道歌剧需要什么：好的情节，迷人的咏叹调，令人印象深刻的合唱场景，扣人心弦的制作。创作《黎恩济》时他还没有领会到这一点，仍旧依靠庞大的规模和巨大的舞台效果。他试图跟随时代潮流与法国大歌剧的形式要求，最后成功了。到了《漂泊的荷兰人》，突然一切都改变了。《黎恩济》持续将近七个小时，而《漂泊的荷兰人》只有两个半小时。《黎恩济》从一个大场面曲折迂回到下一个大场面，《漂泊的荷兰人》则直线上升到高点。然后是配器：《黎恩济》《禁恋》和《浮士德序曲》都极其大声，早期的瓦格纳喜欢大声。在我们的耳朵里，《漂泊的荷兰人》也是很响的，尤其是它的原始版本。然而比起瓦格纳的早期作品，《漂泊的荷兰人》是在一个完全不同的动态级别的大声。不过，我不想在这里剧透，而是要从头开始讲起。

1 《仙女》

初探瓦格纳的"音乐标本箱"

起源

有点荒谬的是,瓦格纳第一部完整的歌剧于他死后才首演。1888 年 6 月 29 日,在瓦格纳完成《仙女》(*Die Feen*)五十年后,这部作品在慕尼黑骑士剧院举行了首演(这个版本是由年轻的理查德·斯特劳斯准备的,由拜罗伊特的弗朗茨·费舍指挥)。这时瓦格纳已经过世五年了。《仙女》写于1833 年,那时瓦格纳刚从莱比锡搬到维尔茨堡担任合唱指挥。1834—1835 年间,他想尽一切办法要在莱比锡首演自己的处女作。当努力毫无结果时,他好像就忘记了这部歌剧。1865年圣诞节,他把《仙女》《禁恋》《黎恩济》《莱茵的黄金》和《女武神》的总谱送给了路德维希二世。1939 年这些宝贵的手稿

到了阿道夫·希特勒手中，如我们上文所说，从 1945 年以后
这些手稿全部遗失了。如今《仙女》很少上演，即便上演也
主要是以音乐会歌剧的形式。

角色与乐队编制

剧中的主要角色是仙女阿达（Ada，女高音）和特拉蒙特
（Tramont）的国王阿林达尔（Arindal，男高音）。乐团没有非常
独特的地方，包括一支短笛和几组双管（两支长笛、两支双
簧管、两支单簧管和两支巴松管），还有四支圆号、两支小号、
三支长号、大鼓和竖琴。在此基础上，台上还有更多的乐器
加入：两支以上长笛、两支以上单簧管、一支小号和三支长号。

剧情

瓦格纳自己撰写剧本，取材于意大利剧作家卡罗·葛齐
（Carlo Gozzi）的戏剧《蛇蝎美人》（La Donna Serpente）。整部剧本
就像当时人们喜爱的神话与古典主义和浪漫主义歌剧情节的
混合体。人类的国王阿林达尔在狩猎的时候无可救药地爱上
了仙女阿达，需要经过一系列的考验来赢得她的芳心。这些
考验包括八年不许询问她的名字，并发誓永不诅咒她。阿林
达尔没能通过这两项考验并发了疯。阿达也受到了惩罚，变
为一座石像一百年。不过，阿林达尔后来放弃了子女、王位

和尘世，在有魔法的武器和有魔力的七弦琴的帮助下重新赢回了阿达，还得到了神界的青睐，加入了仙女的国度。

音乐

年轻的瓦格纳当时的"音乐标本箱"中有格鲁克的《奥菲欧》、莫扎特的《魔笛》、韦伯《奥伯龙》里面的仙女音乐和魔术号角，还有韦伯的《魔弹射手》的流行惊悚因素。总体效果而言，某些部分灵感迸发，其他部分则是聪明的抄袭。然而，总谱的笨拙与冗长是不可否认的。

录音

关于这部作品有一些二流的录音。唯一值得认真推荐的是第一个录音，即沃尔夫冈·萨瓦利什与巴伐利亚广播交响乐团于 1984 年为 Orfeo 厂牌录制的版本。琳达·埃丝特·格雷（Linda Esther Gray, 1948—　）演唱阿达，约翰·亚历山大（John Alexander, 1923—1990）演唱阿林达尔。

2 《禁恋，或帕勒莫的见习修女》

狂欢节的赞美诗

起源

1834 年对瓦格纳是重要的一年。他当上了贝特曼（巡演）剧团（Bethmannschen Theatergruppe）的音乐总监，并初次作为指挥登台演出了莫扎特的《唐璜》。这一年他遇见了他未来的妻子、女演员明娜·普拉娜（Minna Planer, 1809—1866），并旅行到波西米亚，在那里产生了他下一部歌剧的构想。这是一次在喜歌剧领域上的短途旅行，取材于莎士比亚的喜剧《以眼还眼》，同时也吸收了威廉·海因泽（Wilhelm Heinse, 1746—1803）以意大利为背景的讽刺小说《阿尔丁海洛与幸福岛》（Ardinghello，写于 1787 年）和海因里希·劳伯（Heinrich Laube, 1806—1884）1833 年的浪荡子爱情故事《青年欧洲》（Young Europe）。瓦格纳崇拜劳伯，劳伯后来当上了维也纳国家剧院的导演，也是植根于法国"七月大革命"的思想解放文学运动"年轻的德国"的名义领袖。这场运动蓬勃发展，直到1848年在德国各州掀起了"三月革命"。秉承"年轻的德国"的思想，瓦格纳为他的新歌剧撰写的剧本相当大胆而冒险，尽管如此，它还是令人惊奇地通过了审查。1836年初，瓦格纳完成了《禁恋》的总谱，并于3月29日（在复活节神圣周期间）在马格德堡城市剧院上演。马格德堡城市剧院是贝特曼巡演剧团的冬季场地，《禁恋》首演几乎是一场灾难。当时剧团面临财政危机，亲自指挥歌剧的瓦格纳只有十天时间排练，歌手没有掌握好他们的角色。瓦格纳后来说，舞台上的演出只能叫"音乐皮影戏"，乐队竭尽全力配合歌手令人费解地乱喷出来的歌词，往往都声音过大。只有寥寥无几的歌剧爱好者观看了第二场演出，从此以后这部作品就被剧团从常备剧目中删除了。

角色与乐队编制

配器在一定程度上还是传统的，一支短笛、两只长笛、两支双簧管、两支单簧管和两支巴松管。不过瓦格纳点缀了更多铜管，在四支圆号之外又增加了四支小号、三支长号和一支低音大号。以大鼓为代表的打击乐也丰富多彩，适合狂欢节的主题。瓦格纳用"南方剧院军乐团"来形容第二幕结尾处舞台上的音乐家们，所指的是贝里尼和意大利歌剧，用尽了当时剧院里能够提供的一切乐器，或许是采用三支单簧管（或者最好是六支）、两只小号、四支圆号和一个小军鼓。主要角色有西西里的统治者弗里德里希（男中音），英俊的年轻贵族克劳迪奥（男高音）和他的妹妹、年轻的信徒伊莎贝拉（女高音）。在歌剧文学中，弗里德里希被认为是第一个典型的瓦格纳男中音扮演英雄角色的例子。在第一幕中，他只为自己的抱负所激动，蔑视爱情中平静的幸福。看到这里，谁会不联想到在《莱茵的黄金》开头阿尔贝里希诅咒爱情的一幕？

剧情

这一部两幕喜歌剧发生在 16 世纪的巴勒莫。德国的摄政王弗里德里希发布了禁止爱情的法令，意在限制狂欢节期间对性生活的许可。第一个触犯这个新法律的是年轻贵族克劳迪奥，由于让他的情人朱丽亚怀了孕而被宣判死刑。克劳迪奥的妹妹见习修女伊莎贝拉成功地为她的哥哥求了情，代价是她要献身于摄政王。最终人民从监狱里解放了克劳迪奥，顽固的摄政王弗里德里希被罢免，权力回到了国王手中。禁恋最终成为了爱情的解放，年轻的瓦格纳突然对享乐主义大奏赞歌，但在后来的《唐豪瑟》里他已经不能再如此全心全意地沉溺于此。"把法令全部烧成灰烬／来吧，来吧，全体戴假面的人们！尽情地发出欢呼声！／狂欢节要隆重举行，／狂欢之乐永无止境！"

音乐

在音乐学家马丁·格克（Martin Gecko）看来，《禁恋》首先是一部真正的大杂烩，一部典型的仍然处于找寻自我阶段的早期作品。它让我们想起贝多芬、韦伯、贝里尼，尤其是法国喜歌剧；而在宏大的序曲开始敲起快活的响板时，也显示了作曲家对当时德国僵化地复排陈旧的音乐表示抗议。然而在音乐与和声上，这部作品还是有些独到之处的。在这里瓦格纳第一次采用了"回忆动机"，也就是说，所有的人物和情景都被贴上了标签，从开始直到全剧结束这个标签都在引导人物。尽管年轻的瓦格纳试图让作品成为一个完善的整体，这部早期的歌剧在他自己的眼里和耳朵里都不是成功之作。"一开始我错了，现在我只想赎罪／怎样做才能挽回我年轻时的罪？／我谦卑地把这部作品放在您的脚下／您的怜悯将成为我的救赎。"三十年以后，瓦格纳用这样半是懊悔半是吹嘘的题词，把作品送给了"他的"国王。

录音

想要了解《禁恋》这部歌剧，有两个录音版本可以选择。第一个是 1962 年罗伯特·黑格尔（Robert Heger, 1886—1978）指挥杰出的维也纳广播乐团的版本（Documents 厂牌）。第二个时间较晚，是 1983 年与《仙女》一起的合集，沃尔夫冈·萨瓦利什（Wolfgang Sawallisch, 1923—2013）指挥巴伐利亚国立交响乐团的版本。赫尔曼·普雷（Hermann Prey, 1929—1998）演唱弗里德里希，罗伯特·尚克（Robert Schunk）演唱克劳迪奥，萨宾·哈斯（Sabine Hass）演唱伊莎贝拉（Orfeo 厂牌出品）。这张唱片的出版显然得益于 1983 年是"瓦格纳年"——纪念瓦格纳逝世一百周年。

3 《黎恩济，最后的护民官》

以其人之道打败法式大歌剧

我们对《黎恩济》相对熟悉一些。然而，我们不能指望对这部五幕"大悲剧"有广泛的常识。大多数人只知道它的序曲，而且一般都是从广播或电视节目（在德国它常作为主题音乐）或电影里听来的。正是在这些地方，与音乐无关的联系第一次像磨盘一样挂在现代瓦格纳诠释的脖子上。《黎恩济》和《罗恩格林》一起，被认为是阿道夫·希特勒最喜爱的歌剧，瓦格纳年轻时构思的这部鲜明活泼的作品，直到今天仍旧无法完全摆脱这个标签。阿尔贝特·施佩尔（Albert Speer）在《施潘道秘密日记》（*Spandauer Tagebücher*）中写到，希特勒有一次在林茨观看《黎恩济》演出的时候受到了鼓舞，并且想到"我也会成功地让德意志帝国强大并统一起来"。除此之外，社会主义工人党大会以《黎恩济》的序曲开幕，无可挽回地玷污了这部作品。这一点在历年的作品中有所反应：1988 年大卫·庞特内（David Pountbney, 1947—　）在维也纳、2008 年卡特琳娜·瓦格纳在不来梅、2010 年菲利浦·施托泽（Philipp Stölzl）在柏林执导的现代电影——也就是 1945 年以后的所有作品——都无法逃脱对法西斯主义的暗示，这公平吗？

　　《黎恩济》的总谱总是被删减，这公平吗？瓦格纳第三部完整的歌剧也许在某种意义上还是半成品，让人有些难以消化，作曲家犯了典型的"年轻人的错误"，而且瓦格纳后来也认识到这部作品太吵了。与《仙女》和《禁恋》相比，它更加具有瓦格纳自己的风格。对这部作品做出公正的诠释是一个重要的课题。

起源

　　从马格德堡到柯尼斯堡（Königsberg），从柯尼斯堡到里加（Riga），又从里加全速到伦敦和巴黎，再从巴黎最终到达德累斯顿，当时瓦格纳的生活开始加速，显出后几年混乱的倾向。从来身无分文，总是在逃亡，总是觉得自己怀才不遇，总是带着十七个大箱子一次次地奔向下一列火车、下一个酒店，踏上下一段无家可归的旅程——多么可怕的生活！从 1837 年到 1842 年，伴随他整个旅程的作品就是《黎恩济，最后的护民官》。《黎恩济》取材于英国作家爱德华·鲍沃尔 -

李敦（Edward Bulwer-Lytton, 1803—1873）的同名小说，瓦格纳读到了这部小说的德文译本。

瓦格纳在柯尼斯堡写下了此部歌剧的第一版唱词，在搬去巴黎之前写完了五幕之中的前两幕，在1840年住在巴黎时写完了其他三幕。一开始瓦格纳很明显地想让《黎恩济》在柏林上演，当时意大利人加斯帕罗·斯蓬蒂尼（Gaspare Spontini, 1774—1851）在柏林宫廷歌剧院担任音乐总监——正因如此，瓦格纳的作品中也有很多地方呼应斯蓬蒂尼在1809年成功的歌剧作品《费南德·柯蒂斯》（Fernand Cortez）。然而后来瓦格纳改了主意，转而瞄准了巴黎：斯蓬蒂尼不就是在巴黎获得了他的国际声誉吗？贾科莫·梅耶贝尔不是正是在巴黎对法式大歌剧拥有无可置疑的发言权吗？甚至在歌剧完成之前，瓦格纳已经请人把剧本翻译成法文（为了万无一失，《禁恋》剧本也翻译成了法文）。

然而法国的大都会没有给瓦格纳带来幸运。《禁恋》和《黎恩济》都没有能够在歌剧院上演，尤其是后者令人震惊的规模给瓦格纳的梦想带来很大困难。他想要用以其人之道还治其人之身的方法打败和超越法式大歌剧的想法过于傲慢自大，在巴黎失败了。正在这时，他的祖国拯救了他。1841年夏天，德累斯顿的森帕歌剧院表示愿意排演《黎恩济》。瓦格纳非常高兴，甚至说服了不愿意再搬家的明娜·瓦格纳回到德累斯顿。他在给罗伯特·舒曼的信中写道："一切都预示着巨大的成功，希望上帝能够赐予我成功。十年来我一直渴望着从默默无名中挣脱出来。"

　　1842 年 10 月 20 日，《黎恩济》在德累斯顿进行了首演，
这是瓦格纳第一次令人信服的成功。男主角黎恩济由著名男
高音约瑟夫·迪夏切克（Joseph Tichatschek, 1807—1886）演唱，同
样著名的女高音威尔海米娜·施吕德-黛夫里安特（Wilhelmine
Schröder-Devrient, 1804—1860）扮演女扮男装的阿德里亚诺（Adriano）。
瓦格纳激动得喘不过气来：“整个城市充满了革命的兴奋感，
我相信梅耶贝尔的歌剧《清教徒》在这里的成功完全不能和
《黎恩济》的成功相提并论。"瓦格纳的主要目的就是要超越
梅耶贝尔吗？

　　从第二次演出开始，舞台上的表演就进行了不少删减，
不久以后整部作品被分在两个晚上上演：《伟大的黎恩济》
和《黎恩济的衰落》（这部也有属于自己的序幕）。往后也是
如此，这部庞大的作品注定要面对随心所欲所带来的问题。
《黎恩济》在音乐上确实取得了胜利，它在斯德哥尔摩、鹿
特丹、巴黎、威尼斯、根特、布达佩斯、马德里、纽约、伦
敦和圣彼得堡都取得了成功。然而直到五十年后的 1899 年，
才由理查德·施特劳斯指挥在魏玛再度上演。在瓦格纳死后，
科西玛试图让这部作品更多地作为音乐戏剧来展现，但弱化
人物的美声唱法似乎没有使作品更受欢迎，反而让人们接受
起来更加困难。由于总谱手稿自 1945 年就不知所踪，给这
部作品做出重要的修订或其他调整一直以来都困难重重（即
便是早期的印刷版本也已经大幅删减）。1976 年，当英国广

播公司提议重新制作瓦格纳年轻时代的三部歌剧时，不得不在《黎恩济》硕果仅存的手稿中对一千多小节重新进行了配器。

角色与乐队编制

总领全场难度极大的主角——演唱时间极长和技巧要求极高——包括罗马教皇公证人柯拉·黎恩济（男高音），他的妹妹伊蕾娜（女高音），柯隆纳家族领袖斯特凡诺·柯隆纳（男低音）和他的儿子阿德利亚诺（次女高音）。乐队编制有四支圆号、四支小号和三支长号，乐池里的管弦乐队相当庞大，包括打击乐器组（大鼓、小鼓、军鼓、大镲、三角铁、铜锣）及蛇形管（一种木管低音乐器，形如蛇），还有奥菲克莱德号，它是现在流行的大号的前身，曾出现在赫克托·柏辽兹《幻想交响曲》的编制里。舞台上需要一支小号、一架管风琴、手摇铃和额外的十二支小号、六支长号、四支奥菲克莱德号、十个小鼓以及四个军鼓来演奏雄浑壮阔的第三幕。

剧情

歌剧描绘了 14 世纪罗马连续五天中发生的事情。罗马教皇护民官黎恩济成功带领罗马人民反抗欧西尼和科隆纳两大贵族家庭的统治并颁布宪法。随后贵族们企图以暗杀护民官的方式为自己复仇，计划失败后却得到了宽恕。保罗·欧西尼和斯特凡诺·柯隆纳阵亡了，黎恩济赢得了胜利，但他却要面临来自阿德利亚诺·柯隆纳的更多麻烦和威胁。阿德利亚诺正在追求黎恩济的妹妹，并想为他死去的父亲报仇。在教会的帮助下，阿德利亚诺暗中策划向黎恩济和人民复仇。最终皇宫被烧毁，黎恩济和伊蕾娜昂首阔步地走向火焰，绝望中的阿德利亚诺也随他们一同被火海吞没。

这个简短的总结让瓦格纳的《黎恩济》听起来好像是临时拼凑的菜谱：采用一个历史题材，以个人命运与大众运动形成对比，给大段的芭蕾舞留出空间，混合政治和私人的主题——完美的大歌剧就造成了。就像我曾经说过的，这一次瓦格纳只是在规模上超越了以往。第二幕中罗马贞妇们的芭蕾舞默剧和幕终的静止场面往往占了半幕的时间，大大考验着观众的耐心。

音乐

汉斯·冯·彪罗曾经讥讽说《黎恩济》是"梅耶贝尔最好的歌剧"。一百多年以后美国音乐学家查尔斯·罗森（Charles Rosen, 1927—2012）反驳这条言论，说《黎恩济》是"梅耶贝尔最差的歌剧"。也许他们都是对的。那些将斯蓬蒂尼、奥贝尔（Auber）和贝利尼等意大利流行歌剧作曲家作为优秀标准的人可能也是对的。第一位为瓦格纳作传的作家卡尔·弗里德里希·格拉瑟纳普（Carl Friedrich Glasenapp）记录了瓦格纳自己宣称的创作意图："我的艺术抱负不是模仿法式大歌剧……而是超越它，全情打造豪华绚烂的气势，以达到前所未有的表现力。"

瓦格纳的这个远大抱负最终也许高于他的音乐和戏剧技巧。从舞台剧、芭蕾舞、表演剧、默剧，到血气方刚的咏叹调和热情满溢的乐团合奏，其配乐都是慷慨激昂的，仿佛年轻的瓦格纳要借助魔王来驱赶小鬼。

但我觉得，尽管这部歌剧过分冗长，他在作品中强化个人风格的方式是相当迷人的。他继续着在《禁恋》中开始的工作，音乐动机唤起人们的记忆，以大张旗鼓的简单音符开启序曲，再返回渗透到整个作品中作为警告（这几乎会让人觉得贝多芬的歌剧《费德里奥》里的小号声就是以这为范例的）。非常强大的铜管带来的音响特色、另辟蹊径的配器、节奏的变化，所有这些都是崭露头角的浪漫主义作曲家瓦格纳的典型手法。但最重要的是，这些内容表明瓦格纳找到了自己的主题：在歌剧中描绘爱与权力的不可调和，孤独的英雄，世界的毁灭。可以这样说，柯拉·黎恩济是漂泊的荷兰人、罗恩格林甚至齐格弗里德最早的兄弟。

总谱中唯一的真正宝藏就是它的序曲：一个有着不可抗拒的魅力、生气勃勃的、名副其实的"无穷动"贯穿了整部歌剧的所有音乐。只有十分钟，却处处爆发出想要积极通过

歌声传递的意志。黎恩济易感的英雄动机由上行的六连音、
点缀着节奏的下行华彩、再次回归的上升运动和反复的七和
弦组成，是整个序曲的主题。最初是由弦乐弱奏出，随后由
整个乐团强力奏出。这是天才般的旋律。年轻的瓦格纳在作
品中巧妙地运用了它，不断改变配器，造成动态上升的舞台
效果，运用持续的渐强音和渐弱音——这些都暗示着整个世
界犹如天象仪上群星围绕着太阳一般围绕着这个主题。

录音

　　序曲被一次又一次录制，而整部歌剧的录音却寥寥无
几。我想说的第一个版本是 1964 年米兰斯卡拉大剧院"新音
乐"的老牌大师赫尔曼·舍尔兴（Hermann Scherchen）指挥的版
本。有趣的是整部作品作为令人愉悦的意大利民族统一主义
的表达，并没有过多表现出枯燥的分析。由玛丽亚·卡拉斯
长期的艺术伙伴及美声唱法名家朱塞佩·德·斯特凡诺（Giuseppe
di Stefano, 1921—2008）演唱黎恩济一角，莱娜·卡芭凡斯卡（Raina
Kabaivanska, 1934— ）饰演伊蕾娜。唱片由 Connaisseur 厂牌出版。
十年后的 1975 年，海因里希·霍尔莱瑟指挥德累斯顿国家管
弦乐团、莱比锡广播电台合唱团和德累斯顿森帕歌剧院合唱
团的唱片是我最喜欢的了。霍尔莱瑟将光芒撒进了音乐中许
多黑暗的地方，指挥得光彩夺目。嗓音清脆嘹亮的勒内·克
洛演唱男主角，西夫·温尼伯（Siv Wenneberg）演唱伊蕾娜，特

奥·亚当（Theo Adam, 1926— ）演唱恶棍保罗·奥尔西尼，雅尼·马丁（Janis Martin, 1939—2014）演唱满怀激情却饱受自我谴责折磨的阿德里亚诺（EMI 唱片）。在我看来这张唱片可以打满分。尽管如此，沃尔夫冈·萨瓦利什显然也是谈到瓦格纳早期歌剧作品时不可避免的选择。1983 年，为纪念瓦格纳百年华诞，萨瓦利什在慕尼黑录制的版本也对《黎恩济》做出了很好的诠释（但是比霍尔莱瑟的版本要响得多）。克洛再次演唱了黎恩济的角色，年轻的谢丽尔·斯图特（Cheryl Studer, 1955— ）饰演伊蕾娜，略显苍白的伊安·亨德里克·卢特林（Jan-Hendrik Rootering, 1950— ）饰演柯隆纳，阿德利亚诺按照常规作为男性出现，由男中音歌唱家约翰·詹森（John Janssen）演唱（Orfeo 厂牌）。

我自己也在音乐厅指挥过几次《黎恩济》的序曲，并指挥维也纳爱乐乐团出过一版录音（DG 厂牌）。2013 年，我在拜罗伊特第一次指挥了全剧，尽管不是在节日剧院（在节日剧院也不符合瓦格纳的意图——由于乐池加了顶盖，很可能效果不佳）。演出安排在拜罗伊特的上弗兰肯大厅，由马蒂亚斯·冯·斯特曼（Matthias von Stegmann, 1968— ）担任导演，我很认可的美国男高音罗伯特·迪恩·史密斯（Robert Dean Smith, 1956— ）唱主角，莱比锡布商大厦管弦乐团演奏。整个项目是在瓦格纳二百周年诞辰之际与莱比锡歌剧院共同制作的，旨在强调他的出生地和他的工作地之间的密切关系。《仙女》和《禁恋》也在节庆计划内。我采用了一个深思熟虑的删减版作为我的《黎恩济》的基础。这样既可以使整部歌剧缩减到一个可接受的长度，又能使这部丰富多彩且充满年轻活力的作品展现其效果。总之，这版《黎恩济》并没有回避它是从意大利和法国汲取的灵感，同时也关注着德国娱乐歌剧和瓦格纳自身的工作进程。

4 《漂泊的荷兰人》，或意志的诅咒

平淡，浅陋，阴郁？

接近理查德·瓦格纳最好的方式是什么？也许是先听几首《禁恋》和《黎恩济》或者《浮士德》序曲中的两三段选段——然后再来欣赏他的《漂泊的荷兰人》。这部真正伟大的音乐剧是突然取得成功的。它部分是分段歌剧，部分是整体写作的歌剧，两个半小时的演出时间相当短。尽管如此，观众也逐渐接受了他的风格：一部狂风暴雨式的、紧绷的、黑暗的音乐作品。狂风从头到尾贯穿其中。在序曲中所有乐器就发出最高的声音，几近歇斯底里，音乐咆哮着横扫一切，剧中的人物也都紧张得近乎崩溃——那艘永不停靠的幽灵之船上的荷兰人，处于幻想中的森塔，贪婪的挪威船长达兰德，整个情形都超出了男高音埃里克的理解范围。幽灵在船上唱歌，少女爱上了油画中的人，自然也发生错乱，而这一切都终止

于一个伟大的礼赞。

在《漂泊的荷兰人》中，瓦格纳已经开始回头借鉴德国娱乐歌剧体裁，因为这是源头。这部歌剧植根于海因里希·马施纳（Heinrich Marschner, 1795—1861）、卡尔·马利亚·冯·韦伯和阿尔伯特·洛尔青（Albert Lortzing, 1801—1851）的作品。我要一再强调，如果不了解洛尔青的《沙皇与木匠》（*Zar und Zimmermann*）我们就不能真正透彻地理解《纽伦堡的名歌手》。瓦格纳用更加开放的形式、快速的对白、松散的管弦乐谱营造出朦胧、空洞的效果，他一直都在使用这种手法，即使是在《尼伯龙根的指环》中也是如此。这一切都来源于娱乐歌剧以及比它更加重要的关联体裁：德国浪漫主义歌剧。

在《漂泊的荷兰人》中，瓦格纳没有完全沿袭传统，而是选择了一个新的方向，尽管他还不知道究竟要驶向何方。这就是作曲家当时内心的工作，也使瓦格纳写作这部"浪漫歌剧"（瓦格纳本人这样称呼它）成为一个令人兴奋的经历。

起源

瓦格纳于 1841 年 5 月完成了《漂泊的荷兰人》剧本的手稿，前后仅用了十天，接下来从同年 7 月到 11 月，仅六个月就完成了配乐草稿。与创作《黎恩济》时有所不同，这次瓦格纳没有试图改良梅耶贝尔；也不同于《黎恩济》，此番瓦格纳以一个真正的德国艺术家形象示人。这个想法并不是突然冒出来的。1841 年夏天，韦伯的《魔弹射手》在巴黎首次亮相，瓦格纳满怀热情地宣传这部是自己最喜欢的作品。让法国人醉心于"呼吸我们森林中清新、芳香的空气"，他在莫里斯·施勒辛格（Maurice Schlesinger）的《音乐会公报》（*Gazette musicale*）中不无迫切地写到（同时又预言这一尝试也许毫无用处）。瓦格纳这句话背后另有深意：既然韦伯的《魔弹射手》在法国大受欢迎，他想法国人也会接受自己的"浪漫歌剧"。另一个原因则是剧中的一个情节来自于一个名叫《赫勒·冯·施纳比莱夫斯基的回忆录》（*The Memoirs of Herr von Schnabelewopski*）的故事，作者是备受欢迎的流亡德国作家海因里希·海涅（Heinrich Heine, 1797—1856），他当时选择住在巴黎。

此外，瓦格纳的自身经历也丰富了剧情，1839 年，理查德和他的妻子明娜·瓦格纳在乘坐西蒂斯号（Thetis）从柯尼斯堡（Königsberg）到伦敦的戏剧般逃亡中，遇到了海上风暴。风暴肆虐长达七天之久，船上所有人都在为自己的性命担忧（就连瓦格纳最爱的纽芬兰犬罗伯也不例外）。然而这位作曲家却在接下来约三周的航行时间里，通过观察船员们的动作编织成了一个故事——为《漂泊的荷兰人》积累了素材。

但是，《魔弹射手》在巴黎彻底失败了，也没人想要《漂泊的荷兰人》。但这并没有阻止这位德国作曲家，恰恰相反。实际上《漂泊的荷兰人》并不是一部委约作品，因此瓦格纳并不需要太在意它演出的现实环境，这还促使他完成了配乐。出于经济上的需要，他的确把歌剧手稿卖给了巴黎歌剧院（皮埃尔·路易斯·狄奇 [Pierre Louis Dietsch, 1808—1865] 以《荷兰人》为基础的《幽灵之船》[Le Vaisseau fantôme] 成了该季又一部失败的作品），但他一直寄希望于柏林。在写整部歌剧之前，瓦格纳最先写了三段作为广告：森塔的情歌，水手合唱"在狂风暴雨中"和全体荷兰船员的合唱"呦吼嗬！呦吼嗬！吼！吼！吼！"这三段都相当受欢迎。所以当时正住在德累斯顿的瓦格纳把完整总谱送到了柏林宫廷歌剧院。

　　当柏林歌剧院出乎意料地遇到困难时，德累斯顿再次来救场。1843 年 1 月 2 日，《漂泊的荷兰人》在德累斯顿进行了首场演出，由作曲家本人亲自担任指挥，但观众却并不买账。这部瓦格纳后来自己描述成"平淡、浅陋而阴郁"的作品真的出自两个月前以《黎恩济》带给观众绝对震撼的作者之手吗？评论家也不怎么热情，仅仅四场演出过后这部歌剧就被移出了常备剧目。但早期的失败并没有影响到它后来的成功（在里加、卡塞尔、柏林、苏黎世、布拉格、维也纳、慕尼黑和鹿特丹等）。很快瓦格纳开始着手于乐曲的润色，一般来说是考虑配器的调整，但直到 1860 年，两个主要的修订版本才完成。尽管他认为他的第四部歌剧是他最早一部适合拜罗伊特的歌剧，但很久以后节日剧院才将它搬上舞台——直到 1901 年，几乎是这位大师死后二十年，《漂泊的荷兰人》才得以上演。这部三幕歌剧由齐格弗里德·瓦格纳导演，菲利克斯·莫特尔指挥，并首次三幕连续演出一气呵成，没有幕间休息。

角色与乐队编制

领衔主演（男低音）和戏份很少的舵手（男高音）是没有名字的，而剩下的角色也仅有姓氏。森塔（女高音）是船长达朗德（男低音）的女儿，她的追求者是埃里克（男高音），她的奶妈是玛丽（女低音）。合唱队代表水手们、女孩们和荷兰船长的船员。瓦格纳给乐队指定了两支扁键圆号和两支自然圆号，此外还有两支小号、三支长号、一支奥菲克莱德号、一套定音鼓、一架竖琴和弦乐。第一幕的舞台音乐需要六支圆号、一个铜锣和一架风机。这无疑是瓦格纳大炮般十部歌剧中最小的乐队阵容，却发出最大的声响，这一直让我感到惊讶。瓦格纳显然给了观众他们想要的，无疑是对他早年经历的回归。

剧情

故事发生在 17 世纪中叶的挪威海岸，在瓦格纳所有的歌剧中剧情无疑是最扣人心弦和激动人心的。

第一幕：达朗德的船在海上遭遇突然袭来的暴雨后驶入一个海湾，荷兰船长也在这里迅速安定下来。这个忧郁的人注定要在海上漂泊并且每隔七年才能登陆一次——他唱到"时间到了"——只有一个忠心爱他的女子才能打破他身上的诅咒。愚蠢的达朗德见到荷兰船长的财富和珠宝，便欣然答应为荷兰船长和他女儿森塔的姻缘牵线。

第二幕：当地女孩一边纺纱织布一边等待着自己的爱人从海上归来。只有森塔心不在焉。她望着荷兰船长的画像出神，并热忱地沉浸在解救荷兰船长的幻想中——"如果你能遇见海上的那首艘船。"此时痴情于她的埃里克正在饱受噩梦的折磨。突然，荷兰船长本人出现在森塔面前——多么戏剧性的一幕！这个受诅咒的人认定这位年轻的姑娘是自己的救星，她也发誓要对他至死不渝，达朗德同意了他们的婚约。

第三幕：水手们庆祝他们平安返航——"舵手，离开你的岗位！"但只有阴沉的回声从荷兰人的船中传出，接着海上风浪大作。埃里克责怪森塔，提醒她曾许下相爱的诺言。荷兰人无意间听到了他们的谈话后，迅速返回船上，在离去之前告诉了森塔他受到诅咒的故事。而森塔对他不离不弃，为了证明自己的忠贞与爱意，她攀上岸边一块高耸的礁岩，纵身跳下海中。剧终有两种不同的结局：第一种是荷兰人的船永远地淹没在波涛中——他和他的船员终于以死亡的方式得到了解脱。第二种是荷兰人和森塔重新在远方的海平面上出现，继而又消失，正如剧本中说的那样"化为了永恒"。

这一切想要表达什么？也许《漂泊的荷兰人》没有像姊妹篇或是瓦格纳晚期作品那样具有大量的神话传说和哲学思想。我从这部乐剧中没有发现太多把传说变成现实的内容。在我看来，这部作品传递的信息清晰而简单：在你的生命中如果特别想要得到某样东西，那你永远也得不到它；如果你太想得到某样东西，只会伤害自己。荷兰人经过七年的漂泊和孤注一掷才能登陆一次——他有什么可失去的？然而，他期望一个不完全属于他的女孩献出全部。事情的起因在于他尝试绕过好望角，失败后说了亵渎上帝的话。显然他为此受到了惩罚，他注定要在海上漂泊，直至世界末日。他被命运驱使永不宁静的本性一定引起了瓦格纳的共鸣。当时瓦格纳的职业生涯在马格德堡和里加以失败告终，在德累斯顿也即将遇到麻烦。究其原因，在于想要的太多，在于他受到极大的野心驱使。我不能确定，但他若真如大家说的那样认同荷兰船长这一角色，那么他应该从这个故事中学到点什么。他应该对自己说：我不想以那种方式结束自己的一生，我必须过得小心些。如果这样我们还会看到《漂泊的荷兰人》《特里斯坦与伊索尔德》和《尼伯龙根的指环》吗？也许就不会了。歌德在《浮士德》中曾说："人生苦短，艺术长青。"现实中的瓦格纳不像艺术中的瓦格纳那样睿智。

音乐

没有哪部作品像《漂泊的荷兰人》一样，是瓦格纳的集大成者，它结合了全部作品的过去与未来，它们的起源以及乌托邦理想。他一只手抓住了早期作品松散的主线，另一只手则牵起了未来的音乐戏剧，二者犹如一对不相配的夫妻。森塔和荷兰人身上有着《仙女》中阿达和阿林达尔的影子，

同时埃尔莎和罗恩格林也与其一脉相承——甚至特里斯坦和
伊索德的痴爱亦是如此。瓦格纳的作品主题是如此强烈：两
个平行的世界，如童话中那样无法交融（正如我们在《仙女》
《罗恩格林》《特里斯坦》里那看到的那样）：女人牺牲自己（阿
达，伊丽莎白）；男人是孤独的英雄和外来的救世主（阿林
达尔和罗恩格林）；死亡和爱情皆可使人得到救赎；女主角
则是"未来的女人"（伊索尔德和布伦希尔德）。1860 年，瓦
格纳回来创作《漂泊的荷兰人》时恰好完成《特里斯坦与伊
索尔德》的创作。因此，他将自己的早期音乐进行再创作以
求达到永恒的效果（见歌剧的第二种结局）也不足为奇。他
能够在不改变浪漫主义歌剧形式的基础上达到这种效果，也
表明了《漂泊的荷兰人》的潜力。

　　瓦格纳本人自然意识到了这一点。"我独辟蹊径，走出
了一条新的路。"他后来写到，仿佛说的不是自己而是其他
选择"改革当前公共艺术"的人。在这个过程中，他颠覆性
的思想不仅反对一切法国的东西，也反对德国轻歌剧的创作
传统。瓦格纳在《漂泊的荷兰人》中与前两者展开了一场美
学之战。显然他做得有些过头了。总谱共有八个组成部分，
每个部分都有序曲、宣叙调、咏叹调、民歌、合唱、二重唱等。
而瓦格纳本人宣称的却正相反。他说自己必须放弃"当前将
音乐切割成咏叹调、二重奏、终曲等的方法"，转向连续不
分段的创作，才能连贯地讲述荷兰人的传奇故事。

　　也许这时瓦格纳想成为这个想法的缔造者。毋庸置疑，

他的确试图在《漂泊的荷兰人》中打破独立分曲的束缚。比如把第二幕中荷兰人和森塔的二重唱"来自久远的时光深处"——扩大成一种将宣叙调和咏叹调结合起来的宏大形式。两次乐团的间奏曲（歌剧因此得以连续演出而无幕间休息）也是类似的方式。但与此同时，瓦格纳仿佛不想让伤口愈合，以往的音乐形式不断地浮现。例如第三幕中埃里克的抒情短歌"你会将过去永远忘记吗？"不恰当地阻碍了戏剧情节的发展，仿佛有人突兀地开了一扇窗，一扇带有意大利作曲家罗西尼风格的美声唱法之窗。这无疑与接下来的终曲形成了鲜明的反差。而纺纱合唱或达朗德的"我的孩子，欢迎这位陌生人来到我们家"的两个唱段，几乎是在宣传舒适平缓的小资市民娱乐歌剧传统。但是，瓦格纳用达朗德洪亮的咏叹调打断了森塔和荷兰船长初次见面后音乐的巨大张力，所产生的效果令人震惊。最有趣的是，这种风格相互重叠并彼此渗透，第三幕的开篇是最有说服力的例子：荷兰人的船员们幽灵般的合唱压倒水手们传统的合唱，或者说，打破了传统的水手合唱。

1860 年，瓦格纳在巴黎准备《漂泊的荷兰人》音乐会演出时，不仅改变了终曲的形式，还扩大了序曲的规模，使之有了一个积极的结尾。现在演出中经常上演的都是这个版本，尤其是这个版本还包括了一些配器上的改进与完善。然而，我不想让这两个版本一决高下。原先的版本无疑是非常有趣的，因为它使我们能够清晰地洞察瓦格纳的音乐工作。原先的版本更加粗犷、嘹亮，带有更多铜管的成分。这样看来，第二版并不一定比第一版更好，只是有些不同，有着更流畅的轮廓，更重要的是实际操作性有所增强。我们不该忘记1860 年瓦格纳已经亲自在不同的地方指挥了好几次《漂泊的荷兰人》，因此可以借助他自己实际的听觉经验，他知道了哪里不太平衡，哪里歌手的负担过重，并据此做出适当的调整。

录音

　　奇怪的是，《漂泊的荷兰人》序曲尽管效果相当强烈，却不像其他的序曲经常单独演出（如《黎恩济》和《唐豪瑟》），几乎从来没有在音乐会上被演奏过。荷兰人的恶魔主题、森塔的救赎主题（由小号、英国管，以及其他木管乐器表现）、波涛汹涌的大海发出的声响——很难再创造出比这更为生动的气氛了。序曲单独的录音很少。相比之下，歌剧的录音版本数量非常之大。我个人最喜爱的版本大概就是汉斯·克纳佩茨布施指挥的：录制于 1955 年拜罗伊特音乐节，由赫尔曼·伍德（Hermann Uhde, 1914—1965）饰演高贵的荷兰人，阿斯特丽德·瓦奈演绎充满活力的森塔，沃尔夫冈·温德加森则饰演埃里克（Orfeo 厂牌）。这位老指挥从这座带顶盖的"神秘深渊"里创造出了一部极为精彩的作品，其情感上的深度与心里的内部张力，铜管乐器朴素而温和的声音，描写出每一个波涛的有力弦乐和适合于教堂声场的速度，非常引人注目。当前市面上可以买到不少拜罗伊特版本的唱片，例如1942年指挥家理查德·克劳斯指挥录制的版本：玛利亚·穆勒（Maria Müller, 1898—1958）饰演森塔，弗朗茨·沃克（Franz Völker, 1899—1965）饰演埃里克（Preiser 厂牌）。当然还有1961年，年轻的沃尔夫冈·萨瓦利什指挥的录音（Philips 厂牌）。此版录音不仅因安加·西尔加（Anja Silja, 1940— ）的森塔和约瑟夫·格莱因德尔（Josef Greindl, 1912—1993）坚不可摧的达兰德而被推荐，更有趣的是因为它整合了1841年及1860年的版本，序曲的结束部分非常硬朗并且没有管弦乐间奏。1936年9月19日布宜诺斯艾利斯科隆歌剧院录制的版本也颇受赞誉：弗里茨·布施在这座著名的剧院里指挥这部作品，他对工作十分投入，并给整部歌剧带来些许表现主义色彩，由亚历山大·基普尼斯（Alexander Kipnis, 1891—1978）饰演达兰德（Pearl 厂牌）。相比之下，1944年3月克莱门斯·克劳斯（Clemens Krauss, 1893—1954）指挥录制的版本则更为严谨——由巴伐利亚国家歌剧院管弦乐团演奏，汉斯·霍特（Hans Hotter, 1909—2003）饰演荷兰人，著名歌剧演员维奥丽卡·乌尔苏莱亚克（Viorica Ursuleac, 1894—1985）饰演森塔——于慕尼黑瓦格纳小歌剧院（摄政王剧院）录制（Preiser 厂牌）。

1961年，弗朗兹·康维茨尼（Franz Konwitschny, 1901—1962）可以随意穿越东西德寻找优秀的演员来录音：戈特利布·弗里克（Gottlob Frick, 1906—1994）饰演达兰德，鲁道夫·斯托克（Rudolf Schock, 1915—1986）饰演埃里克，弗里茨·翁德里希

（Fritz Wunderlich，1930—1966）饰演舵手，柏林国家管弦乐团录制（Berlin Classics 厂牌）。只是迪特里希·菲舍尔—迪斯考（Dietrich Fischer-Dieskau，1925—2012）饰演的荷兰人有些缺乏戏剧性。其他值得一听的版本包括：1960 年安塔尔·多拉蒂（Antal Dorati，1906—1988）在伦敦录音棚录制的版本，由伟大的乔治·伦敦（George London，1920—1985）饰演荷兰人（Decca 厂牌）；奥托·克伦佩勒 1968 年指挥新爱乐乐团的版本，由安加·西尔加再次饰演森塔，天赋异禀的马尔提·塔尔维拉（Martti Talvela，1935—1989）饰演达兰德。如果有人想重温 1841 年原始版本可以去听布鲁诺·维尔（Bruno Weil，1949—　）和卡佩拉·克隆尼斯乐团（Cappella Coloniensis）的版本（2005 年，DHM 厂牌）。

　　原始版本在拜罗伊特无法正常演出：节日剧院的建筑声场结构为小体量音响而打造，这无疑解释了为什么瓦格纳直到离世之前都在试图仔细修改《漂泊的荷兰人》的原始版本。毫无疑问，他希望将这部歌剧搬上拜罗伊特的舞台——但是要以不同的形式。我想我们或许也应当感到万幸，新的版本没有面世。无论如何，要想使《漂泊的荷兰人》在拜罗伊特成功演出绝非易事，这意味着要抑制住声音，使之不那么激烈、尖锐、吵闹。我想唯一为之努力且最终接近成功的非1860 年版本莫属了。

5 《唐豪瑟与瓦特堡的歌唱比赛》

艺术的中庸之道与瓦格纳的挫败

综览瓦格纳早期的作品，我认为《唐豪瑟》是在音乐上最为简单易懂，在情感上最符合逻辑的一部歌剧。然而在情节上，它的结构显得相对乖张，既展示神话世界，又描述德国浪漫主义时期吟游歌者的传奇故事，甚至还透露出瓦格纳对未来的某些想法，看似十分矛盾。通过伊丽莎白的献身，英雄唐豪瑟最终被救赎，得以正名——但是结局终究还是死亡。为什么？为什么瓦格纳写了这样的结局？瓦格纳为什么把结尾处理得如此神圣，写了那样的清唱剧和潮涌般的大合唱？他想要写出登峰造极的音乐中的音乐，结局中的结局吗？他不是早已弃之不顾了吗？据说在创作《帕西法尔》时，瓦格纳曾宣称在创造了隐形管弦乐队之后（拜罗伊特乐池，观众无法看见乐手）还想要创造"隐形歌剧"。我常常想象导演们咬紧牙关试图把《唐豪瑟》的结尾搬上舞台时的样子。也许这样的结局就不应搬上舞台，也许我们应该让它一直隐身下去。我还想说，瓦格纳创作《唐豪瑟》时只有三十二岁，我们不应该期待这部杰作如同歌德晚期作品那样看起来毫无瑕疵。

起源

1843 年 2 月，瓦格纳被任命为萨克森王国宫廷乐队指挥，主要是得益于《黎恩济》的成功。瓦格纳与卡尔·莱西格（Carl Reissiger，1798—1859）共同担任此职务。双重任命是一个非常好的决策：当莱西格致力于乐队日常管理时，瓦格纳则紧紧盯着旁边的门德尔松（邻近的莱比锡城布商大厦管弦乐团的指挥）的最新动向。很快他开始在德累斯顿"重新构建音乐生活"，在柏辽兹、莫扎特、贝多芬，以及其当代音乐家之外，瓦格纳还在音乐会上演出巴赫和帕莱斯特里那（Palestrina，1525—1594）的作品。瓦格纳、门德尔松与柏辽兹三人一起被后世公认为音乐史上最先出现的明星指挥家。

瓦格纳的第二部浪漫派歌剧《唐豪瑟与瓦特堡歌唱比赛》使他在德累斯顿任职期间名利双收，但也千头万绪。创作《唐豪瑟》的想法萌生于巴黎，瓦格纳在从巴黎去往德累斯顿的路上第一次看到瓦特堡时曾有过这样的一番自述："我突然看到了对面依稀可见的山岭，山脊一直延伸向霍赛尔伯格（Hörselberg），在我下到山谷时，便在脑海中构建了第三幕的情节。"

关于剧情的来源众说纷纭。一般的说法倾向于瓦格纳是将两部分历史主题相结合：唐豪瑟在维纳斯堡的传说与图林根地区赫尔曼一世时期瓦特堡歌唱比赛的传奇故事。瓦格纳开始研究中世纪德国时期歌咏比赛有关的知识，从两部分历史的浪漫主义版本——如蒂克（Tieck，1775—1853）、冯·亚宁（von Arnim，1785—1859）和布伦塔诺（Brentano，1778—1842）、格林兄弟、霍夫曼（E.T.A. Hoffmann，1776—1822）和富凯（de la Motte Fouqué，1777—1843）——一直到同代人海涅和某位不出名的 C.T.L. 卢卡斯（C.T.L. Lucas，1796—1854）。在音乐会和指挥之外还研究这些，工作量实在是大得惊人。我一直觉得这个主题里有两个互相对立的世界，包括这部新作的实际内容以及瓦特堡与维纳斯堡的对比，都令人兴奋地反映出了当时的瓦格纳对德国"狂飙精神"和"狂飙突进运动"举棋不定的态度。

年轻的瓦格纳以新思路创作《唐豪瑟》的速度相对缓慢，当然，这也受制于瓦格纳在德累斯顿任职时期所承受的繁重工作。唱词部分在 1843 年 4 月完成，但是直到两年后，瓦格纳才完成了维纳斯堡部分的乐谱，歌剧也才被命名为《唐豪瑟与瓦特堡的歌唱比赛》。宫廷歌剧院于 1845 年 9 月开始彩排，才发现这部剧排演起来出乎意料得复杂。约瑟夫·迪夏切克之前出演《黎恩济》大放异彩，却在演唱唐豪瑟时困难重重；第二幕中所要用到布景瓦特堡吟游诗人大厅也没

有及时准备好。在 1845 年 10 月 19 号的首演上，观众对第
一、第二幕报以掌声，却理解不了单调乏味的第三幕。八场
演出过后制作就被封存了。瓦格纳把这些当作需要对《唐豪
瑟》进行一系列修改的信号，包括一些重大的改动。第一个
修改版本于 1847 年德累斯顿进行了复排，第二个修改版本
于 1861 年的巴黎首演。然而与此同时，《唐豪瑟》却获得了
接二连三的成功，它们分别是弗朗兹·李斯特 1849 年在魏玛
的演出，路易斯·施波尔（Louis Spohr）1853 年在卡塞尔的演
出与 1855 年在慕尼黑的演出——这个堪称"范本"式的制
作由瓦格纳亲自远程指导。《唐豪瑟》分别于 1856 年在柏林、
1857 年在维也纳上演，1859 年纽约也上演了《唐豪瑟》，是
第一部美国制作的瓦格纳歌剧。

角色与乐队编制

　　歌剧中主角唐豪瑟（男高音）被公认为瓦格纳所有作品
中最难演唱的男高音部分。为唐豪瑟配戏的主要配角有：图
林根庄园主赫尔曼伯爵（男低音）和两名女性角色：伊莎贝
拉（女高音），庄园主赫尔曼伯爵的侄女；维纳斯（女中音），
炽热的眼里充满着诱惑的女神。其余的歌手以沃夫兰·冯·埃
申巴赫（抒情男中音）为首。合唱团和芭蕾舞团饰演伯爵的
朝臣，同时也在充满欲望的维纳斯堡里饰演海妖、水仙女、
仙女和酒神，还充当从罗马回来的朝圣者，巴黎版本中还有

美惠三女神、年轻人，阿莫雷蒂，莎缇尔和牧神。管弦乐队
部分编制庞大且十分浪漫派。在乐池中木管乐组配置强大：
三支长笛、两支双簧管、两支单簧管、一支低音单簧管以及
两个巴松管。大量的铜管乐器：两支扁键圆号、两支活塞圆
号、三支小号、三支长号、一支低音大号。强大的打击乐组：
定音鼓、大鼓、钹、三角铁、手鼓，再加上竖琴和弦乐。舞
台上有一支英国管、四支双簧管、六支单簧管、四支巴松管、
十二（！）支圆号、十二支小号、四支长号、一个大鼓以及钹、
铃鼓，在巴黎版中还配有竖琴和响板。相对于总谱比较安静
的音量，乐团的编制显得非常庞大。

剧情

　　歌剧背景设定在 13 世纪初德国图林根州的瓦尔特堡及
其周围。

　　第一幕：在维纳斯堡，唐豪瑟躺在维纳斯的臂弯里唱到
"我应赞美你！赞美如你这样无与伦比的奇迹！"然而他也
渴望回到人类的世界。当爱神维纳斯百般阻拦其离去时，他
高声地呼唤圣母马利亚：我的幸福！我的幸福安放在圣母马
利亚那里，瞬时维纳斯堡沉入地下，唐豪瑟发现自己已回到
原来生活的瓦尔特堡。正在这时，图林根庄园主赫尔曼伯爵
与几位游吟诗人打猎归来，沃夫兰·艾申巴赫认出了老友唐
豪瑟并告诉他自己的妹妹伊丽莎白一直爱着他。于是唐豪瑟

跟随众人向瓦特堡进发："奔向她，奔向她，把我带回到她的身边！"

第二幕：伯爵的侄女伊丽莎白期盼唐豪瑟到来时，唱出著名咏叹调"你，圣洁的大厅，我再次到来向你致意"。二人见面后互诉衷肠。为了纪念这一天，赫尔曼伯爵摆开筵席并让在座的歌手和诗人们以赞美"爱情的力量"为提进行歌唱比赛。在歌唱比赛中发生了一系列激烈的争执，最后唐豪瑟竟然鬼使神差地赞美肉欲的欢乐："为你，爱的女神，愿我的歌声响起！"众骑士大怒，此刻，伊丽莎白扑到自己的爱人身边保护他，唐豪瑟最终被愤怒的公众发配前往罗马朝圣赎罪。

第三幕：唐豪瑟没有和其他朝圣者一起从罗马回来，伊丽莎白绝望而死。沃夫兰目送伊丽莎白离去后，仰望着满天的繁星，唱出了著名的咏叹调"晚星之歌"。就在此时，狼狈不堪的唐豪瑟出现了，他向沃夫兰讲述了自己朝圣之路上所受的磨难（"罗马的故事"）。教皇拒绝赦免他的罪行，在这百般痛苦中，唐豪瑟再一次呼唤了维纳斯。但伊丽莎白葬礼的进行扰乱了维纳斯的现身。唐豪瑟死在了伊丽莎白灵柩前，然而朝圣的信徒们带来的圣彼得的拐杖发出了绿色的嫩芽作为赦免和救赎的象征，唐豪瑟最终还是得到了宽恕。所有的一切都相当混乱和暴力。

《唐豪瑟》这部歌剧到底想要讲什么？讲的是艺术家自己——依然还是瓦格纳本人。讲的是情感和理智之间的平衡，生理本能与思想之间的矛盾与和谐。因此，《唐豪瑟》其实更像在讲述瓦格纳自己的神秘故事。一个不择手段为自己算计的人同时还是一位容易动情的音乐家，怎么做到的？太多的情感，太多感官的热情，这是维纳斯；太多的理性，这是去卡诺萨（Canossa）或罗马朝圣的主题。到最后，二者不可能同时实现。唐豪瑟失败了，也许瓦格纳没有给他的第五部歌剧留下一个圆满结局是由于剧中所表达的冲突从原则上是无法解决的。瓦特堡和维纳斯堡、狄奥尼索斯与阿波罗、性爱与情爱、歌剧与戏剧、本能与道德，鱼和熊掌不可兼得，二者之间永远不可调和，我们能做的只是在其间不停游荡与思索：永久处在骚动而紧张的状态中，先是其中之一带来更多痛苦，然后另一个再带来更多痛苦。我认为瓦格纳在《唐豪瑟》中首次认识到了一个问题：一方面他想尽可能地从哲学观的角度表现世界，而另一方面没有歌剧传统的支撑他还达不到。在序曲中，平衡感做得最为成功，然而仍旧遵循着相对传统的创作模式。朝圣者们踏着整齐划一的步伐迈向前方是非常典型的传统歌剧，而维纳斯则用狂野与骄奢诱惑观众——最后观众尝到了一种滋味，也不会忘记另一种滋味。然而，瓦格纳没有能够把这种平衡贯穿全剧，至少在戏剧上和内容上没有做到。但是可以肯定的是，音乐一直都在告诉我们："听听这个，我能做到，你猜怎么着？我可以做到任何事！"可惜《唐豪瑟》的剧情太令人遗憾了。

《唐豪瑟》在某种程度上也透露出对瓦格纳指挥们的警

示：即便你是站在指挥台上的那个人，也必须学会中庸之道。
你既不能完全陷入自我陶醉状态中忘乎所以，也不能想象只
通过分析就能够揭示瓦格纳艺术的全部。

音乐

　　《唐豪瑟》一直颇受观众的喜爱。迷人的旋律、宏大的
序曲、极易理解的音乐织体，以及如梦似幻的第三幕。同时，
我们看到的是瓦格纳所说的典型的"过渡性"作品。不同于《漂
泊的荷兰人》，《唐豪瑟》并没有被分成一个个单独编码的唱
段，而是一气呵成。这并不是说剧中没有类似的部分。例如
伊丽莎白演唱的"大厅"咏叹调和伊丽莎白的祷告、沃夫兰
仰望满天繁星唱出的咏叹调"晚星之歌"，以及唐豪瑟叙述
其罗马旅途的唱段。然而，瓦格纳在这里的重要创新在于：
这些"编码段落"不是传统意义上的炫技唱段，而是糅进了
剧情当中来推动情节的发展。合唱部分瓦格纳也是如此处理
的（第二幕众宾客到来时的合唱与第三幕的"朝圣者之歌"），
舞台上的音乐演奏也是如此。有人可能会说瓦格纳在《唐豪
瑟》中打破了遗留下来的歌剧传统。

　　想要看懂这个进程不太容易，而不同的版本有着不同的
结局更是给我们增加了难度。瓦格纳在临死前还在对妻子科
西玛说他欠世界一部《唐豪瑟》。尽管如此，我仍会试图在
不同版本造成的混乱中找到一条叙述路径。1847 年，为了

在德累斯顿复排《唐豪瑟》，瓦格纳在1845年版本基础上在第三幕增加了维纳斯的出现，不是想象中的维纳斯，而是维纳斯真正地出现在台上。同时还添加了伊丽莎白的葬礼这一情节，而不是只在叙述中描写。旧版中只在唐豪瑟脑海中出现的情景（观众们只能想象）被搬到舞台上具体地展现给观众。但是，瓦格纳仍旧不满意。1861年的巴黎版本中，瓦格纳扩充了第一幕维纳斯堡的内容，添加了酒神节狂欢的情节（芭蕾舞和默剧），删除了第二幕瓦尔特的唱段。经过惊人的一百六十四次排练之后，巴黎歌剧院的这一版本却成了瓦格纳历史上最丑闻缠身的一次制作：他虽成功地按照巴黎观众的喜好将芭蕾舞编进了酒神庆典这一段落，却不幸地放错了地方。瓦格纳把通常情况下应该放在第二幕的中间的芭蕾舞放在了第一幕的开篇。试想，马术俱乐部里穿着时尚年轻的男客们，习惯性地在吃过晚饭之后，为了助消化，随意溜达到歌剧院，想以维纳斯堡里跳芭蕾的华美女性来一饱眼福，会是怎样的情景。在三场混乱不堪的演出后，瓦格纳愤怒地向剧院收回了他的这部剧作。虽然出了这样的丑闻（也许正是因为此），但是瓦格纳的名气在法国迅速蔓延，如同病毒。

瓦格纳留给我们的是一个奇怪又混乱的《唐豪瑟》。德累斯顿的版本因为维纳斯堡的段落过于短小不免显得有些窘迫。巴黎版本的风格太不协调，并且《唐豪瑟》的巴黎版本很像《特里斯坦》（1859年瓦格纳完成创作），就像是因为知道巴黎人迷恋《特里斯坦》而又制作的另一部翻版歌剧。《特里斯坦》中音乐有绚丽如调色板般多样的颜色来表达不同的情绪，并且也有着令人印象深刻的酒神庆典段落。瓦尔特堡里一个在不透明、僵化的阶级性社会下发生的爱情故事很难与之相提并论。观众也很难跟上《唐豪瑟》的节奏，先是德累斯顿版传统的序曲，紧接着是含有特里斯坦式阔绰与腐朽的维纳斯堡部分，之后再换回德累斯顿版本，怎么能让观众满意呢？

以平衡为标准来衡量，我个人更偏爱德累斯顿的版本。2001 年我在拜罗伊特指挥的《唐豪瑟》，应该是所有德累斯顿版本中最长的。我们扩充了第一幕的牧羊人之歌（有趣的是，加长版的乐谱存放在巴黎国家图书馆），又找了二十多个小节用在第二幕结尾时合唱的部分。自然而然地，唐豪瑟在第一幕也唱满了三个咏叹调，接着按照常规在第二幕大合唱场景时演唱了七次"饶恕我吧"。如今考虑到演唱者的体力，往往不会唱七次，但是观众对这些唱段十分期待。戏剧性的爆发一直唱到高音 A，对男高音来讲是严峻的考验。

正因为如此，著名男高音约瑟夫·迪夏切克在唐豪瑟首演时因此败下阵来。一方面，约瑟夫因为"很明显对如何演戏一窍不通"让瓦格纳不满，另一方面，在演唱上他也做不到有失身份地去向瓦格纳求情，恳求他为之降低演唱的难度。最后瓦格纳只得把这一段砍掉，随之"剧目的中心也不复存在了"。但是不久之后，在 1851 年底写给弗朗茨·李斯特的信中，瓦格纳认为《唐豪瑟》整剧中最为关键的部分是这个"爆发"之前，也就是伊丽莎白以上帝使者的面貌出现前来拯救唐豪瑟，而唐豪瑟抬起充满罪恶的眼睛看向她，怀着恶意试图去触摸她的这一情节。所以瓦格纳关于"剧目的中心也不复存在"的说法显然有些夸大其词。

尽管如此，唐豪瑟的角色需要有两个不同的声音：一名抒情男高音演唱开头部分，第二幕和第三幕则需要一个更有分量的声音。以后作品中的伊索尔德和布伦希尔德也存在着类似矛盾。看来瓦格纳确实没有怎么考量过如何结合演唱者的实际情况来作曲这一问题。他所关心的只是歌剧的最终效果。但是，我作为一名指挥势必会考虑到：如果在唱"罗马朝圣之路"已经感到男高音嗓音发紧，这个唐豪瑟还能有什么用呢？如果我的整个诠释不能对其他人的技术、精神和情感状况以及他们的声音条件做出反应，又有什么用呢？一个好的指挥应该让演唱者感觉轻松，尽可能地减少歌手的负担。好的指挥应该支持歌手，跟随他呼吸，察觉到如果今天的唐豪瑟演唱者比一般歌手更有耐力，那么如果他需要改变原有的速度就随他改变好了。

录音

《唐豪瑟》的演出历史颇为复杂。在齐格弗里德·瓦格纳1930年的拜罗伊特版本中，酒神节庆典段落十分引人注目，中间融入了德国新时期表现主义舞蹈，表演时舞台上还有数匹马及三十二只猎狗，阿图罗·托斯卡尼尼担任指挥。
1930 年 8 月的录音被保留下来（Naxos 厂牌），但当时是由
卡尔·厄尔门道夫（Karl Elmendorff, 1891—1962）指挥并参与录制，
厄尔门道夫作为当季《尼伯龙根的指环》的常驻指挥，很明
显是为了托斯卡尼尼参与录制工作的，与托斯卡尼尼在《唐
豪瑟》中对管弦乐团、乐谱那种狂热与细致入微的态度相比，
卡尔·厄尔门道夫则没有足够的精力与时间去研磨这部歌
剧。想要一领行事低调的阿图罗·托斯卡尼尼当年风采、20
世纪 30 年代早期瓦格纳在绿山上的冷峻形象，你们可以在
YouTube 上找到 1948 年他带领 NBC 交响乐团演出《唐豪瑟》
序曲的视频：指挥手势幅度极大，对维纳斯堡乐段的处理极
其规矩，曲谱中要求的弱奏段落被指挥得激进且毫不妥协。

　　《唐豪瑟》拜罗伊特版本的录音在 1954 年的录音——由
约瑟夫·格莱因德尔（Josef Greindl, 1912—1993）饰演伯爵，雷蒙·维
奈（Ramón Vinay, 1911—1996）饰演唐豪瑟，此时年轻的迪特里希·费
舍尔·迪斯考饰演沃夫兰，Archipel 厂牌——和 1955 年沃尔
夫冈·温德加森饰演唐豪瑟的版本（Orfeo 厂牌）中得以延续。
维兰德·瓦格纳尤其钟爱舞台上的那些带有"拉丁"作风的
瓦格纳指挥家，例如约瑟夫·凯尔伯特和安德烈·克路易坦
（André Cluytens, 1905—1967），二者都钟爱纤柔的音响效果与紧绷
的节拍。不久，指挥家沃尔夫冈·萨瓦利什也加入其中，于
1961 年指挥维兰德·瓦格纳的新制作。1961 年，美国黑人
女中音歌唱家格蕾斯·本勃莱（Grace Bumbry, 1937—　）与著名

女歌唱家维多利亚·德·洛斯·安赫莱斯（Victoria de Los Angeles，1923—2005）合作录制《唐豪瑟》（Myto 厂牌），后者饰演伊丽莎白——"黑人维纳斯"的出现引起一片哗然，1962 年她又与安雅·诗丽合作录制了《唐豪瑟》（Philips 厂牌）。十年后德国歌剧导演葛茨·弗里德里希所制作的《唐豪瑟》使人联想到萨缪尔·贝克特（Samuel Beckett，1906—1989）的《终局》，给节日剧院造成了 1945 年以来最大的丑闻，当时由经验丰富的埃里希·莱因斯多夫（Erich Leinsdorf，1912—1993）担任指挥（其 1939 年、1941 年在纽约大都会参与指挥录制的版本均保留至今）。1978 年，歌唱家格温妮丝·琼斯（Gwyneth Jones，1936— ）一人分饰两角（伊丽莎白和维纳斯）——极少有女高音才情与胆识并俱，可以胜任两个角色，这个版本有她与指挥家科林·戴维斯合作完成的 DVD（DG 厂牌）。

还有一些值得一提的录音：1954 年乔治·赛尔（George Szell，1897—1970）在纽约大都会中心录制版本——此录音意在与托斯卡尼尼的经典版本（演员阵容豪华，包括阿斯特丽德·瓦奈，雷蒙·维奈和乔治·伦敦 [George London，1920—1985]，Myto 厂牌）一较高下；1960 年著名指挥弗朗兹·康维茨尼（Franz Konwitschny，1901—1962）携柏林国立歌剧院管弦乐团所录制的版本（弗里茨·翁德里希饰演游吟诗人瓦尔特，著名歌唱家菲舍尔·迪斯考展现了有史以来声音最为美丽、细腻、现代的沃夫兰，EMI 厂牌）；1963 年初卡拉扬维也纳国家歌剧院的现场录音版本也会是我的不二选择，从中不难能听出日后誉

满世界的卡拉扬的影子（DG 厂牌）。喜欢巴黎版本的人们要
么选择指挥乔治·索尔蒂携手维也纳爱乐乐团录制的版本（录
制于 1970 年，勒内·克洛饰演唐豪瑟，克丽斯塔·路德维希
[Christa Ludwig, 1928—] 饰演维纳斯，Decca 唱片），要么选择著
名指挥朱塞佩·西诺波利携爱乐乐团录制的版本——1989 年
录音棚录制，可惜这一版男高音普拉西多·多明戈的口音实
在太不地道。

通常来讲，在拜罗伊特指挥《漂泊的荷兰人》非常有难
度，剧目呈现的音响效果并不适合节日剧院自身带有的声场
环境。《唐豪瑟》声音体量不大，很难在瓦格纳其他剧目中
找到标记如此多弱音的作品了。此外，被遮盖的乐池也没有
什么帮助。第二幕小提琴演奏的段落中有技巧性极高的连续
十六分音符急进下滑音，但在乐池外面听不到，顶盖模糊了
声音。此处合唱部分是用全音符演唱（"我们喜悦地欢迎这
座圣洁的大厅"），小提琴也在以全音符演奏，保持着和谐一
致的旋律——这时指挥听到了合唱，尤其合唱队还在后舞台，
声音的延迟已造成了不可挽回的后果。唯一的解决办法是让
合唱指挥告诉他："继续你的指挥，保持手势明确、清晰，
但是千万不要指望真的可以起到作用。"

但是有一个地方让上述在拜罗伊特指挥《唐豪瑟》时出
现的种种矛盾得到和解：朝圣者合唱的段落。在任何其他歌
剧院中你都需要努力控制好此段落交响伴奏的音量，轻、更
轻、再轻！总谱上的标记是轻，巴松、小号的演奏者就要适

度且不能出现重音。"从远方慢慢传来"——瓦格纳在舞台
说明上写到,这里所指不只是声音的响度。此段落不适合用
开放式乐池进行演奏,音响指向性太强、太直接。然而在拜
罗伊特,节日剧院乐团演奏的音响效果则是非指向性的,此
段落呈现出的音响效果极佳,好像朝圣者的确是从遥远的罗
马越过阿尔卑斯山,一路来到这里。对交响乐团来说,此处
随唱词演奏比依照节奏演奏更为重要,不能忘记呼吸,稳步
前进而非标记每一步。"很高兴可以再一次见到我的故乡。"
这是令人敬畏的编曲,经历此神圣时刻不禁会让你全身颤抖。
被赦免的朝圣者,作为观察者和调停者的沃夫兰,以及失落
至极的伊丽莎白——只有在这绿山上,这一切听起来才如此
美好。

6 《罗恩格林》

来世照进的光，绝不后悔的爱

《罗恩格林》是歌剧中的神奇捕鼠者。瓦格纳仅用配器就深深震撼了观众的心灵。这是用声音表达出的最纯粹的性亢奋。混合的音区，多变的音效几乎使观众屏住呼吸，瞬间你就分不出是哪些弦乐在发声了。瓦格纳将圆号和大提琴结合起来的时候，你开始琢磨自己听到的到底是管乐还是弦乐。这本身就是个老把戏了，而瓦格纳喜欢用长号的低音区和小号的低音区演奏高音区作为伴奏。这种完美融合使人的后脊梁兴奋得发抖。《罗恩格林》是艺术工匠精心雕琢的声音。音乐触发了我体内的某种东西，我感到自己在旋转。我想观众应该有同样的感受。

瓦格纳在为《罗恩格林》作曲的时候意识到这是一个绝无仅有的机会。至少，《尼伯龙根的指环》与《漂泊的荷兰人》

和《唐豪瑟》的联系要比它与《罗恩格林》的关系密切得多。《罗恩格林》所指向的是《帕西法尔》（两剧的男主角都是罗恩格林本身就是足够的证明），即便如此也不是十分明显而具体。自《罗恩格林》之后，瓦格纳将以往的创作一笔勾销，并从《莱茵的黄金》重新开始。在《罗恩格林》中，他仿佛在说：我现在写的是你们所能想象到的最优美最悦耳的乐剧，你们将沉浸在蜂蜜与牛奶般的美妙中，我将给世界一部真实的戏剧杰作，我为演唱者写的唱段将使他们带着感激之情去表演并顺利地完成（这不是我的一贯作风），我将让合唱队作为主角，至于你们——观众们，将得到你们想要的一切——但这必须善始善终。随后你们将跟着我的曲调跳舞，我将向你们展示什么是真正的"未来的艺术作品"。

《罗恩格林》是瓦格纳中期作品的催化剂。瓦格纳这时完全没有想过拜罗伊特节日剧院——但他早期作品的总谱已经预示着这一天的到来。同样，这也是瓦格纳的天赋异秉和深藏不露所在。

起源

1850 年 8 月 28 日，当瓦格纳的第三部也是最后一部"浪漫歌剧"《罗恩格林》由弗朗兹·李斯特指挥进行首演时，当时欧洲的知识分子都聚集到了魏玛宫廷剧院：贾科莫·梅耶贝尔、贝提纳·冯·阿尔尼姆（Bettine von Arnim，1785—

1859）、作家卡尔库兹科夫（Karl Gutzkow, 1811—1878），还有来自
伦敦、巴黎和其他地方的评论家。他们的期望很高，所以回
应谨慎。唯一不能观看首演的是作曲家本人。作为萨克森国
王皇家乐队的指挥，他参加了 1849 年德累斯顿的"五月革命"
（四日后遭到血腥镇压），他参与了印传单，运输手雷，总之
他自愿参与了革命。瓦格纳的最后一场正式演出是在 1849
年 4 月 1 日指挥一场包括贝多芬《第九交响曲》在内的音乐
会。"四海之内皆兄弟"，这场表演的情感和昂扬的戏剧风格
是不难想象的。至今，学者们仍在为如何看待瓦格纳 1848—
1849 年间参加的大革命争论不休：一个纯粹的政治事件，实
现激进民主理想的机会？还是将共同的热情集中到艺术的高
度，正如他后来理论性著作中所构想和鼓励的那样？我无法
确定。

　　1849 年 5 月 16 日后，瓦格纳被德国政府通缉。在李斯
特的帮助下，他持假护照先到达瑞士，然后直奔巴黎。巴黎
的环境有所改变，对他不是十分有利。"照现在的情况，梅
耶贝尔掌握着一切，也就是说一切都在他强大的财力控制内；
面临的情况如此艰难复杂，使我几乎陷入绝境，其他比我聪
明的人早就放弃了尝试。"梅耶贝尔的《先知》使他在巴黎
挣到了过百万的收入，他的芭蕾舞剧《溜冰者》和突破性地
将电灯引进剧院，使他注定终生要被其他作曲家憎恨。瓦格
纳在这座城市没有机会了。"当强盗和杀人犯纵火烧房子的
时候，我们很可能认为这是一个罪大恶极的行为，"瓦格纳

在 1850 年 10 月写给西奥多·乌利希（Theodor Uhlig, 1822—1853）的信中说，"然而当巴黎这座伟大的城市化为灰烬时，又将如何呢……我们怀着满腔热情清理这些乌烟瘴气的废墟，企图呼吸到新鲜空气，然而这是不可能完成的任务。"

1849 年秋天，满腹怨气的明娜跟随瓦格纳返回瑞士，再到苏黎世。接下来的几年是在婚姻危机和生存危机中度过的。瓦格纳觉得自己从一个国家辗转到另一个国家，远离歌剧，无法专注于艺术创作是一件羞耻的事。但他同样需要钱。《罗恩格林》在首演后的几年内，又在二十多家歌剧院上演。作曲家于 1861 年在维也纳第一次听到了他的作品。碰巧在同一年，十五岁的巴伐利亚皇储也在慕尼黑听到了这部作品。1864 年，这位皇储继承了维特尔斯巴赫（Wittelsbacher）王朝的巴伐利亚国王王位，成为路德维希二世。带着对瓦格纳长期狂热的崇拜，他邀请他来到了自己的皇宫。

瓦格纳最初对《罗恩格林》这个故事的兴趣可以追溯到 1839 年他初到巴黎的时候。歌剧取材于沃夫兰·冯·埃申巴赫的史诗《帕西法尔》。1845 年，瓦格纳一边在玛丽亚温泉市疗养身体一边研究卡尔·辛姆洛克（Karl Simrock, 1802—1876）的译本和约瑟夫·格雷斯（Joseph Görres, 1776—1848）与雅克布·格林（Jacob Grimm, 1785—1863）的相关文字。这部歌剧的创作相当没有章法：剧本完成于 1845 年底，音乐的初稿完成于 1847 年夏天（序曲是最后完成的部分）。为了专心创作，瓦格纳来到了皮尔纳（Pirna）附近的格劳帕（Graupa）乡村，住在一

个庄园主家，这里现在成了理查德·瓦格纳博物馆。从 1848
年 1 月至 4 月底他带着一种愉悦而狂乱的创造力完成了总谱，
之后似乎没什么能阻碍这部作品在德累斯顿的首演了。

角色与乐队编制

　　《罗恩格林》的演唱部分规整地将角色分为"好人"和
"坏人"：天鹅骑士罗恩格林（男高音）和天真无辜的布拉班
特的埃尔莎（女高音）与弗里德里希·冯·特拉蒙德（男中
音）和他的妻子奥特鲁德（女中音）形成了鲜明的对比。软
弱的德国皇帝海因里希即捕鸟者亨利（男低音），则显然在
两个阵营之间徘徊。大型的双合唱代表撒克逊人、布拉班特
人和他们的妻子。乐池里的管弦乐队是典型浪漫派规模与构
成：三支长笛，两支双簧管，一支英国管，两支单簧管，一
支低音单簧管，三支巴松，四支圆号，三支小号，三支长号，
一支低音大号，定音鼓，打击乐器组，竖琴和弦乐。在舞台上，
瓦格纳用大量的管乐器突出皇宫的庄严：四支小号、三支长
笛、三支双簧管、三支单簧管、两支巴松、四支圆号、八支
至十二支额外的小号，以及定音鼓、大镲、管风琴、竖琴、
排钟和小军鼓。它们不但没有损坏歌剧的童话特色，反而强
化了这一质感。

剧情

故事发生在遥远的 10 世纪，在安特卫普附近位于斯凯尔特河畔的安特卫普城堡中。

第一幕：亨利国王正在主持正义。特拉蒙德伯爵指控埃尔莎谋害她的弟弟戈特弗里德以夺取布拉班特国的皇位。埃尔莎显得心烦意乱，她告诉受惊的旁观者，她梦到上帝会派遣使者来保护她（"一个人在这沉郁的一天"）。国王提议让上帝来审判，特拉蒙德宣布他已经准备好与埃尔莎的任何一位拥护者单独决斗。果然，一位骑士（罗恩格林）乘着由天鹅拉的小船在最后一分钟出现了。罗恩格林准备为埃尔莎决斗并与她订婚，但有一个条件，就是永远不要问他是谁，他从哪来。罗恩格林打败了特拉蒙德，但却饶了他的性命。

第二幕：奥特鲁德激励特拉蒙德继续与埃尔莎为敌，并在埃尔莎天真的心中种下怀疑的种子。在教堂外两个密谋者挡住婚礼聚会的路，询问罗恩格林的身份。埃尔莎重申了她对所爱的骑士的信任，婚礼队伍进入了教堂。

第三幕：在新房中，埃尔莎无法忍受怀疑的煎熬，最终打破了禁令询问罗恩格林的名字和他的来历。这时门外偷听的特拉蒙德冲了进来，罗恩格林刺死了他。最终罗恩格林唱出"圣杯的秘密"——"在人类无法到达的遥远国度"——他是圣杯国王帕西法尔的儿子，被派出保护无辜的人，但他的身份必须对外保密。奥特鲁德面带胜利的喜悦脱下所有伪装，并承认是她将小戈特弗里德变成了一只天鹅。这时魔咒被打破，埃尔莎在她的弟弟——布拉班特国的合法继承人怀中死去。而罗恩格林的小舟，则由一只鸽子牵引与他一同消失，回到他们来的地方：虚无。

　　这个故事的核心是什么？罗恩格林是瓦格纳下一个自我吗？是瓦格纳与世界关系的另一种艺术变形吗？汉斯·马耶尔（Hans Mayer, 1907—2001）说："天才总是与传统的人生观、艺术观、道德观意见相悖。"在剧中，罗恩格林不仅是一位带来幸福与快乐的救世主，还是一个不知从哪里来，为他所处的社会带来巨大扰乱和变化的人。瓦格纳对不从国教者和外来者怀有深刻同情，正如我们在《仙女》中所认识的阿达和阿林达尔、漂泊的荷兰人和森塔一样。一个人突然出现——如果你愿意，可以叫他幻想家、纯洁者、疯子或者艺术家——一切就都不对了。精心掩盖的矛盾又重新爆发了。

　　然而，我们应该小心，不要将《罗恩格林》和《众神的黄昏》混淆了。圣杯使者不是年轻的齐格弗里德，齐格弗里德的任务是拯救世界（同时也拯救艺术）。《罗恩格林》仍是一部浪漫派歌剧，确实非常浪漫，而不是音乐戏剧。身穿闪亮银色盔甲的骑士站在一只由天鹅或鸽子拉着的小船上。少女为了得到爱情必须付出禁问的代价——故事充满了童话的芳香。我们需要无条件地尊敬它并正确地看待它。顺便说一句，当我还是小孩子的时候，我以为天鹅是友善可爱的动物，这都是瓦格纳的错。直到后来生活教会了我很多。

我个人很难原谅埃尔莎明知故问，破坏了一切美好。她为什么要问呢？一切在第三幕中都是那样美好，婚礼进行曲和新婚之夜，美酒在流淌，零星的火花在壁炉里噼啪作响，被单刚刚上过浆。罗恩格林"非常平静"地唱道（此处的音量标记是弱）："甜美的歌声消失了，我们终于可以独处，这是我们见面以来第一次独处。"当然，奥特鲁德已经播撒了邪恶的种子，现在已见到成效。如果埃尔莎聪明一点或是有些经验，就不会被邪恶驱使并误入歧途。一个久经世故的妻子会将侵蚀她的疑虑埋葬，并且等待生活将带给她什么。她总是可以晚点问这个问题的，即使是在三四年后撒克逊人和布拉班特人打败匈奴人，一切都安定下来后再问也不迟。但不幸的是，瓦格纳知道世界上的"埃尔莎们"不是这样的。不过话又说回来，小资而务实的情景不能创造出扣人心弦的歌剧。

《罗恩格林》想说明什么呢？最终，至少对于戈特弗里德和其他人来说其意义在于：我们必须学会忘记。我们必须接受生活带来的不如意和伤痕，以及痛苦、内疚、恶意和失败。否则我们将无法继续生活下去。我们必须意识到自己的过去，但同时也不要忘了向前看。当罗恩格林"低着头靠在盾牌上"黯然离去时，合唱团在齐声唱出"哎呀"。也就是说英雄想要作为一个英雄是没有未来的。因此，最后的那声合唱"哎呀"发出了最强音，同时也是最为黑暗的升 f 小调。然而，罗恩格林离开的那个世界还是有希望的；戈特弗里德成为了布拉班特的新国王。音乐回到了 A 大调，大幕缓缓落下。

音乐

《罗恩格林》的乐谱非常直白同时又非常复杂，它的单纯在于反映的是本能的情感，它的多愁善感在于沉思回想，悠扬而高深。《唐豪瑟》中也许有些难题使瓦格纳终身困惑，但《罗恩格林》一开始就是成功的。他在《唐豪瑟》中告别了娱乐歌剧，而用《罗恩格林》为德国浪漫歌剧竖起了一座丰碑，并同时超越了它。一个不能透露姓名的英雄，作为最高权威的圣杯位于一个不能说出名字、难以接近的神圣之地——这一切都已经拥有太多《帕西法尔》的神话特征，因此 1850 年《罗恩格林》在魏玛首演时，观众感到困惑也就不足为怪了。

从形式上看，《罗恩格林》是瓦格纳第一部连续不分段的作品。这部作品比《唐豪瑟》更加注重过渡的艺术：剧中三幕的动机与和声紧密地编织在了一起，管弦乐团的组织形式与交响乐极为相似，所以看起来像"编号段落"的部分自然地流露了出来，例如第一幕中埃尔莎似梦游般地出现，或是婚礼进行曲、爱情二重唱，以及第三幕中的圣杯叙述。瓦格纳还为剧中人物赋予特定的音乐特征：罗恩格林和圣杯的世界使用 A 大调，托马斯·曼形容那是"闪着银光的蓝色美丽世界"，与此同时，黑暗狂野的升 f 小调象征着罗恩格林中的反面角色奥特鲁德和特拉蒙德。国王说的所有话都用引人注目却实际空虚的 C 大调。同样，在管弦乐编曲时，国王的伴奏是铜管乐器，奥特鲁德和特拉蒙德的伴奏是木管乐器和低音弦乐器，而罗恩格林的几个部分都被小提琴响亮清脆的声音包围。与此同时，罗恩格林与埃尔莎的动机相互呼应，甚至其中还暗藏着奥特鲁德的动机。我们生活在单一的世界，瓦格纳说，没有恶，善也将不复存在，我们永远不能只有天堂而没有地狱。

《罗恩格林》也是瓦格纳第一部将序曲改为前奏曲的乐剧，对于术语的改变我不想谈论太多，但这一转变很明显地表达出他与意大利、法国歌剧传统的分道扬镳。瓦格纳想树立自己的传统，并发现自己在探索之路上走得很成功。此外《罗恩格林》的前奏曲——不像《漂泊的荷兰人》和《唐豪瑟》的序曲那样，没有明确的结尾来吸引观众的注意力。"连续不停顿"，瓦格纳在弦乐过渡部分即将结尾的时候写到，歌剧直接进入第一幕第一场国王亨利及其部下的段落。

前奏曲开头从另一个世界透出的光芒大受赞美。弗朗兹·李斯特说它有"不可思议的魔力"，柴可夫斯基如期待威尔第和"茶花女临终的渴望"一样期待它，托马斯·曼称整部剧为"浪漫主义的巅峰"。任何一个研究这部总谱的人都会注意到瓦格纳创作这部作品时所迸发出的惊人的想象力，他的诗兴、技艺和百无禁忌。一部分小提琴演奏泛音，另一些则不演奏，其他的弦乐器逐渐加入，同样演奏不同的部分，接下来是双簧管和长笛——整合在一起是闪闪发光的银色效果，犹如太阳照在波浪上一般令人眩晕。如果遇到了一个好指挥，你不会察觉到木管乐器是什么时候进入音乐的，就像《唐豪瑟》中你不会注意到巴松和圆号什么时候进入了朝圣者的合唱。瓦格纳不想造成阶梯式的递进，而是进行混色处理。在《罗恩格林》中，瓦格纳通过应用所有乐器的声音来达到庞大的管弦乐踏板效果，乐音由高到低再由低到高。那种感觉从发根直到脚尖，再通过五脏六腑往复，简直无与伦比。

婚礼一幕，场面也同样壮观。当埃尔莎破禁发问，特拉蒙德被刺死后，罗恩格林极度痛苦地唱道："哎，我们的欢乐结束了！"细心的观众会想到之前发生的一段——第二部分中罗恩格林警告埃尔莎时所说的："不要问我从哪来，也不要问我的名字。"我们有相同的动机、相同的和声，但速度比原来慢了两倍，创造出与先前截然不同的氛围，带弱音器的大提琴的音色更加深沉，更像安魂曲。随后钟声响起，如同来自银河一般遥远的丧钟。附带说一句，每当瓦格纳制造的悬疑点到达一个高潮后，突然一切就都停止了。我们听到的只有孤独的钟声，或是特拉蒙德死后滚动的鼓声。直到那时才会出现巨大喧闹声，埃尔莎哭喊道："保护你自己！你的剑！你的剑！"随之而来的只有沉默，沉默。四小节除了铜鼓没有任何声音。在聆听的时候，我们感到心脏停止了跳动，瓦格纳是如何消解巨大的沮丧带来的压力呢？我们听到了行军进行曲，舞台上十支到十二支个小号奏出欢快的军号声："万岁，国王亨利！国王亨利万岁！"这是多么疯狂、强烈的对比，像是电影一样。编剧的技巧多么高超啊！

在拜罗伊特大家都知道，瓦格纳在《罗恩格林》中希望达到的音响效果一直都无法达到，直到很久以后在绿山建成了节日剧院才成为可能。如此看来，这部乐剧是乌托邦似的作品——恐怕这并不意味着它特别适合在节日剧院上演。很不幸，拜罗伊特乐池的局限很明显，尤其是在第三幕的前奏曲中，"非常热烈，但毫不匆忙"，这是瓦格纳的舞台说明，我们应该牢记在心中。沉重的铜管乐器在整个管弦乐团技巧要求最高——他们得跟上速度，有时需要在三分音符和四分音符做出爆发性，但不能做得过于强烈。一个有经验的指挥经常会说：我在拜罗伊特指挥序幕的速度比在没有顶盖的乐池要慢百分之三，这样音乐仍然可以保持清晰。"神秘的深渊"也许会在完全没有可能混音的地方混音。它同时吞掉了泛音，《罗恩格林》在拜罗伊特永远没有在慕尼黑或维也纳听到的明亮。对于一个指挥家，一个与《罗恩格林》有关的重要的问题第一次变得非常清晰：瓦格纳的音乐到底需要多少结构？它能承受多少？我怎么能解决环境和清晰度的矛盾，混合声音和需突出声音的矛盾？只有高超的技术、感觉和经验才能告诉他答案。

录音

拜罗伊特节日剧院运营早期，绿山上间隔很久才会排演

一版《罗恩格林》。菲利克斯·莫特尔于 1894 年首度指挥了
《罗恩格林》，其后是齐格弗里德·瓦格纳在 1908—1909 年。
随后又是长时间的闭演——长达二十七年。但是 1936 年《罗
恩格林》的版本是拜罗伊特城为举办德国奥运会以及庆祝德
意志帝国建国千年（当年为德意志帝国缔造者、《罗恩格林》中唯一的历史
人物亨利一世逝世 1000 周年）而制作的官方新版本。由富特文格勒
担任指挥，海因茨·蒂切恩担任导演、弗朗茨·沃克饰演罗
恩格林、玛丽亚·穆勒（Maria Müller, 1898—1958）饰演埃尔莎。
1936 年 7 月 19 日，录制完成的那一刻应该被称作音乐史上
的重大时刻之一。歌唱家们温柔的唱腔听起来十分清澈，让
人感到满足，交响乐团听起来充满真正的魔力。《罗恩格林》
精选集录音也由原班人马在德律风根公司（Telefunken）录音棚
录制完成，换为海因茨·蒂切恩指挥，此版本绝对值得一听
（Malibran Music 厂牌）。依照传统，唱段应该演唱而不是念诵、
喊叫或咆哮，事实上瓦格纳歌剧的唱法源于意大利美声唱法，
这一传统二战后在拜罗伊特又开始兴盛起来。此中翘楚当属
山多尔·科尼亚（Sándor Kónya, 1923—2002）与莱奥妮·雷萨内克
（Leonie Rysanek, 1926—1998）加盟的版本（1958 年录制，由安德烈·克
路易坦 [André Cluytens, 1905—1967] 指挥，Myto 厂牌），以及四年
后由杰斯·托马斯（Jess Thomas, 1927—1993）、雷蒙·维奈、阿斯
特丽德·瓦奈以及安加·西尔加（唱得不是太甜美）合作的
版本（Decca 厂牌）。

　　如果想要一领《罗恩格林》中歌唱家们演唱的风采，必

须提到常常被人们忽视的 1953 年版本，由威廉·舒特尔（Wilhelm Schüchter, 1911—1974）携北德广播交响乐团录制（遗憾的是录音为单声道），戈特利布·弗里克（Gottlob Frick, 1906—1994）饰演国王，鲁道夫·舒克（Rudolf Schock, 1915—1986）饰演罗恩格林（他在 1936 年参加了意在为拜罗伊特输送独唱歌手的一系列合唱演出），玛格丽特·克洛斯（Margarete Klose, 1899—1968）饰演邪恶的奥尔图德，约瑟夫·梅特涅（Josef Metternich, 1915—2005）用极为抒情的声音演唱特拉蒙德（"永恒的瓦尔哈拉殿堂"）。极为正统的版本也可以在较晚的录音中找到。如果要挑选一版中规中矩的《罗恩格林》，你一定会选择鲁道夫·肯佩在 1964 年携维也纳爱乐乐团录制的版本（EMI 厂牌）。可靠的杰西·托马斯饰演主角，伊丽莎白·格瑞米尔（Elisabeth Grümmer, 1911—1986）饰演善良热情的埃尔莎，相比其他版本，克里斯塔·路德维希和菲舍尔·迪斯考饰演剧目中的反面角色，他们的勇猛、浓情和高度的戏剧性表现难以超越。戈特利布·弗里克（Gottlob Frick, 1906—1994）饰演亨利国王，我们知道他一定会演得不错。

我无法将历史上《罗恩格林》的制作版本一一展现。但是在这里一定要提到自 20 世纪 60 年代以来越发被大众熟知的"导演戏剧"。比如葛茨·弗里德里希 1979 年和沃纳·赫尔佐格（Werner Herzog, 1942— ）于 1980 年在绿山的巨制。1998 年在汉堡国家歌剧院，彼得·康维茨尼（Peter Konwitschny, 1945— ）只是把剧中狂热青少年的一面移植到教室中。时下拜罗伊特版本的《罗恩格林》是 2010 年的新制作,汉斯·纽恩菲尔斯——一位以超现实主义和象征主义而闻名的导演和他的舞美设计师莱因哈德·冯·德·塔能（Reinhard von der Thannen, 1957— ）共同完成的版本。合唱团员身着老鼠戏服，埃尔莎与奥特鲁德以黑白天鹅面对面的形式出现，最后由罗斯玛丽之子（改编自罗曼·波兰斯基）取代戈特弗里德降临世间——在这个情感实验室里，罗恩格林自己则成为一个反射一切又空无一物的表面。此版本由年轻且极具天赋的拉脱维亚指挥安德里斯·尼尔森斯（Andris Nelsons, 1978— ）指挥，如今已经成为了一个文化现象。

7 《特里斯坦与伊索尔德》

生命的和弦

特里斯坦的和声唤起了我难以描述的感觉：性感、兴奋、警觉与享受的愿望。第一次听到特里斯坦和弦时，我就知道：这是生命的和弦。它包含一切：张力、向往、渴望、忧郁、痛苦——同时还有放松、宁静和深深的快乐。所有的音乐理论家也许都会拿起武器反对我，因为那个和弦被视为绝望的、四分五裂的个人形象的代表，绝对是坐立不安、心怀不满的。直到今天，我也不同意这一观点。我问自己，表现一个内心深处矛盾重重的人，不否认其以前的状态，还能够与自己和世界和解不是更有趣吗？我个人认为，这个辩证法（虽然这不是我喜欢的术语）正是瓦格纳在创作《特里斯坦》时想要表达的东西。

几十年来，《特里斯坦与伊索尔德》都是我最喜爱的歌剧，没有之一。我发誓没有什么能改变它在我心中的地位。但是在某些方面,《名歌手》排在《特里斯坦》之前。以前我从没想到过这种可能性。穷尽我们的想象,还有什么能比《特里斯坦》和《名歌手》之间的差别更大呢?一部是应该和毒药一起锁进柜子的让人做噩梦的作品,另一部是瓦格纳硕果仅存的喜歌剧。然而这才是彻头彻尾的瓦格纳:他永远探索不同的方向,他逼迫我们不断看到新的东西。在写出《帕西法尔》之后,他极有可能再也不碰歌剧而只写交响曲了。

同时,《特里斯坦》一直是歌剧艺术的巅峰,歌剧中的歌剧,开创先河的关键性作品。《特里斯坦》包含了一切,同时也包含了一切的例外。在《特里斯坦》剧中,瓦格纳从一开始就进入了《罗恩格林》序曲后的阶段:用音乐引诱我们,使我们误入歧途,让我们无视自己的局限。跳吧,瓦格纳在我耳边低语,相信你自己,这只是最后一小步。这时我看见自己站在柏林电视塔顶端,充满渴望地看着脚下的深渊。这是瓦格纳玩火的方式,游戏人生的方式,这使他成为他那个时代最伟大的创造者和理想主义者,也是最可怕的毁灭者。《特里斯坦》让其他作品黯然失色,一直以来,有什么能和《特里斯坦》相媲美?他对自己第七部歌剧的骄傲,没有比在他给玛蒂尔德·维森东克的信中表现得更淋漓尽致的了:“我的孩子,这部《特里斯坦》将是一部惊世骇俗的作品,那是怎样的第三幕!!!……我害怕这部歌剧会被禁演,除非拙劣的表演使整个作品成为一个糟糕至极的模仿秀。只有平庸

表演能救我的命，真正好的演出一定会让人疯狂——不可能
有其他的结果。我可是呕心沥血！！"

起源

　　这里的年表变得相当复杂。如上所述，自 1849 起瓦格
纳曾流亡瑞士，从那里开始他写了几篇重要的散文：《艺术
与革命》与《未来的艺术作品》，以及 1850 年秋天的作品《歌
剧与戏剧》。他在国外的流亡生活将如何继续？与国内的戏
剧界隔绝，没有收入，婚姻不幸福，并且还失了业，"远离
一切"写作，与自己在纸上和解成了一个出口。瓦格纳的头
脑突然又清醒了。他开始一个新项目的工作，一部名为《齐
格弗里德之死》(*Siegfrieds Tod*) 的 "英雄歌剧"。它很快就成
长为《尼伯龙根的指环》，一部包含四个部分的节日舞台剧。
一个宏大的概念，消耗了瓦格纳很多的精力。1853 年底瓦
格纳开始撰写剧本，面部丹毒发作的痛苦与随之而来的水疗
交替折磨着他。似乎没有什么是有利于他的："没有葡萄酒，
没有啤酒，没有咖啡——只有水和冷牛奶。没有汤，所有的
东西都必须是凉的或微温的。早睡觉，喝下三杯至四杯冷水，
然后洗浴并做冷水灌肠。"瓦格纳在读叔本华的书，与德国
革命界交往，并于 1854 年在伦敦指挥了几场音乐会，工资
很低。同时他与他的赞助人——莱茵商人奥托·维森东克
(Otto Wesendonck, 1815—1916) 及其妻子玛蒂尔德的关系日渐亲密。

1857 年，瓦格纳租了维森东克家位于苏黎世附近的新建别墅花园中的一座房子，从那里能够看到苏黎世湖。

玛蒂尔德·维森东克和理查德·瓦格纳之间是否不只是柏拉图式的爱情呢？他们之间的通信只留下了很少的片段，我们无法得知。但也许这个问题并不重要。他们的关系当然充满了热情，他们的志趣相投且带有浓郁的性爱意味，他们一起讨论爱情，有时一天里互相写几封信。她送给他一支金笔，他则用它在《女武神》的总谱上写出像"I.l.d.gr"（我无限地爱你）这样的密码。此外，玛蒂尔德写诗，他则为她的诗谱曲，1857—1858 年的《维森东克之歌》便诞生于此，这些歌曲在音乐上非常接近《特里斯坦》。明娜已经嫉妒了很长一段时间，奥托·维森东克也快开始嫉妒了。

然而这与瓦格纳同科西玛·冯·彪罗的婚外情不同，科西玛在为他生了三个孩子之后成为了他的第二任妻子。在玛蒂尔德身上，瓦格纳则没有看到这样的未来，抑或是玛蒂尔德在瓦格纳身上没有看到这样的未来。他的经济状况仍然没有起色，同时他对患有心脏病的明娜感到愧疚。这么多的感情羁绊！ 1854 年 12 月，瓦格纳写信给李斯特："因为我从来没有在生活中感知过爱情带来的真正幸福，我想要为最亲爱的梦想创立一座丰碑，从头到尾都写满了爱情。我脑海中有一个特里斯坦和伊索尔德的想法，最简单却最纯粹的音乐概念，然后我将用歌剧结束时飘扬的黑旗盖住我自己，就这样死去。"

难道《特里斯坦》是艺术而不是生活，是音乐而不是爱情吗？我对以这样的姿态诠释《特里斯坦》持谨慎的态度，尤其当时瓦格纳写《特里斯坦》还有另一个具体的原因。他找不到愿意出版《指环》的出版商，特别需要很快挣到钱。1857 年 8 月，他把正在写作的《指环》系列的《齐格弗里德》第二幕放在一边，转而投向《特里斯坦》。瓦格纳从戈特弗里德·冯·斯特拉斯堡的中世纪史诗《特里斯坦与伊索尔德》、诺瓦利斯（Novalis, 1772—1801）的《夜之礼赞》、奥古斯特·冯·普拉滕（August von Platen, 1796—1835）的诗歌《特里斯坦》和卡尔·李特的同名戏剧中获取来源与启示，于当年秋天完成了剧本。10 月 1 日，瓦格纳开始作曲。他没有多少平静的时间进行创作：1 月他短暂逃往巴黎，显然与玛蒂尔德的关系太危险了。4 月灾难降临了，一封他写给玛蒂尔德的信落到了明娜手中。犹豫不决很久之后，8 月他们搬出了维森东克花园中的房子，那也是他们婚姻的结束。瓦格纳去了威尼斯，明娜去了德累斯顿。尽管如此，作曲家仍然在 1859 的春天完成了《特里斯坦》的前两幕。之后他短暂返回瑞士，8 月 6 日在琉森完成了总谱。其间，奥托·维森东克买下了《指环》的版权，从而给了瓦格纳——一个借债度日的天才——一些财务上的喘息空间。

然而，从这时到 1865 年 6 月 10 日《特里斯坦》在慕尼黑成功首演还有大约六年的时间。斯特拉斯堡（Strasbourg）、卡尔斯鲁厄（Karlsruhe）和巴黎都拒绝把这部作品搬上舞台。

这部作品提出的要求似乎是不可能达到的。最后一次尝试是在维也纳，经过七十七次排练后不得不放弃。不能说世界没有努力地尝试把"未来的艺术"搬上舞台。瓦格纳呻吟着说："我需要一个好的、真正有用的奇迹，不然一切都完了！"

奇迹出现在 1864 年 3 月 10 日，路德维希二世登上巴伐利亚王座时。十八岁的路德维希二世一直热切等待着能够与理查德·瓦格纳建立官方联系的一刻。自从看过《罗恩格林》，他就一心扑在瓦格纳的文章、剧本和舞台布景上，其他几乎什么都不想。他的第一批官方行动中就包括派遣使者去斯图加特拜访这位作曲家，瓦格纳有些困惑地收下了一枚钻石戒指和一张路德维希国王的彩色照片。第二天，1864 年 5 月 4 日，瓦格纳来到了路德维希在慕尼黑的皇宫。这个情景，用导演汉斯·纽恩菲尔斯的话说，是一见钟情，一见癫狂。不过这种疯狂给欧洲音乐带来了巨大的收获。顷刻之间，瓦格纳立即从所有的不愉快和艰苦境遇中被解救了出来。"我们昨天的会面是一场伟大的爱情场面，看起来好像永远都不会结束，"瓦格纳激动地告诉他在美因茨的朋友玛蒂尔德·迈耶（Mathilde Maier），"他最深切地了解我的本性和需求。他给予我生存、创作、把作品搬上舞台所需的一切。让我成为他的朋友，这就是他想让我做的全部。不用在宫廷任职，也没有具体工作。"

1862 年，萨克森国王批准了特赦，让瓦格纳能够先搬到施坦伯格，再到慕尼黑。路德维希命令他的宫廷歌剧院进行《特里斯坦》的首演。受邀参演的都是当时最杰出的天才：宫廷乐长汉斯·冯·彪罗担任指挥，德累斯顿的大明星、女高音玛尔维娜（Malvina，1825—1904）和男高音路德维希·斯诺·冯·卡洛斯菲尔德（Ludwig Schnorr von Carolsfeld，1836—1865）演唱男女主角，乐团的圆号首席是理查德·施特劳斯的父亲——那时理查德·施特劳斯才刚刚出生。观众反应不一，但这并没有困扰瓦格纳。他生活的方方面面都开始改变。1865 年 4 月 10 日，排练《特里斯坦》的第一天，科西玛·冯·彪罗生下了一个女儿。小女孩被命名为伊索尔德，是理查德·瓦格纳的第一个孩子。戴了绿帽子的丈夫冯彪罗非常愤怒，但守口如瓶。

角色与乐队编制

特里斯坦是瓦格纳歌剧中要求最高的男高音角色之一（传说路德维希·斯诺·冯·卡洛斯菲尔德在首演后很快死于过度劳累，不到三十岁）。伊索尔德的角色也是如此，这个角色需要一个戏剧性很强的女高音，能在第二幕里唱出极高的 C。一对疯狂的爱人徘徊在音乐可能达到的边缘。剩下的歌手不算多，包括特里斯坦的仆人和知己库韦纳尔（男中音），伊索尔德的女仆兼女伴布兰甘妮（次女高音），还有马克王（男低音）和他的臣下梅洛特（男高音）。一个牧羊人，一个舵手，一个年轻水手负责传递几条信息并起到链接歌剧内部与外部世界的作用。合唱则扮演水手们以及第一幕中出现的骑士和乡绅。

乐池中的乐队与《罗恩格林》编制相似，三支长笛、两支双簧管、一支英国管、两支单簧管、一支低音单簧管、三支大管、四支圆号、三支小号、三支长号、一支低音大号以及定音鼓、三角铁、钹、竖琴和弦乐。然而舞台上的音乐几乎完全是铜管的轻柔声响：只有三支小号、三支长号、六支圆号和英国号发出的和谐效果。

瓦格纳认为，从角色和乐团的角度，《特里斯坦》是适合城市歌剧院的一部作品：几乎没有合唱，台上的音乐不多——剧院经理人没有太多可担心的。当然，无论在当时还是今天，这都是一个鲁莽的断言。

剧情

第一个场景出现在爱尔兰和康沃尔之间的大海上，然后在马克王城堡的花园里，最后在特里斯坦位于布列塔尼的卡若拉（kareol）城堡里。日期不详。

歌剧开始之前发生的故事：在爱尔兰与康沃尔的战争中，特里斯坦杀死了伊索尔德的未婚夫爱尔兰国王莫洛德，并把他的头给了伊索尔德。身受重伤的特里斯坦被冲上了爱尔兰的海岸，并在那里受到了伊索尔德的亲自照顾，直到恢复健康。虽然伊索尔德认出了这个自称"坦特里斯"的人就是杀死莫洛德的凶手，但也无法出手杀了他。

第一幕：特里斯坦正在护送伊索尔德到康沃尔嫁给马克王。她感到受了羞辱，并告诉了女伴布兰甘妮她的故事（"痛苦啊痛苦，我要如何忍耐"）。布兰甘妮提醒伊索尔德，她的母亲曾经给了她们一个装着魔法药水的盒子，伊索尔德决定让特里斯坦喝下死神药水作为报复。为了避免被迫与马克王结婚，她也会喝下死神药水。特里斯坦走了过来，他们不情愿地喝了酒——然后倒进了彼此的怀抱里（"特里斯坦！——伊索尔德！不忠实的爱人"）不知是有意还是无意，布兰甘妮把死神药水换成了爱情药水。这时船到了康沃尔。

第二幕：在马克王城堡外的花园里，这对情侣在秘密地幽会（"啊爱之夜，快些降临吧"），忽略了为他们守望的布兰甘妮发出的警告。特里斯坦和伊索尔德正在经历爱的狂喜时马克王突然出现，被撞个正着。马克王被这双重的背叛伤透了心（"你真的会这样做吗？"），特里斯坦倒在了他的老朋友梅洛特剑下。

第三幕：库韦纳尔把他身负重伤的主人带回了卡若拉城堡，在那里一起等待伊索尔德。特里斯坦产生了幻觉（"伊索尔德来了，她很近了！"）。然而当他心爱的人终于到达时，他便死去了。马克王从布兰甘妮那里听到了关于背叛的真相，但他来得也太晚了。库韦纳尔和梅洛特在决斗中双双战死，伊索尔德则唱出了著名的"爱之死"（"他的微笑温情而轻柔"），然后死去。

　　这到底要说明什么？除了浓烈的感情没有其他。在现实中无法生存的浓烈。它关乎绝对个人的意念，而死亡是它唯一的结局，它关乎渴望死亡的魔力，关乎混乱和最深重的抑郁。对我来说，《特里斯坦》是一个实际的教训，告诉我们事情不应该是怎么样的。瓦格纳向我们展示了这场噩梦的各个方面，然后用沉思而抚慰的一笔结束在 B 大调上，变得放松而单纯甚至有些平庸的意味。伊索尔德的"爱之死"为这样的发展搭建了一座桥梁：关于人类意识的"夜之赞美诗"，一个长到几乎过分的渐弱成为了全剧的结尾，这时我们明白了白昼终将回来，很快就一定回来。生活还要继续。我不知道在"爱之死"的唱段结束后伊索尔德是不是真的死去了。在舞台上，瓦格纳写道："伊索尔德被布兰甘妮抱着，轻轻倒地在特里斯坦身上，仿佛凝固了。"这不由得让人想起艾尔莎和《帕西法尔》中的昆德丽，"慢慢地，抬头望着帕西法尔，昆德丽渐渐倒在他面前的地上，失去了生命。"——德语的用词是"entseelt"，"灵魂出窍"的意思。这是瓦格纳女性形象的典型命运。然而，还有一个不应忽视的潜在颠覆因素。伊索尔德难道不可能因为她心中的音乐而避免了死亡吗？她不就是音乐本身吗？整部歌剧的结局并不是灾难和彻底的消亡，而是音乐和艺术，不是吗？

　　我必须自问，为什么特里斯坦的死亡是如此重要。"他撕开了伤口上的绷带"，第三幕这样告诉我们，"再也不能控制自己"，向伊索尔德奔去。这形同于自杀。是因为只有死亡才能够再次统一在生活中被出生、命运、社会传统与道德所分开的东西？是因为也许伊索尔德对特里斯坦的爱没有特里斯坦对她的爱那样强烈？是因为在特里斯坦不能保持镇静而支离破碎时，伊索尔德仍旧保持着镇静？比起音乐中乌托邦式的狂热，我觉得这种想法看起来有些太美好、太浪漫、太像《罗恩格林》的精神。的确，我们可以看到瓦格纳暴风雨般紧张的早期歌剧对《特里斯坦》的影响。雨果·冯·霍夫曼斯塔尔（Hugo von Hofmannsthal，1874—1929）称瓦格纳于1858—1859 年间创作的音乐中"极端自传体"的因素在《特里斯坦》中比前面几部作品都要强烈。霍夫曼斯塔尔的评论给我们指出了一个简单的算式：玛蒂尔德·维森东克是伊索尔德，奥托·维森东克是马克王，瓦格纳自己当然是特里斯坦（明娜没有出现，也是瓦格纳作品的典型特点）。特里斯坦的自杀身亡，伊索尔德在"汹涌的洪流""持续的乐音""流动的宇宙"中为爱而死，瓦格纳在说：我可以作为一个男人或一个情人死去，却将作为艺术家和作曲家被铭记。从某种程度上说，瓦格纳用《特里斯坦》实现了他在生活中无法实现的。

关于体裁，《特里斯坦与伊索尔德》只标注为三幕叙事剧，"叙事"在这里指的是某种行为、情节或叙述。这种描述的背后有两种颇为刺激的想法。一个是《特里斯坦》几乎没有任何外延的戏剧情节发生。航程、爱之夜、等待和死亡——什么都没有发生。没有天鹅游过河流，没有来自罗马的朝圣者合唱团，没有船长的女儿从悬崖跃入大海。《特里斯坦》所发生的一切都是人物在说话、回忆、热情满溢、抱怨然后再交谈——主要是相互不和而不是彼此一致。这引出了第二个刺激人的想法：即使是恋人也不做任何事，他们没有肉体上的做爱，所以没有真正的"行动"，全部都是文字。结果，紧张持续了四个小时也没有解决。也因此，第一幕的前奏只是一个想象的版本，描述了完全无法实现的热情。而第二幕中马克王发现这对恋人的情节就像是突然打断了两人的性爱。托马斯·曼称《特里斯坦》为经典的形而上学的艺术作品。一切都发生了，但只是发生在幻想中。

音乐

F，B，升 D，升 G——第一眼看去是一个不引人注目的四音和弦。然而在歌剧的第二小节，它同时打开了通往天堂与地狱的大门。这个和弦被称为"特里斯坦和弦"，它是一个口令，是开启所有现代音乐的密码。这是一个不符合任何调性结构、不和谐的和弦。一个和弦独自站在空中，不想去任何地方。与经典和声学理论要求都不同，"特里斯坦和弦"不求在最近的和谐处得到解决。"特里斯坦和弦"本身就足够了，就像特里斯坦和伊索尔德只需要他们彼此，只知道他们的爱。没有婚姻的承诺，没有忠诚的誓言，没有过去，没有恐惧，甚至连死都不怕。如果要把瓦格纳的生平与他的艺术作品大致对应，我们可以说现实生活中玛蒂尔德·维森东克没有给他的一切都被瓦格纳结晶在"特里斯坦和弦"里，绝对服从于他们的感情。

时至今日，音乐理论家对这个和弦的分析和注释也没有形成明确的结论。它到底是什么？转位的三四和弦？降低了第五音的重叠九和弦变形？下属音的加六度和弦？还干脆就是一个简化了的主和弦？我想，在理论工具箱乱翻一气只能表现出我们自己的无知。作为一个整体，《特里斯坦》的音乐也是如此：传统的标准无法定义这部作品。在和声方面，没有大调和小调的区别，并丝毫没有任何老式分段歌剧的痕迹。颇具戏剧性的还有，艺术家与其周遭的社会现实之间的旧矛盾似乎淡出了视线。相反，我们听到了半音音阶和自由的对位，歌手们的声音仿佛是乐器，与充满交响性和催眠性的音乐交织在一起。《特里斯坦》使瓦格纳跨越了半个世纪后才被人们意识到的边界。《特里斯坦》的音乐体现弗洛伊德的精神分析学、托马斯·曼的文学，《特里斯坦》点燃了古斯塔夫·马勒、阿诺德·勋伯格（Arnold Schönberg, 1874—1951）、阿尔班·贝尔格、克劳德·德彪西这一代人的音乐思想。"这里最重要的活动都产生在人们的脑海里。"瓦格纳用最直白简单的语言阐述了自己的态度。在科西玛1870年的日记中，我们也找到了与之相符的作曲原则："在马车里，R（理查德）说在音乐中同时放入几个动机，耳朵感觉到的只有一个，但添加其他的作为伴奏大大增强和提升了聆听者对所识旋律的印象。"瓦格纳用音乐表达潜意识，映射出我们的记忆、梦想和预感。

《特里斯坦与伊索尔德》是瓦格纳第一部真正意义上的整体艺术作品。作为一个实践者，他显然是从理论中受益匪浅，至少在这部作品中他成功地挣脱了传统歌剧的束缚。第一次，内容从根本上决定形式。前奏曲简单地被称为引子，自然地进入第一个场景（没有人敢在大提琴和低音提琴最后的拨奏结束时叫好），每个段落都无法独立于其他段落之外，更不用说从整体声音里分出咏叹调、合奏等诸如此类的东西。整部总谱就是一个声音的织体，用尼采的话说，是一个"甜蜜并令人毛骨悚然的无限洪流"。

在《罗恩格林》中我们已经感觉到，前奏曲放在歌剧的开头不如放在第一幕的结尾效果好。在演出开始，音乐家们经常还有些紧张，而指挥要把乐器分成很多部分并让他们清晰而准确地做出弱奏也不容易。然而，一个失败的引子会毁掉整晚的《特里斯坦》演出。如果引子听起来很随意，整晚的演出可能陷入单调乏味的危险，而单调乏味在第一幕里不易被修正；如果引子听起来过于热烈，指挥可能在最初十分钟就用尽所有的力气。《特里斯坦》从零迅速上升到三百，因此具有爆炸性。这种爆炸性物质要求你有敏锐的感觉，就像要撬开保险柜一样地敏锐。要么你碰响了警铃，要么你找到正确的数字组合。

从一开始我就觉得《特里斯坦》是个试金石。我记得自己年少时坐在钢琴旁，弹奏布兰甘妮的"夜之守望"，在第二幕里她唱着"啊，小心！"——只是连接的几个和声。我在想办法搞懂瓦格纳是如何达到这种催眠的声音——老实说，直到今天我还不能完全确定。在这里有很多因素——但不是所有——可以让我们透彻地分析。在自传中，瓦格纳写道，他花了将近两周的时间才写出了这五分钟的"守望之歌"。那一定是两个悲惨、可怕的星期，直到他终于找到了他想要的东西。有时我觉得理查德瓦格纳像是"化身博士"（Dr.Jekyll and Mr.Hyde）：他个性的一面看见异象，蹒跚着从一个疯狂的梦游状态走到下一个（海德先生），他个性的另一面则从事建造与提炼，混合或抛弃各种想法，酝酿并品尝它们的味道（杰基尔博士）。瓦格纳的天才就在于两个侧面的互通。

还有一个地方总是让我特别着迷，特里斯坦在第三幕大段的重述中抱怨阳光，抱怨他无法死于爱情的毒药，而这只会徒增他的痛苦和折磨。歌词唱道："这样的酷热 / 让人窒息，/ 啊，没有绿荫，没有凉爽的夜晚！"木管乐器奏出全剧中绝无仅有的、尖锐的三连音"嗒嗒嗒，嗒嗒嗒，嗒嗒嗒，嗒嗒嗒"，仿佛强烈的日光穿透男主角的视网膜。弦乐则以狂野多变的音色做衬托，一半是颤音效果，一半是抽搐，大幅度的渐强。从作曲的角度，瓦格纳在这里享受着自己的精湛技艺所带来的纯粹快乐。他似乎在问自己，我到底能走多远，我要怎样才能把世界逼疯呢？就是这样，通过这个疯狂的夜曲，这就是答案。这就是帕格尼尼效应，充满魔性，为艺术而艺术，仅仅是因为他能做到。

尽管这个有关阳光的段落非常吸引我，指挥"特里斯坦的哀歌"时我必须保持冷静的头脑。在四十五分钟内它的波浪越来越高，必须像潮水的涨落那样有机地构筑起来，不让音乐停止或在匆忙中出来，也不能让男高音在中间喘不上气来。这是对我的敏感度、专注力，对整部歌剧的了解以及个人力量的最大挑战。《特里斯坦》第三幕中的描述所达到的极端境界被公认为无与伦比绝不是没有道理的（在《帕西法尔》第二幕中，我们再次看到了这样的描述）。

《特里斯坦》的强度对应着瓦格纳对这部歌剧的诠释者提出的要求。这是作品的疯狂之处：它太诱人、太危险、太邪恶也太神圣。一个人不应该过于频繁地演唱、演奏或指挥它，总是要小心翼翼地对待它——带着敬畏、尊重、奉献、爱和一丝畏惧。一方面，我们作为音乐家不打算像特里斯坦一样对自己施暴，到死亡里去寻找内心的满足和释放；如果我们这样做，就不会有音乐。另一方面，认真对待这部作品的音乐家都冒着感染某些临界症状的风险。

成功的《特里斯坦》诠释者需要有一副精神的盔甲——这听起来矛盾却非常真实——当波浪打翻他时，某些东西会使他浮出水面。成功的《特里斯坦》诠释者是时时刻刻掌握着毒药柜钥匙的药剂师——成功的《特里斯坦》诠释者还要懂得如何拆除炸弹。

录音

2002 年，在维也纳国家歌剧院，我最后一次演出了《特里斯坦》。然后我自己决定暂停，在一段时间内不再碰它。我突然感到恐惧，害怕我最喜爱的歌剧使我在心理上和情绪上都进入异常紧张的状态，使我对自己感到陌生。空虚和极度疲倦的感觉笼罩了我，好像我再也无话可说，永远也不想再说。我必须在 2015 年指挥拜罗伊特音乐节的《特里斯坦》之前把自己从这种情绪中解救出来。这十三年的间隔期对我大有裨益。至少我可以慢慢地感到自己重新燃起了欲望。这一次我会以完全不同的方式来处理《特里斯坦》。

我本人有一版维也纳歌剧院的录音（DG 厂牌），美国籍男高音托马斯·莫泽（Thomas Moser）演唱特里斯坦。想要如此抒情的男高音在演出时呈现出应有效果，必须要遵守一些规则：乐团指挥需在最终的乐段（第一幕结束部分，"月夜之爱"段落结尾）小心地使声音听起来不过于紧实、饱满，否则男高音的声音会散掉，并且在第三幕中我们将听不到男高音的歌声。我希望我在维也纳这一版里成功地做到了。相比之下，1952 年卡拉扬拜罗伊特版本演员阵容截然不同，我个人认为，这仍然是最杰出的录音之一（Orfeo 厂牌）。雷蒙·维奈用天鹅绒般暗沉的音色演唱特里斯坦，他所饰演的骑士略带些许忧愁。如日中天的玛莎·莫德尔饰演伊索尔德——多么洪亮的声音，多么棒的女人！艾拉·马兰柯（Ira Malaniuk,

1919—2009）饰演的布兰甘妮光芒四射，在"守望之歌"里显示出无与伦比的绝对权威，会使你不禁好奇为什么那对情侣不立刻言听计从。录制完成时卡拉扬四十四岁，他对歌手的掌控力好像他除了《特里斯坦》以外从没有指挥过其他作品。录音中透出的纯正气息、光感、阴影、色彩，都是以前不曾出现过的。这一版本总会让人觉得卡拉扬才是导演，掌控着整部制作。在第三幕开始时的乐团序奏中，他享受着拜罗伊特温和的音响，他让大提琴作为引领但是毫无压迫感，也不吵闹，使人产生在聆听小提琴的错觉——这种清晰且细腻的声音他处难寻。

里程碑式的录音版本在《特里斯坦与伊索尔德》的唱片目录史中比比皆是。其中之一是 1937 年托马斯·比彻姆（Thomas Beecham，1879—1961）在伦敦指挥录制的版本。正如瓦格纳所期望的那样，比彻姆将交响乐团作为主角对待（EMI 厂牌）。理想的戏剧女高音洁丝汀·弗勒斯达德（Kirsten Flagstad，1895—1962）饰演伊索尔德，她在 20 世纪三四十年代直至 50 年代早期都是伊索尔德的不二人选。她的名字还出现在指挥家埃里希·莱因斯多夫在纽约大都会歌剧院、1948 年埃里希·克莱伯在阿根廷的科隆大剧院、1952 年富特文格勒指挥爱乐乐团在伦敦录制（路德维格·苏塔斯 [Ludwig Suthaus，1906—1971] 饰演特里斯坦，EMI 厂牌）的传世经典版本中。此时弗勒斯达德已经五十七岁，说听不出她的年龄是不对的。她饰演的伊索尔德见过一切，也了解一切，演唱的时候更倾向于沉思回味，而不是临场发挥。我觉得富特文格勒亦是如此。他对音乐那无与伦比的深度感知，他对声音富有磁力的感觉，他对心理活动的掌握，都让他的晚期录音中体现出一种日落黄昏和深具中庸之道的感觉。两年后富特文格勒去世，我有时会觉得他和传说中的他不太一样，对1933年到1945年之间德国发生的事情没有那么容易苟同。

下一代人中，我最喜欢沃尔夫冈·萨瓦利什在1957年的录音，唱主角的新拜罗伊特梦中情侣比尔吉特·尼尔森（Birgit Nilsson，1918—2005）和沃尔夫冈·温德加森年轻但不是空有热情。当然还有卡洛斯·克莱伯和他于1980—1982年间在德累斯顿圣路克教堂录制的传世经典（DG厂牌），这个版本的录制在结束时产生了一些分歧，克莱伯与演唱特里斯坦的勒内·克洛之间发生的争执是决定性的因素。因为歌手生病，《特里斯坦》的哀歌部分需要后期在录音棚里完成（由克洛独唱，这是当时通行的方法）。但将这一部分与克莱伯的指挥相配合并与其他的材料融合是需要时间的。尽管指挥家极其不满，但唱片的效果非常精彩。我认为克莱伯与卡拉扬相近：太阳神阿波罗的风格，乐队的演奏清澈透亮，极其抒情的歌手（玛格丽特·普莱斯 [Margaret Price，1941—2011] 永远不会在舞台上演唱伊索尔德，但在这个录音里她充满朝气令人愉快的表演给人物带来了积极而大胆的光芒），非常冒险的速度。卡洛斯·克莱伯是一个音乐情色狂，他的《特里斯坦》激发了人们脑海中的想象，使任何舞台演出看起来都近乎陈腐。在任何情况下，《特里斯坦》的舞台布景制作，从阿道夫·阿皮亚（Adolphe Appia，1862—1928）到由阿尔弗雷德·罗勒（Alfred Roller，1864—1935）再到维兰德·瓦格纳，都偏爱留白和象征性的抽象空间。

8 《纽伦堡的名歌手》

对宽容的请愿书

我认为《名歌手》是瓦格纳全部作品的中心和支点。一方面，它是对《特里斯坦》的反作用力；另一方面，瓦格纳发现自己在《齐格弗里德》的创作上进了死胡同，这两部作品一起向他指出了前进的道路。《名歌手》的迷人之处在于它的包罗万象。英雄与反英雄，喜剧与悲剧，上层社会和下层社会的情侣，讽刺和反思，新与旧，总之是整个世界。最能总结这部剧的魔术字眼是"气氛"和"诗歌"。作为一个指挥，我怎么能让音乐在夸张和模仿中闪光，并同时具有真实感？反过来，我又如何能让其情绪化的声音听起来真实而不虚伪，并强调音乐中深受欢迎的那一部分？瓦格纳从根本上要求他的诠释者把一个圆圈画成方形，使《名歌手》成为一部非常难以表现的作品。也许只有通过潜移默化的渗透：当我们完全敞开心扉，接受剧中全部的情绪、色彩和香味，深深地将它们吸入，然后它们才会在正确的时刻自然而然地从我们身上再次浮现出来。

起源

在 1865 年 6 月《特里斯坦》首演的几个星期和几个月前后，瓦格纳是个快乐的人：他似乎找到了适合自己的出版商——伯恩哈德·肖特（Bernhard Schott），这家位于美因兹的音乐出版社从奥托·维森东克手中买下了《指环》的版权，并预付了部分《名歌手》的版权费，路德维希二世满足了他的每一个愿望，他找到同时具备情人、生活伴侣和合作伙伴等特质又欣赏他艺术的女人科西玛·冯·彪罗。科西玛比瓦格纳年轻二十四岁（还高十五厘米），精于世故，掌握多种语言，并受过良好教育：她是弗朗茨·李斯特和伯爵夫人玛丽·达古尔（Countess Marie d'Agoult, 1805—1876）的女儿。科西玛于 1857 年与指挥家汉斯·冯·彪罗结婚（具有讽刺意味的是，他们的蜜月旅行正好途经瓦格纳夫妇当时租住的维森东克花园的房子）。1862 年 11 月，理查德·瓦格纳最后一次在德累斯顿见了他的妻子明娜，三年后的 1866 年 1 月，被抛弃的明娜孤独辞世。瓦格纳不能来参加她的葬礼，这时他已经失去了巴伐利亚宫廷的支持，不得不再次到瑞士寻求庇护。他昂贵的生活方式给巴伐利亚州的国库带来了巨大的财政压力，他对于贵族"无用、被阉割而沦落到如此程度"的无礼政治评论，还有他与冯·彪罗太太臭名昭著的婚外情，让公众失去了耐心。

1866 年 3 月，瓦格纳搬到了靠近琉森市、位于琉森湖边的特里布申（Tribschen）别墅。路德维希替瓦格纳付房租，当时仍旧和冯·彪罗保持着婚姻关系的科西玛为他操持家务。1867 年 2 月，他们的第二个孩子爱娃出生，1869 年 6 月，他们的儿子齐格弗里德出生。直到 1870 年秋天，科西玛才向冯·彪罗提出离婚要求。1870 年 8 月 25 日，科西玛和理查德终于在琉森正式结婚。具有潜在同性恋倾向的国王路德维希对这个婚姻感到非常不快，感觉遭到了背叛与欺骗。然而这并不妨碍他终生都是瓦格纳作品的崇拜者。

1869 年，另一位崇拜者敲开了瓦格纳特里布申别墅的大门，这就是二十四岁的巴塞尔大学语文学教授、未来的哲学家弗里德里希·尼采。上一年他们在莱比锡一次时髦的瓦格纳《名歌手》朗读会上见过面，在那次朗诵会上，作曲家分饰各个角色并模仿他们的嗓音。在年轻的尼采看来，瓦格纳"充满了难以置信的活力和火热的个性"。尼采还曾经写到，无论如何，没有瓦格纳的音乐，他就不知如何熬过自己的青年时代。尼采曾二十二次在特里布申留宿，与瓦格纳一起讨论政治和美学，和孩子们一起游戏，或者帮科西玛跑腿。尽管如此，瓦格纳和他的信徒还是保持了一定的距离，也许他已经感觉到痴狂与疯癫之间的界限并不是很容易分辨的。

1872 年，拜罗伊特音乐节成立后，这段友谊逐渐降温，在哲学家这边，则转向了彻底的敌意。

《名歌手》的第一版文字草稿可以追溯到瓦格纳创作《唐豪塞》和《罗恩格林》时造访玛丽恩巴德温泉（Marienbad，位于当时的波西米亚，如今的捷克境内）取用泉水的日子。故事来源于约翰·克里斯托夫·瓦根塞尔（Johann Christoph Wagenseil, 1633—1705）1697 年的著作《名歌手的神圣艺术》、约翰·路德维格·戴哈德斯坦（Johann Ludwig Deinhardstein）的剧本《汉斯·萨克斯》与洛尔青的同名歌剧、格维努斯（Gervinus, 1805—1871）的《德意志民族诗歌文学史》，雅各布·格林（Jacob Grimm, 1785—1863）的《关于古老的德国民歌》，还有 E.T.A. 霍夫曼的小说《箍桶匠马丁和他的学徒们》。瓦格纳什么时候读的这些作品？1851 年，瓦格纳在"给朋友们的消息"中写道："就像在古代雅典一场悲剧之后紧跟着就是欢乐的情色故事，创作一部喜剧的念头突然出现在我的脑海里，实际上它可以承接我的《瓦特堡的歌唱比赛》。"然而直到十年以后他才写出了第二版文字草稿。1861 年，《唐豪瑟》在巴黎首演之后，瓦格纳似乎又想起了他的喜歌剧。瓦格纳在 1862 年 1 月完成了《名歌手》的剧本，1967 年 10 月终于完成了总谱。最终，《名歌手》不仅是与《特里斯坦》比肩的剧目，而且中和了《特里斯坦》过分的多愁善感。

我们几乎可以说，在创造了音乐史上毒性最强的致幻剂之后，瓦格纳提供了对症的嗅盐来抵消它。《纽伦堡的名歌手》

于 1868 年 6 月 21 日在慕尼黑首演。瓦格纳与路德维希二世一起坐在国家剧院的皇家包厢里，歌剧受到热烈好评。

角色与乐队编制

《名歌手》的独唱人数非常之多，为首的工匠就有十二个，从肥皂师傅到合金工匠，从杂货商到袜子编织匠，为首的是鞋匠汉斯·萨克斯（男中音）和金匠维特波格纳——伊娃的父亲（男低音）。用传统歌剧的眼光来看，伊娃（女高音）——也叫小伊芙——和来自弗兰肯的骑士瓦尔特·冯·施托尔青（男高音）是上层社会的一对恋人。伊娃的保姆玛格达莱妮（女中音）和萨克斯的学徒、活泼的大卫（男高音）则是平民社会中的一对恋人。合唱队构成了来自各个行业协会更多的学徒、帮工、当地女孩和市民云集的大画面。这些形形色色的人都必须在舞台上各得其所，各安其分。

名歌手需要的乐队不大，然而听起来非常实在，而且最重要的是非常响。这就造成一个问题。瓦格纳使用的乐器中包括两支长笛、一支短笛、两支双簧管、两支单簧管和两支大管，三支圆号、三支小号、三支长号、一支大号，还有定音鼓、大鼓、钹、三角铁、钟琴、竖琴，以及贝克梅瑟竖琴和大量的弦乐。在舞台上有各种各样的喇叭和号角，有管风琴，有鼓，还有在第二幕终曲时守夜人的“号角”。

剧情

场景是在 16 世纪中期的纽伦堡。

第一幕：在凯特琳娜教堂里，弥撒即将结束。前一天到金匠维特·波格纳家做客的瓦尔特·冯·施托尔青爱上了金匠的女儿伊娃。施托尔青本是一个骑士，想成为纽伦堡的公民。伊娃告诉施托尔青她必须和第二天歌唱比赛的获胜者结婚，否则就终身不嫁。在教堂举行的名歌手大会上，施托尔青宣告自己为伊娃的一个新追求者，并为名歌手们唱了一首歌（"在静静的壁炉旁"）。希望自己赢得比赛的镇书记西克斯图斯·贝克梅瑟担任施托尔青的"记分员"（记分员是根据名歌的规则记录歌手所有错误的裁判）。最后，名歌手们做出了明确的判断：贵族施托尔青唱得不好，不符合名歌手的要求。

第二幕：在波格纳家到汉斯·萨克斯居所之间的街道上。大卫告诉玛格达莱妮施托尔青在试唱中的表现，而伊娃试图从汉斯·萨克斯那里得到更多消息。萨克斯似乎为伊娃着了迷（"丁香花的香味多甜蜜"）。当施托尔青出现，这对恋人决定违抗名歌手的裁决并一起逃跑。伊娃穿上玛格达莱妮的衣服。然而坚持要赶工的萨克斯阻止了他们私奔。这时，贝克梅瑟跑来向伊娃献唱小夜曲（"现在我看到曙光"）。鞋匠的锤击和贝克梅瑟没调的演唱最后吵醒了邻居们。大卫以为他抓住了玛格达莱妮与贝克梅瑟幽会，场景逐渐变成了街头的群殴。但是守夜人午夜巡视时一切都结束了。

第三幕：仲夏的清晨在自己家里，汉斯·萨克斯想起昨夜发生的事情（"疯狂啊疯狂，到处都是疯狂！"），而大卫则提醒他当天的职责。施托尔青描述了自己的一个梦，在萨克斯的帮助下把它变成了一首歌曲（"清晨的阳光照耀"）。贝克梅瑟以为自己看到的是萨克斯的诗作，赶快偷偷把它抄了写下来。在萨克斯的描绘中施托尔青的歌曲是对"幸福的晨梦"的阐释，两对恋人和萨克斯一起形成了美妙的五重唱（"像太阳一般神圣"）。场景移到节日的草地上，所有行会的学徒们和师傅们都在一起欢庆。贝克梅瑟以自己偷来的歌曲作为歌唱比赛的开场，当他无法记住歌词的时候变成了众人的笑柄。歌曲的原作者施托尔青演唱对了歌词，赢得了歌唱比赛，也赢得了伊娃。萨克斯向施托尔青解释了名歌手们对艺术的责任，原本犹豫不决的骑士终于成为了名歌手行会一员（"为德意志的大师们骄傲吧"）。

我认为，《名歌手》是一份以宽容为主题的请愿书。歌曲的结尾非常有意思，而且很不幸地经常被误解。瓦格纳标注着"在场的所有人都加入了人群一起歌唱"，我认为这无论如何都不是把所有人一致化的处方，并不是像首演指挥汉斯·里希特说的那样"一剂富含铁质的 C 大调的矿泉水"，而是一个群体在表述他们一致认同的信仰。施托尔青唱出了一首打破先前规则的歌曲，然而所有人都为他的胜利而欢呼。人们知道只有共同努力才能成功，互相争斗没有意义。这样看来,《名歌手》几乎可以看作是倡导一体化的歌剧。施托尔青是外来者,来自不同背景(贵族)的移民,他的唱法从表面看来并不正确,却被纽伦堡的资产阶级社会所接受,并迅速地改变了社会本身。各行业的师傅们必须从自己僵化的、狭隘的思想中挣脱出来,才能续写他们的成功。就像政治总有个人的角度,瓦格纳在表现冲突时也采用了个人角度。

汉斯·萨克斯必须接受这个不可避免的事实:伊娃所爱的是外来的骑士,而不是他这个鳏夫。更糟糕的是,他还要保证骑士赢得歌唱比赛("艺术是衡量的标准"),这意味着,他必须放弃自己的利益和感情。《名歌手》第三幕对《特里斯坦》的回忆十分引人注目,在这里萨克斯告诉伊娃,他决定自己放弃追求她是多么艰难的决定:"我的孩子 / 我知道特里斯坦与伊索尔德的悲伤故事 / 汉斯·萨克斯是明智的 / 我不要马克王的幸福。"他决定,是时候面对现实了,不再向不幸的方向前进。

还有一个令人着迷的问题:贝克梅瑟后来是什么样子。这里镇上的书记员偷了一首歌,弄得自己很傻,在节日的草坪上被人们"响亮地嘲笑"。最后他愤怒地跑了出去,"消失在人群之中"。我觉得贝克梅瑟还是留在了纽伦堡,他不像《魔弹射手》中的反派角色卡斯帕那样被立即处置("把这个怪物扔到狼群出没的山谷"),也不像《齐格弗里德》剧中的迷魅最终被杀死。总的来说《名歌手》不是一部极端或黑暗的作品,如果瓦格纳想造成那样的印象必须使用完全不同的配器，而且他一定会想要以完全不同的方式来呈现这部歌剧。第二幕结尾时的群殴最糟的结果就是鼻青脸肿，遍体鳞伤，但调子绝对是滑稽讽刺的。还有什么地方有这样以严格对位的赋格形式来表现人们愤怒的吗？正如瓦格纳本人所说，"资产阶级社会中的工匠们"有很多不满，有艰难时刻，有灰色的阴影，有向深渊的凝视。然而全剧尾声的气氛绝对是欢欣快乐的，带着节日的喜庆。如果我们今天不能正确地看到和听到这些，应该算作我们自己的无能而不是归咎于歌剧。

音乐

《名歌手》是德国节庆歌剧的登峰造极之作。"艺术"再一次对艺术本身进行思考，这次是用典型的瓦格纳方式还是典型的德国方式？这一次的思考带着一种非常矛盾的态度，至少乍看起来很矛盾。从角色组合上看，《名歌手》像是意大利的喜歌剧和德国的"娱乐歌剧"，三个规模宏大的结尾则让人想起梅耶贝尔的法式大歌剧，如果我们相信瓦格纳自己的方法，整部歌剧听起来像"把巴赫带入现实……很古老却又很新鲜"。为了达到这种效果，瓦格纳第一次也是唯一一次放弃了众神、异域的英雄和神话背景。《名歌手》中的角色都是有血有肉的人，表现良好的资产阶级小市民。这样的组合效果良好。它由虚构的现实和密切观察到的传统关系组成，混合了真实与虚构，总谱写得非常有智慧。很多歌剧院都用《名歌手》做开幕之作或庆祝歌剧院重新开放：1901 年慕尼黑的摄政王剧院、1905 年纽伦堡歌剧院、1949 年弗赖堡歌剧院、1951 年新拜罗伊特剧院、1955 年柏林国家歌剧院、1960 年莱比锡歌剧院、1963 年慕尼黑国家剧院、1998 年埃森阿尔托剧院的开幕之作都是《名歌手》，而且在将来它可能会被更多的歌剧院用于开幕演出。

瓦格纳对艺术的理解在第二幕中汉斯·萨克斯关于"丁香"的独白中表现得特别清晰："我能感觉到却不能理解它，不能抓住它也不能忘记它；即使我能理解它，也无法度量它。"瓦格纳说，艺术是无法度量的，只有当它意识到自身的效果并由心而来时，它才能如此。在我看来，瓦格纳作品神秘的奥秘就在于这种张力，这种对能量的衡量。在《名歌手》中，瓦格纳把这种张力作为他的主题。正如卡尔·达尔豪斯（Carl Dahlhaus，1928—1989）所言，汉斯·萨克斯是瓦格纳通过一个经典人物完成的自画像。萨克斯就像瓦格纳一样，是个令人印象深刻的人物：艺术家与工匠的结合，鞋匠与诗人的结合——相似之处显而易见。

但早期现代性的音乐语境又如何呢？三声部对位的前奏曲可以作为巴洛克序曲；打斗场面在技术上是双赋格曲，复调特点突出——简而言之，它是古式的或仿古的。听着，瓦格纳说，我知道我要走的道路，我知道我所代表的传统，我将告诉你们我能做什么。《名歌手》总让我想起理查德·斯特劳斯的《玫瑰骑士》，因为在两部剧中，表面的简单之下都是非常复杂的构成。而其中天真的那一面只能是"感性"精神的工作（也就是深思熟虑的精神）。正如施特劳斯把华尔兹带到了玛丽亚·特蕾莎的时代，《名歌手》则带着 19 世纪的烙印。比如，在 16 世纪的纽伦堡不可能长出丁香花，但是接骨木（在德语里可以用同样一个词）就很有可能。而且瓦尔特·冯·施托尔青这样一个贵族，怎么能够教给行业里的师傅关于艺术的真正秘密呢？这似乎不符合 1871 年之前的爱国精神，也不符合瓦格纳本人根本的革命信念，然而看起来却很不错。生活总是充满了矛盾。

卡尔·达尔豪斯说得精辟："成为艺术的艺术就是必须掩盖它是艺术的事实并且看起来很自然。"在《名歌手》里，没有任何一个小节能让我们看到雕琢与合成，表面上看一切都很自然地结合在一起，其中包括不少于四十五个的主导动机。听起来很奇怪，但是这部总谱可以很有逻辑地口述出来，所以直到今天我仍然相信，一个指挥家不需要对这部作品提出自己的"概念"。你只需要敞开心扉，自信地对待它的幽默、机智和它所玩的把戏。

以第三幕的前奏曲为例，忧郁的大提琴抒情曲像是进入了空虚的地底。这是什么音乐？是与即将到来的节日草地之壮丽的极度对比吗？是灵魂的地牢吗？是前天晚上街上群殴之后整个群体的头痛后遗症吗？托马斯·曼称其为"资产阶级哲学"，因为第三幕的开头是汉斯·萨克斯的世界，是比鞋匠的作坊和丁香（或接骨木）的香气要大得多的世界，反映了他自己的生活和回忆，沉思、写诗、唱歌都是为了看清生活的真谛。恩斯特·布洛赫（Ernst Bloch, 1885—1977）看到了其中一种基本的忧郁。瓦格纳是如何找到摆脱这种情绪的方法的呢？首先，施托尔青带来了他的"晨梦"这首歌，紧跟其后的是五重唱，然后宏伟地过渡到贝克梅瑟的哑剧，这个镇上的书记员试图找到自己偷来的诗句的诀窍。他呻吟着，一瘸一拐地自言自语着，就好像瓦格纳为他身上的每一处伤痕都谱写了音乐；街头群殴的动机与贝克梅瑟第二幕中失败的小夜曲仿佛在争执，萨克斯的鞋匠之歌简短地出现，施托尔青的影子在房间里萦绕：生活是一个无情的片段混合体，滑稽、歪曲和真理囫囵一体。音乐空前地稳定发展, 头脑清醒。瓦格纳经常是这样：给奥特鲁德、贝克梅瑟和克林格索尔这样邪恶难缠的角色配上最大胆的音乐。

　　这样多层次感的现实存在于节日的草地上。旗帜飘扬，工匠们唱着歌，我们听到华尔兹和连得勒舞曲的片段，我们听到鼓声和号角声。C 大调三百六十度地主宰着闪闪发光的戏剧场景，在它的顶点要找到中断或怀疑完全是徒劳的。瓦格纳在这里做得完美无瑕，事实上正是这种完美使得对这部歌剧的错误理解成为可能，它很快成为了第三帝国的样板歌剧。尤其引人注目的是，希特勒和戈培尔观看了《名歌手》1933 年在拜罗伊特的演出，以及 1935 年在纽伦堡庆祝德意志党大会上的演出。瓦格纳精湛的乐剧就这样成了纳粹的象征吗？

　　好几次有人问我在纽伦堡和拜罗伊特指挥《名歌手》是什么感觉？我的回答总是：很容易。一方面，公众对这部歌剧的反应并没有停留在 20 世纪 30 年代；另一方面，艺术家的工作也不是让过去历史上的演出支配或歪曲他自己对作品的认识。毫无疑问，我们应该知道谁、在什么时候使用过一件艺术品的同时，也必须在自我的经验和感受上站稳立场。很明显，我和 1933 年、1935 年的指挥感受不一样。

　　说到拜罗伊特，节日剧院其实并不适合演出《名歌手》。只有在有所保留的情况下，乐池里乐器的交错布置才适合表现乐曲精致自由的风格。在绿山上，有些段落永远不会令人满意，例如街头群殴的场面，做不到应有的清晰度，因为所有的小音符在乐池的盖子下，很容易下失去清晰的声音。然而，拜罗伊特最容易成功地传递乐曲中的轻盈和诗意。第二幕"仲夏夜之梦"的氛围，还有第三幕中"鞋匠的作坊"，只有在节日剧院听起来才如此明亮迷人，充满紫丁香的芬芳——这多少让人心理平衡一点。

录音

　　《纽伦堡的名歌手》长达四个半小时，绝对不是一部短小的喜歌剧。指挥需要很好地把控作品，前方危险重重，前途难测。首先，如果你很年轻，也许会觉得自己可以背谱指挥，但是很快就会发现自己在毫无目标地挣扎。第二幕中贝

克梅瑟断断续续、不断跑偏的小夜曲很容易出岔子，第三幕
中贝克梅瑟的滑稽戏更容易出乱子。比较有效的办法是集中
精神找到这段滑稽戏的正确速度。其次，如果你像指挥音乐
会曲目或返场曲那样指挥前奏曲，你就已经消耗掉了太多精
力。再次，如果你把前奏曲中敏感的门德尔松式的细密与喧
闹的声音和音量混淆了，马上你就会无法让乐团在第一幕中
平静地演奏下去。我们都知道在开始的时候（第一幕赞美诗
结束后）这是非常必要的。施托尔青和伊娃、伊娃和玛格达
莱妮之间急速的对话需要非常流畅，也因此很少能做到精确。
"等一下！让我说一句话吧，就一句！""我的头巾呢？找找
看，我的头巾在哪里？"洛尔青写的很可能是纯粹的娱乐歌
剧。此外，这里瓦格纳在总谱上写着"持续的强"，完全不
可理喻。也许当时的乐队就是没有演奏得够强，或者这只是
我自己简单的解释而已。如今在这样的段落你需要在舞台与
乐池之间不断地协调。

　　同时你一定不能忽略《名歌手》这道山脉的整体性。完
全从技术和手法的角度看，第一幕非常难（也是需要排练次
数最多的一幕）；第二幕是戏剧的铅垂线，全剧的中心，精
美的杰作；第三幕太长了，接近两个半小时，这会使演员筋
疲力尽。唯一的解决办法就是依靠指挥的冷静。因此，过
去伟大指挥家的录音对我很有吸引力：赫尔曼·阿本德洛特
和富特文格勒于战时 1943 年的夏天在拜罗伊特的版本，鲁
道夫·肯佩（Rudolf Kempe，1910—1976）1951 年在德累斯顿的版

本，汉斯·克纳佩茨布施 1955 年在慕尼黑的版本，同年弗里茨·莱纳（Fritz Reiner, 1888—1963）在维也纳的版本和 1970 年卡拉扬活泼的录音棚版本（担任演唱的也是德累斯顿版的歌手们）。再晚些的录音不是像欧根·约胡姆（Eugen Jochum, 1902—1987）和柏林德意志歌剧院版本那样受到大牌歌手不必要的困扰（普拉西多·多明戈饰演施托尔青），就是像沃尔夫冈·萨瓦利什与巴伐利亚州管弦乐团 1993 年的版本那样陷入非常自满的音乐演奏风格。《纽伦堡的名歌手》的难度在于指挥必须同时拥有幽默感和机智，并且不怕悲伤和动情，必须严格地观察对位的段落，能灵活调整各个段落的节拍。

1937 年阿图罗·托斯卡尼尼在萨尔斯堡音乐节的版本也是一个传奇。毋庸置疑，它轻快而富有弹性，出色地抓住了瓦格纳对话式的音调，同时托斯卡尼尼的歌手发音清晰自然并且准确（汉斯·赫尔曼·尼森 [Hans Hermann Nissen, 1893—1980]饰演汉斯·萨克斯，玛利亚·雷宁 [Maria Reining, 1903—1991] 饰演伊娃）。然而，我觉得它缺少音符之间的一些小氛围，尽管这很可能要归咎于当时极其低下的录音技术水平。直到 1960年，在《纽伦堡的名歌手》中选用更重量级的声音都是惯例。继尼森之后，演唱萨克斯的是保罗·肖弗勒（Paul Schöffler, 1897—1977）——阿本德罗特、克纳佩茨布施和莱纳都曾与他合作；伽罗·普罗哈斯卡（Jaro Prohaska, 1886—1949）——富特文格勒指挥；奥托·埃德曼（Otto Edelmann, 1917—2003）——卡拉扬1951 年在拜罗伊特指挥；费迪南德·弗朗茨（Ferdinand Frantz,

1906—1959）——两次都是肯佩指挥。1970 年，卡拉扬试图选用能够充分让作品表现出透明度的歌手，在这方面几乎与室内乐的要求一样高，为此歌手们是抒情的嗓音（特奥·亚当 [Theo Adam, 1926—] 饰演萨克斯，勒内·克洛饰演施托尔青，而彼得·许莱尔 [Peter Schreier, 1935—] 有可能是录音史上最好的大卫）。这种美学正好成为了人们接受的标准，你会在乔治·索尔蒂和丹尼尔·巴伦博伊姆近期的录音中有所体会。但这并没有降低选角的难度。今天要找到一个既与声音形象贴近，又能充分掌握角色并保持放松的萨克斯仍旧很难。施托尔青和贝克梅瑟的两个角色也是如此——1888 年，科西玛·瓦格纳干脆用演员代替了歌手出演贝克梅瑟。

《名歌手》为我们音乐家竖起了一面明镜。胜任这部歌剧也就能胜任所有瓦格纳歌剧，这既适用职业生涯开始得早的音乐家，也适用于开始得晚的；既适用于少不更事、资历浅薄的音乐家，也适用于见多识广、老成练达的音乐家。

9 《尼伯龙根的指环》

金钱、权力还是爱情？用落日的颜色描画世界

从 2006 年到 2010 年，我一个人在拜罗伊特的乐池里指挥《指环》——瓦格纳的"舞台节庆三日一夕剧"——仅这一部戏就用了三百个小时，而这三百小时还只计算了带妆彩排和演出的时间。每年我都很向往这个工作，现在仍旧觉得没有指挥够。《指环》音乐的变化是如此之多，以至于你希望找到新发现的好奇心和愿望永远不会耗尽。你要在十五个小时之内穿越几个不同的世界，四联剧有着四种完全不同的氛围，指挥《指环》，感觉自己就像一个不断重复充电的电池。音乐出自一个庞大的乐团，包括低音巴松，低音大号和八支圆号，然而瓦格纳对整体乐器的使用非常精细而巧妙。《莱茵的黄金》中叙事的部分有很多莫扎特和门德尔松的成分；《女武神》会立即让我们想到贝多芬；《齐格弗里德》让我们

联想到韦伯；而《众神的黄昏》的音乐则是坚定地迈向勃拉姆斯和布鲁克纳的方向——瓦格纳听到这样的比较一定会杀了我。从这个角度看，《指环》在"德意志之声"中切入了一条路径，说明它的极端性和多面性：从轻松、幽默到沉重、严肃、宏伟。瓦格纳教导我们说"德意志之声"绝不仅仅是一件事，也绝不仅仅是另一件事。这个"包罗万象"的概念很可能被德国音乐的卫道士牢牢记在了心上。

《漂泊的荷兰人》《唐豪瑟》《罗恩格林》《纽伦堡的名歌手》——然后，瓦格纳从《指环》开始又一次从头再来。在其音乐背景中所使用的技巧，对乐团的应用，其规模与和声，一切都与从前不同。当他写《指环》时，瓦格纳没有一支管弦乐队随时准备演奏，让他能够检查自己的想法是否能够实现。整部作品只在他的头脑里演奏。当他 1876 年听到演奏的时候，他修改了很多地方，肯定在以后的日子里也想再做一些改动。然而，我认为推测这一点是没有意义的。我们必须接受作品现在的样子，这已经够困难了。

起源

《指环》的创造者是在何时何地进入我们视野的？是 1849 年"五月革命"以前在德累斯顿的时候吗？瓦格纳在那里研究《埃达》和《尼伯龙根之歌》，北欧神话和黑格尔的《哲学史》，梦想着一个不存在"强者和弱者、有权者和无权者、富人和穷人"之分别的社会。是他第一次流亡瑞士的时候？
瓦格纳在那里形成了自己的艺术观，并且遇到了玛蒂尔德·维
森东克的乌托邦式的爱情。还是在慕尼黑，当他的政治观点
与他作为路德维希二世宫廷艺术家的生活背道而驰的时候？
抑或是在他第二次流亡瑞士的时候？在那里他与第二任妻子
科西玛生活在一起，阅读叔本华和尼采。再或者是到1872
年他住进了拜罗伊特望福里德别墅的时候？正如它的名字所
暗示的，瓦格纳在这里发现了和平解决他的幻想并使他的思
想制度化的方法。

答案是，所有的地方都对，写《指环》的瓦格纳是完整
的瓦格纳。一套《指环》折射了一切：娱乐歌剧、童话剧、
音乐戏剧和"隐形的乐团"，众神和英雄的传奇神话，革命
与特权。

四联剧的创作花了将近三十年的时间。瓦格纳三十四岁
时是个无政府主义者，创作一部名为《齐格弗里德之死》的"英
雄歌剧"的想法开始萦绕在他的脑海。而当他六十三岁《指环》
首演时，用卡尔·马克思（Karl Marx, 1818—1883）不客气的话说，
瓦格纳已经成了"国宝级的音乐家"。想想不放弃这部巨作
所需要的精力吧！即使在写《特里斯坦》和《名歌手》而
把《指环》束之高阁十二年以后，瓦格纳仍旧能够继续原来
故事的主线。成为这个人需要有多么坚定的意志，多么强大
的人格力量！我们不应该蒙蔽欺骗自己，瓦格纳感觉到了他
这项工程至关重要。1872年，科西玛引用他的话说："这部

《尼伯龙根的指环》早就应该写完了，要么我是疯了，要么我应该和贝多芬一样生性疯狂。"我不认为他是个腼腆的人，我相信他和其他艺术家一样，承受着强加给自己的千钧之重责。至少，我可以想象得出来。"我倾向于为自我教育而生活，享受我的幸福，"瓦格纳接着说，听起来像是发自内心的叹息，"以前我不是这样的。"过去他想要改变世界，现在他想满足他自己——这是他的意思吗？

　　继《齐格弗里德之死》（后来成为《众神的黄昏》）最早的作曲草稿之后，瓦格纳于 1851 年 5 月开始撰写文字初稿《年轻的齐格弗里德》（后来成为《齐格弗里德》），这时瓦格纳意识到他需要整个神话来讲述他英雄的故事。他开始计划三部曲外加序幕，四部歌剧形成一部完整的艺术作品。有趣的是，歌词他从后往前写，从最后一部《齐格弗里德之死》开始，而总谱则是按时间顺序写。因此，瓦格纳写《莱茵的黄金》的歌词时比写《众神的黄昏》时更了解事件的发展。而音乐上却是完全相反。我认为这样的"逆行"很有启发性，从落笔的那一刻起，音乐就开始逐渐摆脱文字的束缚。

　　《女武神》剧本完成于 1852 年 7 月，《莱茵的黄金》剧本完成于同年的 11 月。然后瓦格纳着手在齐格弗里德故事的基础上修改这两部戏剧。1854 年 5 月底，瓦格纳完成了《莱茵的黄金》的总谱，又在 1857 年 3 月完成了《女武神》的总谱——后来在 1857 年 6 月，那是与维森东克的婚外情达到高潮时，他把自己写了一半的《齐格弗里德》放在了一边。

造成这个中断的原因有几个：严重缺乏资金，找不到出版商，发现他的宏大作品不可能在传统歌剧院舞台上演，以及出乎他意料的对爱情的渴望。我还要再补充一个音乐上的原因。在《齐格弗里德》的第二幕中，齐格弗里德坐在巨大的菩提树下懂得了"恐惧"的意义，瓦格纳不知道该如何继续写下去。这里的音乐，用不太优美的话说，就是抠抠鼻子，吊儿郎当混一混。瓦格纳似乎不知道应该如何在第三幕中如何将神与人联系起来，他还没有真正的办法把《众神的黄昏》里面的季比宏族和谐融入到他的音乐宇宙机制中。所以他后退了一步，转向《特里斯坦》和《名歌手》中的人物，试图从他们身上寻找审美的建议。

1865 年 7 月，《特里斯坦》在慕尼黑成功首演后不久，他终于回到《齐格弗里德》的工作上。然而，直到 1871 年 2 月他才完成总谱。1869—1870 年，路德维希二世坚持在慕尼黑举行《莱茵的黄金》和《女武神》的首演，瓦格纳与国王的不同意见开始渐渐发酵。他提出反对意见，但毫无用处。为了阻止国王的霸道行为，瓦格纳慢慢地写，并且不让路德维希知道自己的进度。直到 1871 年《众神的黄昏》前两幕才完成，第三幕则在 1872 春天完成。1874 年 11 月 21 日，大约中午时分，劳累过度、疲惫不堪的瓦格纳在望福里德别墅宣布他完成了四联剧。然而，这个万分神圣、值得纪念的日子，丈夫和妻子却是在争吵中度过的。科西玛没有意识到瓦格纳写完了整部《指环》，她试着用一封弗朗茨·李斯特的信给丈夫打气，却不得不在那天接下来的时间里听他说：只要她父亲说一句话，她对瓦格纳的所有同情就消失了。瓦格纳家里一片神经紧张的气氛。"如果天才要展翅高飞，一个可怜的女人能怎么办？"科西玛在日记中哭诉，又立刻给了自己一个唯一实际的答案，"为爱与热情而承受痛苦"。

在上文中我已经描述过从 1876 年 8 月 13 到 17 日整部《指环》在拜罗伊特的首演。从舞台和技术来看，首演可能是一场灾难，然而观众的反应却是势不可挡。据说瓦格纳婚礼的见证人、极具自由思想的玛尔维达·冯·梅森堡（Malwida von Meysenbug, 1816—1903）对他说的悄悄话很有名，也很有意义："不要看得太仔细，只是听就可以了！"然而，《指环》在完全实现其艺术价值之前还有一段路要走。第一年全套的《指环》演了三轮，然后金库空了。接下来直到 1882 年音乐节才再次举行，演出了《帕西法尔》。而《指环》直到 1896 年瓦格纳死后才再次上演，这次是由科西玛制作的"范本"。

前夜：《莱茵的黄金》

《莱茵的黄金》是危险的。千万不要忘记这是整部《指环》的序曲或序幕。瓦格纳也许把所有的工具都放在桌子上了——钳子、夹子和螺钉——我们时不时会感受到一种触动，但瓦格纳从未真正动用过它们。也许只在"阿尔贝里希的诅咒"里有一点轻微的表现，但它只是一个预兆。然而，那些意识到这一点的人则面临相反的风险，他们把音乐处理得太轻，只是让它飞溅着在流动中过去。那也是一个错误。那些长长的宣叙段落是歌剧的命脉，必须使它们尽可能地透明和流畅，从而使观众开始猜测后面那一个粗糙、破碎的荒山世界。

角色与乐队编制

　　"前夜"的主角是童话中的神、巨人、水仙女和侏儒。今天，众神之王沃坦（男中音）的角色就像《名歌手》中的汉斯·萨克斯，想找出合适的扮演者很难。在独眼龙众神之王沃坦身边，有他爱吵架的妻子婚姻女神弗里卡（女中音）；她无忧无虑的妹妹女神弗莱雅（女高音）；智慧女神埃达（女低音）；火神洛戈（男高音），雷神多纳（男中音）和幸福神弗罗（男高音）。建设众神的城堡——瓦尔哈拉——的任务，托付给两个巨人法弗纳（男中音）和法索尔特（男中音）还有侏儒阿尔贝里希（男中音）和谜魅（男高音）。巨人兄弟和侏儒们都是令人印象深刻的充满恶意的角色。三位莱茵少女沃克琳德、薇昆德和弗洛丝希德则分别由女高音、女中音、女低音扮演。只有被侏儒阿尔贝里希压迫的尼伯龙根族人没有声音，是沉默的龙套角色。

　　整个《指环》中的四部歌剧在管弦乐队的配器方面差别很小，但在音乐的性质上有很大的不同。它从明亮开始，逐渐转暗直到《众神的黄昏》。在色表中，我心目中的《莱茵的黄金》是黄色的，灿烂的金黄色。为了达到这种效果，瓦格纳使用了三支长笛和一支短笛、三支双簧管和一支英国管、三支单簧管、一支低音单簧管，以及三支巴松管（其中第三支可以用低音巴松），八支铜管（包括两个次中音和两个低音大号）和一个倍低音大号，三支小号和一支低音小号，三支长号和一支倍低音长号（或低音长号）再加上定音鼓、三角铁、钹、大鼓、铜锣、六架竖琴和大量的弦乐（16，16，12，12，8）。在尼伯龙根海姆的场景，舞台上还有一架竖琴和十六块铁砧。

《莱茵的黄金》《女武神》《齐格弗里德》没有合唱。直到《众神的黄昏》人类成为了舞台的主宰，瓦格纳才让男人们和女人们出场。神、巨人、侏儒和水仙女显然像人类一样习惯聚集在一起。

剧情

"前夜"的背景是莱茵河的深处，（莱茵河附近）山顶上某个开阔的空间，以及在地下尼伯龙根族人的洞穴中，因此所有的活动不是在河流的深处，就是在高处。四幕连续演出，没有幕间休息。

在歌剧开始以前：沃坦为了得到全知（知识就是力量）牺牲了一只眼睛，大家都知道他是个独眼，实际上对爱视而不见。他用世界之树的一根树枝做了一支长矛，并把确保他统治世界的所有法律和契约刻在上面。

第一场：深深的河底，美丽的莱茵少女守卫着莱茵河的黄金，并取笑想要得到她们的尼伯龙根族人侏儒阿尔贝里希（通常是一个驼背）。一缕阳光照亮了河中的黄金，阿尔贝里希眼中贪恋的对象发生了变化：如果他不能拥有女人，至少他会拥有权力。水仙女告诉他，只有永远放弃爱情并把莱茵的黄金铸成一枚指环的人才能统治全世界。侏儒立即采取了行动。他当即诅咒爱情，抢得黄金逃跑了。

第二场：神圣的众神之王沃坦和婚姻女神弗里卡夫妇查看巨人法弗纳和法索尔特为众神建造的宫殿。巨人们已经与沃坦谈妥，以女神弗莱雅作为对他们工作的回报。然而，没有了弗莱雅的金苹果，众神就会失去他们永恒的青春。弗里卡痛苦地责备沃坦，雷神多纳和幸福神弗罗希望能够赢回他们的姐妹。同时沃坦让火神洛戈寻找弗莱雅的代替品。洛戈终于出现了，他讲述了阿尔贝里希从莱茵河偷走黄金并铸造了指环的经过。巨人同意放弃弗莱雅，用指环交换，但是在他们得到指环之前将扣留女神。洛戈和沃坦向尼伯龙根族人的驻地出发，去偷指环和黄金。

第三场：阿尔贝里希用恐怖统治着地下的世界。他诱使自己的兄弟迷魅给他做了一顶变身头盔，这顶头盔会使他隐身并变成任何他喜欢的形状。而迷魅得到的所有报酬是一顿暴打。同时，洛戈煽动阿尔贝里希给他看了头盔展示的魔法。魔力强大的侏儒先把自己变成一条大蛇，然后变成一只癞蛤蟆。这时众神打败阿尔贝里希是很容易的，他们把他带到了上层的世界。

第四场：沃坦和洛戈向阿尔贝里希勒索莱茵的黄金来换取他的自由。当沃坦从阿尔贝里希手上夺下指环的一刻，侏儒说出了第二个诅咒（"我诅咒这个指环，正如我用诅咒夺取了它！"）。巨人带回了女神弗莱雅，并要求能够把她完全遮盖起来的黄金做赎金。直到最后弗莱雅还是露出了一只眼睛，巨人们要求得到最后一块黄金，就是那个指环，来遮住弗莱雅的眼睛。沃坦拒绝了，智慧女神埃达立即警告他"一切都要结束了"。当沃坦把指环交给巨人们时，阿尔贝里希的诅咒变成了现实，法弗纳在黄金引起的争吵中杀死了他的弟弟法索尔特，这是陈尸遍野的指环故事中第一个谋杀案。但是弗莱雅得到了自由，一场大雷雨过后众神进入了他们的新宫殿。洛戈远远地跟着，并告诉我们：他们正在走向自己的末日。在河的深处，莱茵河的女儿们为失去宝藏而哀悼。

《莱茵的黄金》到底是要说些什么？色情与权力的关系。纯真丧失，自然被玷污，一个僵化的制度走向衰落。为了得到权力而掌握权力，这不会有好结果。而且据我们所知，也不可能有好结果。这部歌剧讲述了一个关于神、巨人、水仙女和侏儒的故事，一个虚构的童话故事，似乎与现实毫无关系。但它讲的好像又是某个现实中的故事，比如，前世界货币基金组织总裁多米尼克·斯特劳斯－卡恩（Dominique Strauss-Kahn，1949— ）在他位于曼哈顿八十八层的套房里，背景中有冒着泡泡的按摩浴缸，三个性感的女服务员进入了房间，一系列的事件就这样发生，塑造了他们命运的历程。《莱茵的黄金》中的每个场景都栩栩如生，并讲述着各自不同的故事：莱茵河底的黄金被阿尔贝里希抢走了，自施魔法变成蟾蜍的阿尔贝里希又被沃坦和洛戈在瞬间制服。直到《女武神》瓦格纳才开始在舞台上交替呈现现状与闪回，概括、预言和期待，并追问到底发生了什么。"节日舞台剧"的故事走向就是这样。

第一日：《女武神》

在我的音乐色彩理论中，《女武神》是鲜艳的红色。它的剧情更加复杂，舞台上的活动分成了动作和场景，音乐本身承担着演员的角色。在这个"第一日"里有几个非常著名的"段落"，在音乐上非常壮丽，对剧情的发展却没有任何推动作用，比如"女武神的骑行"。在《女武神》第三幕的开始，女武神们正在把战斗中倒下的英雄们抬去瓦尔哈拉宫，瓦格纳为这一段序幕写出了冒着硫黄蒸气的音响之诗：似乎全世界战斗的声音都回响在众神居住的群山里，铜管铿锵，雷声滚滚，马吐白沫，沃坦的女儿们高呼着"嘿呀托呵"冲向舞台上空。女信徒们战斗的喊声释放出何等狂野的感觉！如此独特的一个动机，把总谱在这里写出来就是：ta-taa-tata-taata！"女武神的骑行"成为电影史上最经常使用的一个主题曲毫不稀奇，从纳粹德国的纪录片到弗朗西斯·福特·科波拉（Francis Ford Coppola, 1939— ）的《现代启示录》皆是如此。

也有一些段落在抵消《女武神》中这种极端的色调，阐释其审美视野的广度。例如，第二幕中沃坦宏大的宣叙调（"当我年轻时代爱的喜悦渐渐褪色"），是整部《指环》围绕的一个重点，充满了积极的同理之心：众神之父敞开心扉，描述他的过去和未来。从推动戏剧情节发展上来说，除了谈话之外没有什么事发生，沃坦对布伦希尔德述说，布伦希尔德也向沃坦述说。将近半小时的整个一段都是如此，难以置信地令人兴奋，乐队的伴奏在很长一段时间里弱而绵长也说明了这一点。正如我们曾经见过的，这种情况往往发生在瓦格纳作品的关键时刻。出现了两个全体的休止，弱音的段落渐渐消散，我们听到沃坦述说的希望，"结束吧……结束吧。"如果是在电影院里，这里应该有一个特写镜头来呈现众神之父绝望的面孔。在瓦格纳的作品里只有音乐表现主义，以及纯粹的色情（当然是没有任何性取向的）。我们学会用耳朵看东西，在某些制作中，用我们的眼睛倾听。同时，我们也明白舞台上的世界确实存在于我们自己的头脑之中。

角色与乐队编制

《莱茵的黄金》的人物沃坦和弗里卡这对夫妻继续出现《女武神》剧中。另外还有沃坦和一个不知名女人生下的瓦尔松族双胞胎齐格蒙德（男高音）和齐格琳德（女高音），

以及齐格琳德粗鲁的丈夫洪丁（男低音）。另外一个人物是
布伦希尔德（女高音），智慧女神埃达给沃坦生下的女儿。
她是沃坦心中的"理想少女"，"第一日"歌剧中的女主人公，
整个剧目以她命名。她的姐妹们组成了其他八位女武神：荷
姆薇洁、洁希德、欧特琳德、瓦尔特劳德、吉克鲁娜、罗丝
薇瑟、葛琳杰德和史维特莱德。布伦希尔德将在《众神的黄昏》
中决定四部曲的最终命运。她和伊索尔德一样，是瓦格纳歌
剧中最伟大的戏剧女高音角色。乐队的构成与《莱茵的黄金》
没有多大不同，瓦格纳增加了军鼓和钟琴，从而稍微扩大了
打击乐的部分；舞台上唯一的乐器是 C 大调的牛角号。

剧情

歌剧的背景设在狂野峻峭的山脉中群山之巅的洪丁小屋
里。三幕连续不分段，只在第一幕和第二幕之间有中场休息。

歌剧开始之前，沃坦惧怕阿尔贝里希会试图夺回黄金。
为了阻止阿尔贝里希，沃坦计划往世界中引入一位不受神界
律法约束的、自由的英雄。双胞胎兄妹齐格蒙德和齐格琳德
将成为这位英雄的父母。

第一幕：在风暴中，齐格蒙德到洪丁的小屋寻求庇护。
对二人的双胞胎兄妹关系毫不知情的齐格蒙德向齐格琳德讲
述了自己的故事。他的母亲被杀害，他的妹妹被绑架，在逃
亡中他最终也失去了父亲。洪丁告诉齐格蒙德说自己就是毁
了他家庭的掠夺者首领，但允许齐格蒙德在自己家过一夜。

齐格琳德给她丈夫吃了一剂安眠药，这样她可以去继续询问齐格蒙德的来历。齐格蒙德父亲曾经许诺给他一把剑，会在他最需要的时刻给予他帮助。齐格琳德回想起在她的婚礼上，一位老人把一把剑插入了房子周围的一棵白蜡树，只有世界上最强壮的男人才能拔出它。齐格蒙德和齐格琳德意识到这位老人就是他们的父亲沃尔夫（Wolfe，即沃坦，齐格蒙德眼中的瓦尔泽），而他们二人是兄妹（"冬天的风暴让位给喜悦的月光"）。齐格蒙德从白蜡树中拔出了剑,把它命名为"诺顿"（Nothung，德语的含义是紧要关头）。这对双胞胎兄妹热烈地相爱了。

第二幕：沃坦让他的女儿布伦希尔德在即将发生的决斗中帮助齐格蒙德战胜洪丁。然而满心嫉妒的弗里卡为洪丁求情：她要求杀死齐格蒙德，来报复沃坦的背叛和双胞胎兄妹的乱伦。作为法律的守护者，沃坦知道他无能为力，只好表示"现在我的愿望只有一个：结束这一切"，并命令布伦希尔德不要再继续保护齐格蒙德。兄妹俩从洪丁的家里出逃，半路上怀孕的齐格琳德昏了过去。布伦希尔德来到齐格蒙德的面前，告诉齐格蒙德他就要死了。然而他却说他宁愿杀死齐格琳德再自杀，也不愿和她天人永隔。他坚定不移的爱感动了布伦希尔德，她决定违抗沃坦的命令。而沃坦亲自出面干涉了齐格蒙德与洪丁的决斗。齐格蒙德的宝剑碎成了几段，洪丁杀死了他后自己也死了。布伦希尔德带着齐格琳德从愤怒的沃坦身边逃跑了。

第三幕：女武神们正在把战斗中倒下的英雄们抬去瓦尔哈拉宫，布伦希尔德带着齐格琳德去寻求庇护。她把诺顿剑的碎片交给齐格琳德，并且告诉她，她将生下儿子齐格弗里德，而齐格弗里德将会重铸诺顿剑（"啊，崇高的奇迹！"）。此后沃坦出现了，女武神不得不面对她们的父亲。沃坦说出了他严酷的判决：布伦希尔德将被赶出瓦尔哈拉宫，并失去她的女神地位。然而当她向沃坦讲述自由的英雄齐格弗里德能够拯救沃坦的权力时，众神之父减轻了严厉的惩罚（"再见，我勇敢而可爱的孩子！"）从此布伦希尔德将沉睡在一圈火焰之中。只有全世界最无畏的人才能跨过火焰，而布伦希尔德将属于他。

瓦格纳到底想说什么？1873年，科西玛在笔记中写到，在所有瓦格纳的作品中，"《女武神》是最感性而最具悲剧性的"。她可能在暗示瓦格纳在《指环》中所关注的古典戏剧理论。根据这一理论，此处剧中必须有一种强化的感觉和第一次高潮。它讲述着爱高于一切法律（瓦尔松族乱伦的双胞胎兄妹和布伦希尔德忤逆父亲的命令都在讲述这一点）。它讲述着当整个世界都专注于政治仇恨和冷酷无情地追求利益时，试图离开"无爱"世界的尝试。它讲述着对这个徒劳无益、注定失败的尝试之理解。虽然侏儒阿尔贝里希代表的罪恶没有出现在《女武神》的舞台，剧中的罪恶却有增无减。此外，在这里瓦格纳至少间接地引入了一个新的种族：齐格蒙德和齐格琳德是半人半神的混合体。有一天他们的儿子齐格弗里

德将战胜沃坦的力量而走向通往人性的道路——虽然这一天
要等到下一部歌剧中才能到来。

第二日：《齐格弗里德》

到《齐格弗里德》，颜色从亮红变成了酒红色。对我来说，
从一开始《齐格弗里德》就是《指环》中最困难的一部，到
现在也仍然是。在四个小时里台上同时出现的只有一两个角
色，而且大多数角色都是男性。这可是很累人，而且比四部
曲中的其他几部更容易让指挥混淆细节。简略地说，角色成
对出现的顺序是：齐格弗里德和迷魅，迷魅和流浪者，阿尔
贝里希和流浪者，齐格弗里德和法弗纳，埃达和流浪者，齐
格弗里德和布伦希尔德。尤其是在第一幕，节奏和速度在不
停变化，作曲上对细节关注到了极致。它有些滑稽，充满了
怪诞的特点，里面有齐格弗里德的恶意教导者迷魅，众神之
父（英雄齐格弗里德未被公开的祖父）以流浪者的样子出现，
还有年轻的无政府主义者齐格弗里德，这时他尚未卷入四周
的疯狂景象。随后第二幕是齐格弗里德与巨龙的战斗。在一
系列让精神分析学家欢欣鼓舞的变故中，齐格弗里德通过尝
到传说中的龙血成为了一个男人。

在我看来，整个《指环》中最伟大的段落之一就是第三
幕的前奏曲（下面这些歌剧的第三幕前奏曲也值得注意：《罗
恩格林》《特里斯坦》《名歌手》《女武神》）。在这里管弦乐

队第一次全体演奏，非常黑暗而浮夸。与某些我们经常听到
的说法相反，这样的合奏在瓦格纳歌剧中是非常罕见的。这
里八支圆号（或者四支圆号加四支大号）同时演奏，再加上
一支低音大号和长号。齐奏的声音非常响，这正是瓦格纳想
要的效果。世界的四壁似乎摇摇欲坠，相比较而言，第一、
二幕从战略上讲很少出现这样冲击耳朵的音响组合。因为这
样的音响效果，也因为第三幕决定了沃坦的命运，指挥不得
不直面自己的极限。总让我着迷的是瓦格纳如何把艺术同步
化，在完成作品的过程中你可以在身体上感觉并理解它是什
么。方式可以是简单的，但非常有效——第三幕太长了，在
某一点之后指挥必须与自己身体上的软弱战斗。我意识到自
己没有力气了，单纯地就是感觉自己没有力气继续下去了。
像沃坦一样，我也完蛋了，但我不像沃坦那样可以消失不见，
从此不再出现。我必须待在原地，把演出进行到底，希望下
一次能更好地分配自己的体能。

角色与乐队编制

《齐格弗里德》的角色包括侏儒兄弟迷魅和阿尔贝里希，
变身为巨龙的巨人法弗纳，众神之母埃达，女武神布伦希尔
德，再加上男主人公英雄齐格弗里德。齐格弗里德是所有瓦
格纳作品中要求最高的戏剧男高音。众神之王沃坦在世界上
隐姓埋名，以流浪者身份四处游走。还有一只林中鸟（女高音）
发出声音。

　　乐队和以前一样，打击乐部分与《莱茵的黄金》相同。只是台上增加了一支英国管和一支圆号。

剧情

　　"第二日"的背景极其浪漫：森林深处的一个山洞里，峻峭山岩下一个荒凉的地方，还有布伦希尔德沉睡的山顶。这三幕和《女武神》一样，也不分段，同样有两个幕间休息。

　　歌剧开始之前：齐格弗里德生在侏儒迷魅的山洞里，他的妈妈齐格琳德生下他就死了。侏儒养大了他，希望某一天齐格弗里德能够为自己杀死法弗纳。

　　第一幕：侏儒迷魅和齐格弗里德彼此憎恨。侏儒迷魅给年轻的齐格弗里德一把剑，却被他轻易地碎成几段。然而，迷魅无法用齐格琳德给他的断剑碎片重铸诺顿剑。沃坦变身为流浪者，用猜谜游戏挑战迷魅。沃坦问他谁能够重铸诺顿剑？迷魅无法回答。这时沃坦轻蔑地说，只有不知道恐惧为何物的人，才能重铸此剑。齐格弗里德回来了，试图自己重新锻造神剑的碎片，并且很快就成功了（"诺顿，诺顿，最甜蜜的剑！"）。迷魅意识到齐格弗里德就是那个不知恐惧为何物的人，便让他到森林里去找法弗纳。齐格弗里德的剑落在迷魅的铁砧上，一下就把铁砧切成两半。

　　第二幕：阿尔贝里希躺在巨龙法弗纳的洞穴外等待着，流浪者警告他小心迷魅的贪婪。阿尔贝里希假装关心巨龙，警告他齐格弗里德即将到来，试着让巨龙把指环交给自己。

然而法弗纳确信自己没有问题。迷魅想让要齐格弗里德去打败巨龙，而齐格弗里德把迷魅赶进了树林，自己躺在一棵菩提树下。齐格弗里德吹响号角吵醒了法弗纳，并迅速杀死了他。尝到龙血的味道，齐格弗里德突然发现自己能听懂大自然的语言，还有林中鸟的叫声。林中鸟建议他把魔法头盔和指环从巨龙的洞穴中拿出来。阿尔贝里希和迷魅为掠夺来的物品争吵不休，最终齐格弗里德杀死了他的养父迷魅。林中鸟许诺将带领英雄找到一个特别出色的女人（"啊哈！齐格弗里德终于杀了邪恶的侏儒！"）。

第三幕：在一个雷电交加的风暴中，沃坦向埃达询问他的未来（"醒来啊，瓦拉！"），大地女神看不到沃坦的出路。齐格弗里德来到布伦希尔德沉睡的岩石上，并在沃坦试图阻拦他的时候粉碎了沃坦的长矛。这时众神之父的力量最终被毁灭了。齐格弗里德无所畏惧地走过火焰，用亲吻唤醒了布伦希尔德。女武神欢迎英雄的到来（"太阳，我向你欢呼！"）并试图向齐格弗里德解释他作为救世主的责任。但男人气十足的齐格弗里德更喜欢放纵他狂喜的激情。

期待已久的救世主终于以齐格弗里德的形象出现在舞台上。然而，不像漂泊的荷兰人或者罗恩格林，他不是来自外界，而是来自剧目的情节中，并为剧目的情节而出生。在《女武神》中，观众看到他父母创造了他，他们也将在《众神的黄昏》中哀悼他的死亡。齐格弗里德短暂的生命完全奉献给了指环，指环则是考验他的试金石。世界的命运取决于齐格弗里德。令人好奇的是，作为如此一个重要的人物他没有什么性别特征，而且不容易得到同情。身为英雄，他还是一个毫无悔意的杀手，强暴女性，背叛女性，并喝下送到他面前的任何一种魔法药水。也许对于齐格弗里德而言，最终的失败是必然的。瓦格纳说，一个人不能独自拯救世界，就像没有一个人可以独自支撑指环的重量。只有我们所有人：音乐家、歌手、舞台设计和导演们，与歌剧院的艺术总监们同心协力地合作，才有可能创作出一套《指环》。

顺便说一句，我确信瓦格纳看到了合作的必要性，有意识地使戏剧性成为总谱的组成部分。在全套《指环》中，《齐格弗里德》是最需要指挥和歌手去依赖导演的，其中大段大段的戏只有两个人物在台上表演。只有音乐是远远不够的。在这个"第二日"，指挥不仅要面对自己体力的极限，而且要面对实际上他所能做的极其有限这一事实；如果一个场景表演不成功，指挥也不能出手补救。在乐池里他无法弥补任何舞台上的能量或张力不足。在某些录音中你可以发现：他们有杰出的指挥和优秀的歌手，一切都很出色，然而在音乐的对抗性与概括性方面仍然缺少了某些东西，那就是舞台本身——能够听到音乐的眼睛。

第三日：《众神的黄昏》

在第三日的最后，莱茵河海啸般冲出了堤岸，扑灭了威胁整个世界的大火，把珍贵的原材料黄金还给自然本身。歌剧《众神的黄昏》也冲破了自己的堤岸，全剧长四个半小时，是四部曲中最长的一部。瓦格纳在三幕的歌剧之前写了一个包含两个场景的序幕，还有五段完整的纯音乐管弦乐间奏曲。一方面是更换布景和情绪的必然需要，另一方面显然也是充分表达出瓦格纳思想的唯一途径。瓦格纳在《莱茵的黄金》《女武神》和《齐格弗里德》单独的场景之间构建的过渡性通道这时发展出了自己的生命。他在《指环》中逐渐积累的音乐语汇，也就是他的主导动机（或称为回忆动机）网络，在《众神的黄昏》中逐渐形成了一种命运，而这种命运开始逐渐从戏剧蓝图中抽离。因此表面上的动作，也就是舞台上发生的事情，越来越经常地停滞不前。

我们面前没有太多的未来，所以记忆和反思与史诗主题本身占据更多空间。没有什么是随机发生的，一切都有某种意义，或者非常重要。据说老年人更多地活在过去而不是当下，《众神的黄昏》就是这样。顺便说一句，我在《众神的黄昏》里看到的颜色是一条有趣的曲线，从红棕色开始，直到 D 大调金黄色的夕阳。

尽管如此，重要的是指挥不应该落入让庄严统治一切的陷阱。这是错误的，事实上瓦格纳已经表明了这是错误的。例如，序幕里命运女神场景中的每一个人物，都不能渐渐消散，尤其是节奏不能消失。除了加上弱音器的小号和弦乐，它还需要某种轻快的漠然。否则命运三女神与她们的小妹妹莱茵河少女之间的连接就无法实现，好像《莱茵的黄金》已经彻底被遗忘了。而且，如果一切都已盖棺定论，为什么瓦格纳会在序幕的引子里做出管弦乐队的踏板效果？大号和小号从这里异常轻柔地开始，让听者感到音乐深深地插入他们的体内，完全没有泛音的光泽，任何一个过渡都没有引起注意，不由得让人觉得流行音乐可以从这样的情色中学到一些东西。《齐格弗里德》第三幕里布伦希尔德醒来时的主导动机出现在这里，我们还记得她认出齐格弗里德时充满爱的一瞥。但这里瓦格纳整个动机降了半音，一下子所有的欢乐都消失了。这个移调告诉我们艰难时刻即将到来。但是再把调转回去还会这么容易吗？

角色与乐队编制

齐格弗里德、布伦希尔德和阿尔贝里希在季比宏人的宫殿里碰面了：孱弱的昆特（男中音），他的妹妹古德伦（女高音）和他们罪恶的同母异父的兄弟、阿尔贝里希的儿子哈根（男低音）都在场。另一个新出现的人物是布伦希尔德的姐妹瓦尔特劳德（女低音），她唱出了整个《指环》中最美的一段宣叙调。在歌剧的结尾，三个莱茵河的少女回到了舞台上，与第三日开头的命运三女神遥相呼应。

除了舞台上演奏的乐器外，管弦乐队保持不变。台上的乐器增加了一支 F 调圆号、四支 C 调圆号和三支音高分别为 C、降 D、D 的号角。

剧情

剧中的场景包括：女武神的岩石、莱茵河畔昆特的大厅、大厅外的空地和莱茵河岸上的林地。和前面两部一样，有三幕和两个幕间休息。

序幕：沃坦已经做出了决断——众神将会灭亡。一旦指环回到了莱茵河少女的手中，他将放火烧掉瓦尔哈拉宫。埃达的三个女儿，命运之女们，正编织着命运之绳（"未来将会怎样？"）直到绳索断裂。同时，齐格弗里德渴望展示自己的武艺。布伦希尔德让他出发，并把自己的坐骑格兰给了他，送他去莱茵河。齐格弗里德则把指环给了布伦希尔德作为回赠。

第一幕：只有最强大的男人才可以征服布伦希尔德，哈根诱惑未婚的昆特起念与她结合。他们一起策划了一个阴谋。季比宏的大厅张开双臂欢迎齐格弗里德，而他即将成为哈根与昆特阴谋的受害者。古德伦给了齐格弗里德一剂忘情水，使他在遗忘过去的同时爱上自己。这时，齐格弗里德已经准备好从布伦希尔德手中为昆特拿到魔法头盔。这两个人向女武神居住的岩石出发了。瓦尔特劳德试图说服布伦希尔德放弃指环，从而阻止众神灭亡的命运。然而，布伦希尔德拒绝放弃齐格弗里德爱的信物。伪装成昆特的齐格弗里德从布伦希尔德手中夺取了指环，说她现在是季比宏族的新娘。

第二幕：在梦中，阿尔贝里希提醒哈根不要忘记他们的共同目的：拥有指环，在众神灭亡之后统治世界（"哈根，我的儿子，你睡着了吗？"）。齐格弗里德赶在布伦希尔德和昆特的前面，哈根和他的手下大喊着"嗨呦！嗨呦！"要求同时举行两个婚礼，在婚礼上，布伦希尔德看到了齐格弗里德手中的指环，她知道自己受了骗，并指责齐格弗里德的背叛。齐格弗里德发誓自己无罪。布伦希尔德决心复仇，而哈根从她口中得知了一个秘密：齐格弗里德的后背是脆弱的。他们与昆特在一起计划杀死齐格弗里德。

第三幕：外出打猎时，齐格弗里德遇见了莱茵河的少女们，她们预言如果齐格弗里德不把指环还给她们，他就会死去。但齐格弗里德不听劝告。哈根给了他忘情水的解药，这时齐格弗里德才回想起一切：侏儒迷魅，他和巨龙法弗纳的战斗，还有他的新娘布伦希尔德。到这里，当齐格弗里德意识到自己犯了背叛之罪时，哈根杀死了他。在葬礼进行曲声中，齐格弗里德的遗体被抬到季比宏族的大厅。与此同时，布伦希尔德从莱茵河的少女们那里知道了全部的真相，堆起了葬礼用的柴火（"在那里为我堆起层层的圆木"）。她从死去的齐格弗里德的手上取下指环骑着马冲进了火焰。莱茵河漫过堤岸，季比宏族的大厅在坍塌，莱茵河的女儿们为指环的失而复得高兴不已，把哈根一起拉进了河的深处。瓦尔哈拉在苍穹下熊熊燃烧——众神的黄昏到来了。

我们应该如何诠释这第三天（也是最后一天）？在这里我认为我们（至少是音乐家们）不应该说得太多。众所周知，

瓦格纳想把他的全部世界观放进《指环》，可以肯定 1848 年
前后瓦格纳最初产生创作《指环》时的想法是这样的。然而
在三十几年的创作过程中，他一直保持了这种态度吗？瓦格
纳真的有那么重视表现政治和哲学的前景吗？真的有我们
今天未经深入思考就相信的那么重要吗？我对此持怀疑的态
度。因为音乐本身没有任何政治意义。因为降 e 小调永远是
降 e 小调。一个"金钱统治世界"这样简单的信息与瓦格纳
高度的艺术感觉和技巧并没有必然的联系。我也不认为他会
故意使用这种感官技巧来宣扬自己的意识形态。瓦格纳是个
出色的计算者和设计师，而不是一个政治煽动者。此外，我
们不应该忘记，在酝酿《指环》的漫长时间里情况发生了根
本性的变化。起初，瓦格纳想要改变世界，并把艺术作为革
命的工具；而最终瓦格纳所实现的革命，是他改变了艺术。

《众神的黄昏》的结尾曾经几易其稿。第一稿受到费尔
巴哈（Feuerbach, 1804—1872）的影响，颂扬布伦希尔德所代表的
伟大神圣的爱。第二稿更加具有佛教的悲观色彩，着重于描
述人类对于毁灭的执着。第三稿是前两者之间的妥协，也是
他最终采用的那一稿。唯一的问题是：我们所有人对它的反
应都一样吗？《众神的黄昏》里没有任何一个人物不曾为灾
难的到来起过某种作用：布伦希尔德对齐格弗里德进行报复，
沃坦和众神最终消失了，阿尔贝里希的儿子哈根成了一个愚
蠢的杀手，甚至古德伦也执着于病态的自大。尽管如此，瓦
格纳并不相信世界最终的灭绝，否则他的作品会是另外一个

样子。古挪威神话中的世界末日是瓦格纳灵感的来源，在神话中大火毁灭了世界，随之形成了一种混沌与秩序的平衡，并得以重新创造一切。不幸的是，瓦格纳没有说得很清楚，但他的确给了我们信号。例如，我一直在想，为什么第三幕《齐格弗里德葬礼进行曲》中的一个大调的段落保留着"剑"的动机？动机有轻微的展开，但可以辨认出来。归根结底，齐格弗里德已经死了。

是他最后一次挥动了拳头吗？他会回来吗？瓦格纳想要再一次探索这个痛苦的主题吗？整个一切都只是一个英雄是怎样炼成的传统故事吗？

在舞台上，哈根走来要从齐格弗里德的手指上夺下指环。瓦格纳的舞台指示写道，"他去抓齐格弗里德的手"，然后又补充道，"齐格弗里德的手向在场的一切恐怖顽强地高高举起"。在剧场里，这个幽灵般的效果经常引发骚动，这是绝对错误的。它应该像一个来自来世的问候，一个尊严的信号。齐格弗里德承受着内疚的负担，他是失败了，但我们还是不应该忘记他。

音乐

多么精彩的开场啊！首先我们听到在最低音域演奏的倍低音乐器，然后是大管和圆号，呻吟着，低语着，"世界的开端"以田园风格的 6/8 拍出现；低音弦乐比较晚才进来，仿佛莱茵河波涛起伏，高音木管进入得更晚，仿佛气泡上升到水面。《莱茵的黄金》的前奏曲有一百三十六小节，时长不到五分钟（前奏曲不应演奏得太慢），一百三十六小节全都是降 E 大调、"从容欢快的乐章"——在三度的和声中宇宙诞生了。同时诞生的还有那独一无二的标志网络，贯穿全部四个音乐戏剧，维持整体性、分割一系列事件并有序摆放、展望、回顾、询问并道出真理。从自然动机开始，我们开始依次聆听八十个（多么惊人的数字）主导动机：动机的主题涵盖范围极广，从冒险到血缘兄弟之情，火的魔力和跳动的火焰，赎罪，黑暗的力量，兄弟姐妹的情谊，释放，等等。当然，每个人物也有他或她自己的动机。附带说一句，"主导动机"一词是《拜罗伊特日报》的编辑汉斯·冯·沃尔措根（Hans von Wolzogen, 1848—1938）的创造，沃尔措根也是"望福里德派"的代表人物。瓦格纳不喜欢这个词，因为它暗示只有一条线自始至终贯穿四个歌剧，一切都必须遵循着这条线，采用老套而容易辨认的旋律。然而，也许是因为"情感路标"这个字眼听起来过于模糊，人们已经普遍接受了"主导动机"这个说法。

瓦格纳的主导动机技术经过了精心计算，过去、当下和未来互为参照。当下就是舞台上发生的瞬间，人物之间互动的时刻；过去处理他们的来源或是历史；未来则朝向特定情境或戏剧情节所带来的后果。所有这些的总和构成了《指环》总谱中的记忆。在整部《指环》中，有某些标尺性质的东西存在，它们具有某些造物主的性质，而且不可否认的是有时会反复出现。辨认每一个主导动机其实不是那么容易的。瓦格纳并不是将音乐贴上标签再组合到一起，而是在与他的听众们玩一个精密复杂的游戏，考验观众的注意力和演绎能力。举个例子，在《莱茵的黄金》的终曲里，众神进入瓦尔哈拉宫时我们第一次听到了剑的主题。沃坦在进入众神的城堡时，"好像突然想起了一个绝好的主意"。剑的主题表现的是诺顿之剑，一件传说中的武器。齐格弗里德将在某一天用它从黄金的诅咒中拯救全世界。然而，诺顿之剑还没有在剧情中作为主题或道具出现。但是，这里音乐宣布了它的存在。虽然舞台上的活动并没有表明，但沃坦心中有个计划，他想要做出补救。在这一点上，正如迪特·霍兰德（Dieter Holland）所说，乐队"超越了舞台上的人物"而与观众进行交流。如果你仔细聆听，你会听到诸神进入瓦尔哈拉和他们在彩虹桥上的行进有些不太对劲，夹杂着洛戈愤世嫉俗的评论和莱茵河少女的哀歌，音乐在宏伟的背后出现了空虚的碎片。

　　当然，问题是观众听到第一个剑的主题时能够并且应该理解到什么。他们能从散落的旋律中（这里是四个不断上升的单音）听出象征着希望和新开始的信号吗？还是他们记住了这个动机，一直等到它在《女武神》中再次出现，并在回顾中揭示出它的重大意义？另一个例子则是相反的情况：我们在《众神的黄昏》结尾听到的"救赎"动机是《指环》最引人注目又最诱人的旋律之一。瓦格纳非常节省地使用它，事实上只用了两次：第一次是在《女武神》的第三幕，齐格琳德为她腹中孩子的前景感到无限喜悦的时候，第二次就是布伦希尔德的最后一首歌和四部曲的结束和弦。然而聆听者该如何诠释这个来自过去的信息呢？世界正在消亡，资本主义正在吞噬它的孩子，而我们应该执着于无条件的爱（母爱）这样老套的东西吗？到处是谋杀、背叛、欺骗、虐待、贪婪、沮丧、炼狱之火，而传达给我们的最后信息却是只要爱存在，生命就会以某种方式继续下去？

据说瓦格纳本人曾评论道："音乐没有定论。"为什么没有定论呢？因为在《指环》的结尾，责任留给了人类自己。上帝或作曲家都不能参与，不能提供帮助。这里没有也不能对音乐做出任何定论，因为它进入了生活。音乐没有定论，因为它定义了一个乌托邦式的原则：救赎主题所代表的希望凌驾于一切事物之上。这个乌托邦的概念就是：没有爱人类不能生活。尽管存在各种疑虑，人类将时刻意识到这一点。

正如我已经说过的，《指环》是瓦格纳又一次的重新开始。也许是一切又在《指环》中开始了——正如布洛赫（Bloch，1885—1977）指出的，在某种意义上全新维度的重复。瓦格纳把他在四部曲之前做过的一切都推到一边，好像那些作品只是随机的样本，见证了当时的时尚、自身的情绪、精湛的技艺、走过的行程和身后留下的痕迹。乐队永不停息的旋律，戏剧本身不断变化的方式，主导动机迅速而密集的出现，所有这些都给音乐带来了交响的状态。与此同时，瓦格纳一如既往地大胆开拓欧洲戏剧史的视野。《莱茵的黄金》瞬息万变，让人想起莎士比亚的喜剧；《女武神》中的戏剧关系犹如一场家庭悲剧；《齐格弗里德》树木林立的特质来自德国浪漫主义歌剧；而《众神的黄昏》与希腊悲剧异曲同工。《指环》吸收了所有这些素材，且并不急于交出自己的作品。

但瓦格纳还想要更多。1878 年，《指环》首演两年以后，他发表重要的言论，表示《指环》是一个遗憾，作为"隐形乐队"创造者，他还希望发明"隐形戏剧"。我想那不止是一种玩笑，也不止是他对依赖于服装与化妆的戏剧效果的一贯厌恶。他看到自己在舞台上呈现音乐戏剧的想法行不通，在他的时代剧院里所能做到东西的远远不够。他想让音乐、唱词、空间三者拥有同等重要的地位，在当时的表演和照明条件下也无法成功。舞台对瓦格纳意味着巨大的风险。老实说，直到今天这方面也没有发生太多的变化。从 1876 年到现在，《指环》有过许多重要的新版本，例如帕特里斯·夏侯、葛茨·弗里德里希和露丝·伯格豪斯。然而，从根本上说，在音乐上适用的道理，其实更加适合舞台——瓦格纳精准地向我们展示了他想要的——而我们知道自己所拥有的力量做不到。然而，我们也知道我们将尝试，而且确实需要一次又一次地尝试。我认为这是巨大的激励和无比的安慰。

录音

目前市面上大概有约三十种全套《指环》的录音，从不同寻常的"HMV浓缩版《指环》"——从1927到1932年的历史汇编，包括弗里德里希·萧尔（Friedrich Schorr, 1888—1953）演唱沃坦，劳瑞茨·梅尔基奥（Lauritz Melchior, 1890—1973）演唱齐格弗里德，弗里达·莱德尔（Frida Leider, 1888—1975）演唱布伦希尔德（Pearl厂牌）——到非常具有个人特色的乔治·索尔蒂和伯纳德·海丁克（Bernard Haitink, 1929— ）版本，再到富特文格勒、卡拉扬和布列兹的标准版录音，用三十乘以十五个小时的音乐是四百五十小时。人们怎么可能在聆听这些唱片时注意到所有细节？——更不要说那些连我自己都不知道的录音了。

如果说从声学效果上来讲，拜罗伊特节日剧院对《漂泊的荷兰人》和《纽伦堡的名歌手》不利，对《指环》却是个礼物——这一点你可以在录音中听到。在我自己的一张2008年的《指环》录音（Opus Arte厂牌）出版前，拜罗伊特已经有过八个《指环》的录音版本，尽管录制条件相同，他们的效果却千差万别。这本身对剧院的潜质就是很好的说明。例如丹尼尔·巴伦博伊姆——在1992年录制的版本，由约翰·汤姆林森（John Tomlinson, 1946— ）演唱沃坦和齐格弗里德·耶路撒冷演唱齐格弗里德，Warner厂牌——非常注重灵活性。他对声音和它的形成感兴趣，我们可以从他的过渡和色彩中感受到。而皮埃尔·布列兹——在 1980 年录制的版本，由唐纳德·麦辛特瑞（Donald McIntyre, 1934—　）演唱沃坦，格温妮斯·琼斯演唱布伦希尔德，彼得·霍夫曼（Peter Hofmann, 1944—2010）演唱齐格弗里德，Philips 厂牌——更多展示了音乐的骨架，非常敏感、长于分析且极具教育性。可以说他展示了许多旧版本的"底片"，比如 1966 年卡尔·伯姆的版本，还有 1956 年（我敬佩的）汉斯·克纳佩茨布施的版本，其中汉斯·霍特（Hans Hotter, 1909—2003）饰沃坦，年轻的沃尔夫冈·温德加森饰齐格蒙德和齐格弗里德，阿斯特丽德·瓦奈饰布伦希尔德，还有许多其他伟大的歌手（Orfeo 厂牌）。克纳佩茨布施品格高贵、匠心独具的音乐戏剧经常令人叹为观止。他在很多时候都会临场发挥，但从未脱离概念，在他的小指上都能感觉到一切。相比之下，我觉得，约瑟夫·凯尔伯特（1955 年录制，Testament 厂牌）相当的死板严肃。

　　在其他非拜罗伊特的唱片中，索尔蒂的《指环》尤其被视为经典，也是第一部为留声机制作的完整的四部曲。录音制作的跨度很大，从 1958 年到 1965 年在维也纳索菲恩萨尔剧院（Sophiensäle）录制。歌剧的录制顺序依次是《莱茵的黄金》《齐格弗里德》《众神的黄昏》《女武神》，且整体录音（Decca 厂牌）首次毫无疑问地达到了精彩绝伦的录音效果。维也纳爱乐乐团名副其实，木管和弦乐技艺精湛，使索尔蒂有时过于夸张的戏剧性展现出了最好的效果。技术性音效处理用来模仿录音中表现不出来的舞台，对营造氛围没有什么好处，使人感到冰冷而不真实——不按时间顺序录制加剧了这一印象，但也有可能这一切只是我的想象。在《莱茵的黄金》中乔治·伦敦演唱沃坦，洁丝汀·弗勒斯达德（Kirsten Flagstad）演唱弗里卡，拜罗伊特情侣尼尔森和温德加森分别演唱布伦希尔德和齐格弗里德，因此这套《指环》在某种程度上跨越了歌手间的代沟，这不利于听众对歌剧形成整体的概念。

　　这至少使索尔蒂和赫伯特·冯·卡拉扬有了某些共同点。卡拉扬不久以后录制了第二套完整的《指环》，同样经过了很长一段时间（从 1966 年到 1970 年，DG 厂牌）。卡拉扬从《女武神》开始录制，每一部歌剧都有不同的选角。有时他的沃坦由迪特里希·菲舍尔-迪斯考扮演（《莱茵的黄金》），有时是托马斯·斯图瓦特（《女武神》和《齐格弗里德》），有时是杰斯·托马斯演唱齐格弗里德，有时则由赫尔加·布里奥斯（Helge Brilioth）演唱。即使按我的经验我能很高兴地认同，严格地说，《指环》中的主要角色有几个歌手备选也许是件好事，但这种抢座游戏对整部歌剧的一致性没有任何作用。然而卡拉扬的处理——他喜欢规模宏大的工作，弥补了上述缺陷。他对剧本可靠的感觉向来是惊人的。柏林爱乐乐团演奏得十分优美，弦乐质感流畅，管乐整齐划一，对戏剧高潮的处理十分敏锐，乐团的成就已接近登峰造极。

　　尽管如此，如果要去一个荒岛，我唯一选择携带的，应该是富特文格勒 1953 年为意大利广播电台（EMI 厂牌）录制的《指环》。这版录音分幕制作，历时一个月。当然，有很多乐团比 RAI 乐团更接近瓦格纳的传统也更地道，唱片的技术处理有时会扰乱整体效果，但是玛莎·莫德尔、路德维格·苏塔斯、费迪南德·弗朗茨、玛格丽特·克洛斯和伊丽莎白·格瑞米尔（Elisabeth Grümmer）这样的歌手组合是不可战胜的。对于德国指挥家富特文格勒来说，很难再有更大的红毯迎接他了。信不信由你，富特文格勒把他之前和之后各种对瓦格纳的诠释都奇迹般地融合到了一起：太阳神阿波罗和酒神狄奥尼索斯，史诗和戏剧，音乐性的和戏剧性的。再没有其他录音能如此清晰地为我阐释全套《指环》，带给我如此多的启发。

10 《帕西法尔》

一部用紫色墨水写下的反《特里斯坦》乐剧

我想，一个年轻人也许会跟当时的我想法一样，而现在我对自己的傲慢感到惭愧——那时我是赫伯特·冯·卡拉扬的助理，而1981年萨尔斯堡复活音乐节的节目单上就有瓦格纳的《帕西法尔》。就这样，二十一岁的我坐在柏林的排练舞台上，听卡拉扬轻松地指挥着，营造出圣洁氛围，心里想：我也可以做到。因为乐曲听起来如此简单自然，仿佛它就应这样演奏而别无他法。后来我才意识到《帕西法尔》究竟有多难。你需要一个计划，最重要的是你要认真思考节拍并想好如何处理它们，否则你的指挥就毫无节奏。不仅是在乐感和直觉方面，其他任何东西在《帕西法尔》中都不是自然发生的。瓦格纳这部"奉献给舞台的节庆歌剧"是一部慢速的作品，但你不需要在所有时候都放慢速度，否则乐剧的效果就会黯淡下来。我始终努力将沃尔夫冈·瓦格纳的话铭记于心：你必须对此有一种体会，你指挥的速度太快了——这样才是对的。2001 年在拜罗伊特，我用一个小时四十四分钟指挥了第一幕，2012 年春天在维也纳指挥时只用了一小时三十七分钟，节省下来的七分钟应该归因于开放乐池和有顶盖的乐池之间的区别，其余的就是经验问题了。

还有另外一个因素。《帕西法尔》太难了，因为瓦格纳在其中推倒了德国文化和法国文化之间的高墙。他要我们记住德彪西的《牧神午后》，他想让他的听众知道拉威尔的《达芙妮与克罗伊》，他认定我们都熟悉门德尔松的作品，也熟悉《纽伦堡的名歌手》，我们应该了解所有这些作品并将这种理解转移或者投射到《帕西法尔》中的受难曲。这样《帕西法尔》内在的光辉才能得以闪耀，以近乎印象派和非常拉丁的方式存在并闪闪发光。它可能会让人感到害怕。

瓦格纳有两句话能够帮助我们接近《帕西法尔》。第一句是积极的预言——1859 年瓦格纳在给玛蒂尔德·维森东克的信中写道，他正在盘算着写一部非常黑暗的作品，比《特里斯坦》第三幕更甚：安佛塔斯就是走到难以想象之极端的特里斯坦。爱的折磨是生命所背负的十字架吗？第二句是卡尔·弗里德里希·格拉瑟纳普（Carl Friedrich Glasenapp）告诉我们的——1878 年春天的某个晚上，大师在望福里德别墅里弹奏并演唱《特里斯坦》的段落，并且说他的新作"有一种很不寻常的颜色，里面的一切都是紫罗兰色，就像深色的紫丁香"。

这很重要，不仅因为瓦格纳的确用紫墨水书写了《帕西法尔》的整部总谱，还因为他说的时机。据格拉瑟纳普说，瓦格纳这时刚刚写到第二幕帕西法尔从昆德丽的一吻中得到了"知识"，发誓放弃一切情色之事。这使得《帕西法尔》某种程度上成为了反《特里斯坦》的乐剧——照这样的思路，许多方面都是有益的。

起源

理性地看来，1876 年的第一届拜罗伊特音乐节简直是一场灾难。瓦格纳没有达到任何他想在艺术上达到的目标，尽管路德维希国王慷慨捐赠，财政状况看起来仍旧让人担忧。瓦格纳本人患上了抑郁症和心脏病（被医生诊断为"胸痛"）。有时他梦见《指环》整部剧中的角色都是死人扮演的，有时他想移民，有时他在脑海里看到望福里德别墅和节日剧院都被火焰所吞噬。他不得不去挣钱，并于 1877 年 5 月启程去伦敦巡回演出，而他却讨厌伦敦的一切。他对泰晤士河沿岸码头的看法颇为梦幻且带有神谕的意味："就像阿尔贝里希的梦成为了现实，一个不折不扣的尼伯海姆（Nibelheim，意为尼伯龙族聚居地）——世界的主宰，活动繁忙，工作、蒸汽和雾气无处不在。"

这种情况下任何人都可能已经放弃，但是瓦格纳从 1877 年初又已经在考虑一部新作品。他觉得他还没有完成使命；

《众神的黄昏》里毁灭宇宙的大火还不是他留给后人的最后一部歌剧。1 月 25 日，他告诉科西玛自己开始写《帕西法尔》："我会一直工作到写完这部作品。"这让科西玛"高兴得笑出声来"。瓦格纳实现了自己的承诺。瓦格纳查看了在《特里斯坦》首演结束后，他匆匆写下的二十页手稿，即以帕西法尔为主题的第一份草稿。1845 年，他在玛丽恩巴德（Marienbad）停留的时间非常高产，不仅推进了《罗恩格林》和《名歌手》的创作，也开始阅读沃夫兰·冯·艾申巴赫的史诗《帕西法尔》。从此，《帕西法尔》这个主题一直陪伴着他。瓦格纳把英雄男主人公名字的拼写从中古高地德语"Parzifal"改成了"Parsifal"——至少瓦格纳认为这个名字来自古代波斯语 fal parsi，意思是"纯洁的愚人"——这时他的唱词创作取得了良好进展。瓦格纳于 1877 年 9 月开始为《帕西法尔》作曲。大约四年后，在 1882 年 1 月 13 日，他在巴勒莫的棕榈酒店完成了总谱。卡尔·弗里德里希·格拉瑟纳普告诉我们，瓦格纳如以往一样，害怕创作"被死亡打断"。

这是瓦格纳为了健康而在意大利度过的第二个冬天。1880 年的大多数时间他都待在意大利，他从锡耶纳大教堂那里得到了《帕西法尔》中圣杯教堂的灵感，阿马尔菲海岸（Amalfi Coast）拉维罗（Ravello）的卢佛罗别墅花园（Villa Rufolo）成为了二幕中克林索尔住所的模型。1882 年回到德国时，瓦格纳担心他的新作品被现代剧院和它们的"娱乐性质"玷污，他说服路德维希二世答应《帕西法尔》只在拜罗伊特演出。

1882 年 7 月 2 日到 26 日之间，瓦格纳到拜罗伊特亲自排练"献给舞台的节庆歌剧"，首演成功后又演出了十五场。在最后一场演出中，瓦格纳接过指挥棒，亲自结束了这一部在他所有作品中唯一赚到钱的成功之作。票房收入足额支付了制作费用，赞助证书又带来了十四万马克的收入，还有肖特出版社为总谱和钢琴谱支付的十五万马克。作为创办音乐节的企业家，理查德·瓦格纳重新站了起来。他再次前往意大利，这次的目的地是威尼斯。他和他的家人搬进了文德拉明·卡莱尔吉宫（Palazzo Vendramin Calergi）的十五个房间。仅仅五个月后，瓦格纳在那里死于心脏病突发。

角色与乐队编制

这部歌剧应该叫作《古内曼兹》（Gurnemanz）或《昆德丽》（Kundry），无论如何不应该叫作《帕西法尔》，作为歌剧名字的男主角（男高音）比其他人唱得都少，在其他方面也没有太重要的表现。从来不太介意歌手感受的瓦格纳，这次似乎没有遵守惯例，好像他终于摆脱了受人崇拜的渴望。帕西法尔偶然间遇到的圣杯团体里有圣杯国王安佛塔斯（男中音）和他的父亲狄都雷尔（男低音），以及四个侍从（两个女高音，两个男高音）。他们对抗着对克林索尔（男低音）的魔法王国与和他具有魔力的捧花少女（三个独唱女高音，三个独唱女低音，还有两组女声：一组十二个女高音，另一组十二个女低音）。昆德丽（女中音）是唯一属于两个世界的角色，有时是圣杯的使者和忏悔者，有时却是一个妓女——她也是全剧中唯一的女主角。在第一幕我们也听到另一个女低音的声音在高音区演唱。合唱团扮演了圣杯骑士团、年轻人和男孩子们。

　　乐队的编制小于《指环》：三支长笛，三支双簧管，一支英国管，三支单簧管加一支 A 调低音单簧管和一支 B 调低音单簧管，三支巴松管和一支低音巴松管，四支圆号，三支小号、三支长号和一支低音大号，一套定音鼓，两架竖琴和拜罗伊特惯用的大量弦乐（十六把第一小提琴，十六把第二小提琴，十二把中提琴，十二把大提琴、八把低音提琴）。与《指环》相比，没有用到的乐器是大号，低音小号和低音长号，即铜管声部的低音乐器。舞台上的乐器有两支小号，四支长号，一个小军鼓和圣杯之钟（低音 C、G、A 和 E）。"圣杯之钟"在实践中永远都是问题。通过首演的照片可以看到躺在舞台后面的庞然大物：需要巨大的锤来敲打的巨大的桶。起初，瓦格纳曾希望用中国的铜锣，如今一般都是用容易处理的拨弦类乐器。

剧情

　　歌剧的故事发生在蒙萨尔瓦特（Montsalvat）圣杯城堡地的和城堡内部，以及克林索尔的魔法城堡和城堡花园，时间在中世纪早期的神话时代。

在歌剧开始之前：两件基督的遗物被保存在"圣杯神殿"里——耶稣钉在十字架上时刺进他身体一侧的长矛和接住他滴下的血的高脚杯。"圣杯之王"安福塔斯受到了女巫昆德丽的诱惑失去了长矛。安福塔斯在与变节骑士叛徒克林索尔的战斗中被长矛刺中，长矛留下的伤口永不愈合。昆德丽为了弥补她心中的内疚，暗中寻找草药和香油，为安福塔斯减轻疼痛。传说只有一个处男——"因同情而得到智慧的纯洁的愚人"——能够找回长矛并解除"圣杯之王"的苦难。

第一幕：圣杯城堡外的树林中安福塔斯正在准备晨浴。昆德丽带来远方的草药，沐浴后古内曼兹告诉护卫们的"圣杯骑士"的故事（"狄都雷尔，虔诚的英雄"）。突然，一只天鹅从空中掉落，受了致命伤出血不止。一个奇怪的男孩帕西法尔打中了天鹅，古内曼兹带他去做苦差。帕西法尔不知道圣杯附近不可以杀戮，事实上他什么都不知道，甚至不知道自己的名字或来自哪里。古内曼兹认为他可能是就是那个"纯洁的愚人"，"圣杯骑士"们向往已久的救世主。当遮盖圣杯的幕布被揭开时，古内曼兹把帕西法尔带进了"圣杯神殿"。圣杯仪式赐给骑士们力量，却意味着安佛塔斯的痛苦将持续更久。帕西法尔不明白这可能是他对国王表达同情之心的机会，一直保持沉默。古内曼兹感到失望，又把帕西法尔从圣杯区赶走了。

第二幕：帕西法尔落入了克林索尔控制之下。由于昆德丽曾经嘲笑十字架上的耶稣，魔法师控制了她。昆德丽受命引诱并毁灭这个男孩（"时间到了"）。捧着鲜花的少女们围住了帕西法尔，花园迷惑着他的感官。当昆德丽吻他的时候，帕西法尔明白了安佛塔斯伤口的来历，并推开了妖妇（"安佛塔斯！伤口！伤口！"）。现在他知道自己应该做什么了。当克林索尔把长矛投向帕西法尔的时候，长矛在帕西法尔的头上悬空停了下来（这在剧院里可以做到）。武器又变回了圣物的遗迹并即将拯救安佛塔斯。当帕西法尔画出十字的形状，克林索尔的世界消失不见了。帕西法尔向昆德丽呼喊道："你知道在哪里能找到我！"并出发寻找圣杯城堡。

　　第三幕：几年后。狄都雷尔死了，圣杯团的生活非常艰难，安佛塔斯拒绝揭开遮盖圣杯的幕布。他只想死。在耶稣受难节的早餐，古内曼兹在树林里遇见了昆德丽，昆德丽已经被帕西法尔改变，愿意再一次开始"侍奉"。一个奇怪的骑士带着长矛出现了。古内曼兹认出了帕西法尔，并告诉他圣杯团的困境。然后昆德丽为帕西法尔洗了脚，古内曼兹如奉圣意，选定他为新的"圣杯之王"（"纯洁的人，愿主祝福你"）。帕西法尔的第一个行动是给昆德丽施洗礼。古内曼兹带领他到圣杯城堡，圣杯骑士们正在为狄都雷尔举行葬礼。帕西法尔用矛碰了一下安佛塔斯的伤口，伤口立即痊愈了。昆德丽毫无生气地倒在地上，白色的鸽子在帕西法尔头上盘旋。帕西法尔揭开了遮盖圣杯的幕布。

　　显然最后这部作品的主题是生命。在瓦格纳所有的其他歌剧中（除了《纽伦堡的名歌手》）行为的终点都是死亡：有的角色因死亡而变得高尚，有的角色渴望死亡的到来，有的被判死刑，被诅咒而失去了灵魂。《帕西法尔》里的死亡主要是在背景中出现。帕西法尔的母亲赫尔斯莱德（Herzeleide，意为"内心的痛苦"）在儿子离开她的时候死去了。然而这是一段看不见的背景故事。狄都雷尔死于年老，也是由于圣杯不再给骑士们带来力量。另一方面，想到克林索尔的魔力，我们也许会怀疑在第二幕的结尾他是否真的死了。至于昆德丽，因为嘲笑十字架上的基督，她注定要陷入无休止的轮回，然而只是偶尔陷入了死一般的睡眠。那个诅咒和她的罪行通过洗礼解除了，现在她可以死了。但是她的确死了吗？瓦格纳留下了一个悬而未决的问题。在歌剧的最后几小节中，主导动机在承诺、爱（圣爱）、信仰和圣杯之间摇摆不定。似乎除了每个人的超然状态之外，没有什么再值得努力奋斗。

诚然，由于信仰（对艺术，而不是对上帝的信仰）而共同生活的乌托邦有一个缺点——瓦格纳应该不否认这一点——它无法繁衍。当男人选择僧侣般的生活而女人消失不见，当人们更情愿独身并恐惧情色，当拒绝欲望的人胜过了那些去爱并且感觉到欲望的人，当艺术只考虑它自己，那么音乐戏剧的将来就是短暂的。瓦格纳给《帕西法尔》的结尾是超自然的美，就是因为这个吗？是否"献给舞台的节庆歌剧"不仅仅是一部反《特里斯坦》的乐剧，而且是一部反歌剧？我认为在《帕西法尔》中，所有基督教的、心理学的和与音乐无关的思考一般只应该留在背景中。在这里，同样不要诠释得太多。瓦格纳对生命的肯定从根本上讲，就是对艺术的肯定，但也仅限于对艺术的肯定。《帕西法尔》告诉我们：艺术不能死，在某种程度上对歌剧结尾的思考范围要更广阔一些。六十九岁的瓦格纳把他的最后一部歌剧献给了艺术，押上了自己最后的赌注。

音乐

《帕西法尔》从 4/4 拍的静谧中开始，弦乐和木管非常缓慢而充满表情地开始，瓦格纳特别加了一个说明："十六分音符总是平静、庄严的。"但首先是著名的四分休止符，沉默成为音乐的一部分。一切都是黑暗的，只有空间在说话，沙沙作响，窃窃私语。然后我们出发了。多么奇怪的音色，英国管与单簧管、双簧管与中提琴和一半的第二小提琴，未经加工的颜色，弦乐部分有很多琶音，弱、更弱、中弱、更弱，好像音乐缓缓隐去后又再次出现，仿佛乐池里的一束探照灯向一个方向移动，再转向另外一个方向。在前奏曲的最后，瓦格纳把颜色分开，分解到各自的单独的颜料：单簧管独奏、双簧管独奏、长笛独奏，就像光线分解时呈现出清晰的光谱。

瓦格纳的目标是在《指环》之后创作一部作品来与世

告别，一个包容一切又能占据属于自己一席之地的终极作品。
在列举《帕西法尔》魔法般变出的所有关联之前，你得深吸
一口气。歌剧中有对立的世界，歌剧表面的最小的动作，凌
驾在上的救赎主题，以及一个没有任何令人注目的事迹却成
为了英雄的男主角。对于喜爱瓦格纳的人，这一切似乎都很
熟悉。可以说，它们是这部作品建立和发展的先决条件，只
是朝着一个完全不同的方向。从"节庆歌剧"到"献给舞台
的节庆歌剧"，不仅迈出了从艺术到宗教（艺术的宗教）之
间的一步，从世俗到神圣之间的一步，也是望向身后的一瞥。
好像瓦格纳躺在精神治疗师常用的沙发上分析自己创造力的
来源，汲取内心的力量，再次出发寻找新发现。

因此，最后这部歌剧与以前作品的潜在相似之处不如它
们的不同之处富于启发性。瓦格纳创作《帕西法尔》与以前
有何不同？答案很简单：又一次，一切都不同。主导动机大
大减少，对于主导动机的使用也大大精炼了。恶意的评论声
称瓦格纳在《帕西法尔》里只用了两个主题，这纯属无稽之谈。
尽管如果作曲家能像瓦格纳一样出色地内化主导动机转型和
动机情绪变化的原则，两个主题确实可以写出五小时的歌剧。
没有任何一个主导动机以同样的形式出现两次，一切都在不
断变化，好像在一场永无休止的蜕变中。"你看，我的孩子，
这里的时间变成了空间"，古内曼兹第一次把帕西法尔带到
圣杯城堡时这样告诉他。我总是从瓦格纳作曲模式的角度去
看这个被广泛讨论的谜语。他的音乐（从音乐在时间中流逝

的意义上来看）定义了时间，音乐用时间作为衬里进而用声音构建出背景。音乐创造了演奏的空间。音乐就是那个空间。

　　瓦格纳对两个对立的世界处理方法也与以前不同，具有新鲜感。一开始你觉得可以认出：这是用音阶固定的圣杯的世界（瓦特堡的音乐风格），那是色彩闪烁的克林索尔的魔法世界（维纳斯的音乐风格）；这里有很多让人想到古典的、牧师般口吻的教堂音乐，那里则是纯粹的、由各种声音混合而成的狂欢。但是瓦格纳如何处理这种张力呢？他完全不加处理，只是把它放在一边。他把声音块一个挨着一个放在一起，在中间插入空白——一个又一个的乐队全体休止符，就像开篇时的四分休止符。移动的部分，只限于在自己的半球内移动，两个半球没有互动。是因为只有一个半球或另一个半球，它们中间没有交集吗？是因为人类不得不在感官陶醉和神圣使命之间做出选择吗？附带提一句，从管弦乐队的设置中可以看到类似的东西：在这里瓦格纳也偏爱用一组或一群乐器——木管、铜管或弦乐——好像从管风琴中拔出不同的音栓。

　　所以，就像瓦格纳说的，《帕西法尔》"极其精细和逐步过渡"的艺术，有着某种建筑结构。对此当然可以举出几个有争议的解释：一个老人想要从所有的声色和性欲中解放出来的幻想（当时四十五岁的科西玛可能不喜欢）；表达对绝不受任何东西或任何人打扰的纯粹艺术的献身精神。我不赞同从贞洁或天主教的角度去看《帕西法尔》。相反，我认为瓦格纳在这里创作了一部属于他自己的作品："过渡"就是作品本身，而建筑就是节日剧院。《帕西法尔》是瓦格纳唯一一部为有盖子的乐池和拜罗伊特的声学效果创作的音乐戏剧——它们的印记遍布整个作品。在《指环》中，他只能期盼达到那些效果；而在《帕西法尔》中他自己做出了大部分的效果。

然而瓦格纳之谜总是明显地存在。例如，瓦格纳经常安排一半的弦乐演奏，这使乐队听起来好像即将往空中升高一点点。或者他让不同的时间韵律重叠：一个6/8拍的乐段在4/4拍的缓板突然出现，一切都开始颤动。如果指挥避免在这样的段落数节拍，转而专注于音乐的分句并让音乐呼吸，他将从乐队中汲取具有美妙效果的细微脉动。在拜罗伊特尤其如此。然而，也有其他积极的表现主义段落，它们的效果只能在对比中发展出来。例如，第二幕里有名的一段，昆德丽在向帕西法尔讲述她如何嘲笑钉在十字架上的救世主时，说到"lachte"（动词"笑"的过去时）这个词的发音，观众应该感觉到，节日剧院在那个瞬间烧成了灰烬。瓦格纳给这个词配上了小七度和弦，从降b小调到升c小调，随后一个乐队全体休息和停顿，帕西法尔此刻由于恐惧而转过身去。我总是试图尽可能长时间地抓住那种恐惧，那个望向深渊的一瞥告诉我们人性究竟能够低级到何种程度。但这也要取决于演唱昆德丽一角的歌手和她带到那一瞬间的强度，当回声消失时她能引起什么样的战栗。顺便说一句，这是乐队需要收紧的地方之一。这里是木管的三连音，一个渐强，然后昆德丽的升 c 小调落入无底的深渊。

除了很少的几个段落，《帕西法尔》配器声音不大，几乎没有什么喧闹的效果，甚至庄严的时刻听起来也是有节制而非高傲自大的。人们可能会说，这是一部以中庸之道解决极端问题的歌剧。做到适度是伟大的艺术。节奏虽慢却没有冰冷僵硬，确保老古内曼兹在第一幕讲述了一个简单直白的故事，而不是把事情做过头，不是拿着放大镜观察其他人，而是保持张力；与此同时，如果有必要，去掉所有的外部装饰。我并不是很想这么说，但也许《帕西法尔》不适合年轻的指挥家。他们可能会把中庸和权力混为一谈，想要表现的东西太多。而且因为它的音乐带一丝脆弱，仿佛作曲家最后一次聚集他的力量，我们必须遵从中庸节制之道。

《帕西法尔》之后还会有什么？也许瓦格纳真的会写一部交响曲。在威尼斯，科西玛写道，瓦格纳想要"让旋律线自由转动直到结束"，还补充了一句，"除非没有戏剧性"，好像这不是理所当然的。即便瓦格纳能够活得更长，他也不可能再写歌剧了。

录音

当我眼前浮现出 1951 年到 1964 年间汉斯·克纳佩茨布施惊人的十一版拜罗伊特《帕西法尔》录音（几乎每年夏天

出一个新版），我总是想起他最喜欢的作品是奥托·尼古拉
（Otto Nicolai, 1810—1849）的《温莎的风流娘儿们》（*Lustige Weiber von Windsor*）。克纳佩茨布施是战后新拜罗伊特时期指挥《帕西法尔》的专家，这符合我关于指挥家需要一定的成熟度才能指挥这部作品的理念。他第一次在绿山指挥瓦格纳这部"献给舞台的节庆戏剧"时六十三岁，而最后一次执棒《帕西法尔》时已经七十六岁。他的演员阵容自然各不相同。开始的几年中，年轻的马塔·莫德尔饰演的昆德丽比60年代早期的艾琳·达丽丝（Irene Dalis, 1925—2014）和巴布洛·埃里克松（Barbro Ericson）更能给人带来热烈的感受。在男主角的饰演上，沃尔夫冈·温德加森在1951年的表演已经证明了他就是未来的瓦格纳英雄男高音，后来饰演这个角色的歌手如汉斯·贝瑞尔（Hans Beirer, 1911—1993）和琼·维克斯（Jon Vickers, 1926—2015）都有些不尽如人意的地方。然而，随着时间的推移，克纳佩茨布施的指挥变得越来越流畅、敏捷，速度也更快了。他发展出了一种方法来突出乐曲的高潮，同时保证音乐的速度流畅。动作永远不会停止，一直保持紧张状态，他从不无动于衷——他的演出都是大师级别的（这十一张唱片出自不同的厂牌，第一张是 Naxos，最后一张是 Orfeo）。

　　起初除了克纳佩茨布施，就没有多少其他的录音了。马勒的助手弗里茨·斯特德里（Fritz Stiedry, 1883—1968）从1952年到1956年间在纽约大都会歌剧院留下了三版录音。一个效果好得惊人的奇特版本是维托里奥·古伊（Vittorio Gui, 1885—

1975）1950 年在罗马录音室制作的意大利语版本，由玛丽亚·卡拉斯演唱昆德丽，罗兰多·帕内拉伊（Rolando Panerai, 1924—　）演唱安佛塔斯，鲍里斯·克里斯多夫（Boris Christoff, 1914—1993）演唱古内曼兹（Opera d'Oro 厂牌）。鲁道夫·肯佩一向稳健（1959 年科文特花园歌剧院版本，Testament 厂牌），埃里希·莱因斯多夫在战前与战后都被称为新世界最伟大的瓦格纳指挥也不是徒有虚名。1961 年，赫伯特·冯·卡拉扬录制了第一张《帕西法尔》（BMG 厂牌），是在维也纳国家歌剧院演出的现场录音，值得注意的是饰演捧花少女的全部都是大明星：昆杜拉·雅诺维茨（Gundula Janowitz, 1937—　）、希尔德·葛登（Hilde Güden, 1917—1988）和安奈丽丝·罗森博格（Anneliese Rothenberger, 1924—201）——当然不仅仅如此。卡拉扬直到二十年以后，他已经年过七旬，才录制了一版录音室《帕西法尔》专辑。这版录音由卡拉扬指挥柏林爱乐乐团，于 1979 年 12 月到 1980 年 1 月之间录制，并遵循卡拉扬的惯例，在萨尔斯堡复活音乐节之前制作完成。这一版的录音在许多方面都比克纳佩茨布施要慢很多，但并不缺乏流畅感。在卡拉扬的诠释中，原则上是在模仿拜罗伊特的音效，在某些方面有着非常显著的优点：高度一致的弦乐，丰满的铜管，完美的连奏。想要听到乐团和指挥之间由于彼此深度了解而产生的魔力，你就应该去听这版录音（彼得·霍夫曼演唱帕西法尔，柯特·莫尔 [Kurt Moll, 1938—2017] 演唱古内曼兹，冬娅·威茨佐维奇 [Dunja Vejzović, 1943] 演唱昆德丽，DG 厂牌）。

在卡拉扬这版录音的九年前，皮埃尔·布列兹在拜罗伊特采取了一种完全不同的方式。他的节奏可以说是非常轻快和法国化（序幕用了 10 分 27 秒，比最快的克纳佩茨布施的录音还要短两分钟），但对《帕西法尔》的音乐非常合适。我很少听到比这更令人兴奋、更连贯而合乎逻辑，同时更自由、更无拘无束的《帕西法尔》。布列兹指挥技艺精湛，必须承认听他的录音对我来说是颠覆性的。虽然布列兹身边的许多音乐家几年前仍在克纳佩茨布施手下工作，布列兹还是成功地给拜罗伊特的古老精神注入了新鲜的氧气。也许秘诀就是：如果指挥的方式很精练，而乐队是传统的丰满型，效果会非常不错。如果指挥的方式很精练，而乐队很有节制（用饮食来打个比方就好像在节食），整体就会太单薄。布列兹使用了一群优秀的歌手来避免这一缺点，其中包括詹姆斯·金（James King, 1925—2005）饰演帕西法尔，格温妮丝·琼斯饰演昆德丽，唐纳德·麦辛特瑞饰演克林索尔（DG 厂牌）。

2004 年和 2005 年布列兹回到拜罗伊特，指挥了克里斯托夫·施林根赛耶夫（Christoph Schlingensief, 1960—2010）执导的《帕西法尔》。那次制作让人感觉舞台与乐池的关系似乎有些本末倒置。在 70 年代，布列兹面对的还是维兰德·瓦格纳的老式审美：著名的空荡舞台加中央圆环的版本，服装标新立异，几乎没有道具。而施林根赛耶夫在舞台上堆满了现代文明生产的一次性用品和神话传说中的老旧废品、死兔子和邪教的巫师，相比之下音乐显得又小又单薄。我注意到从 2008

年施蒂凡·赫尔海姆（Stefan Herheim，1970—，2008 年接任施林根赛耶夫担任《帕西法尔》导演）开始，舞台制作整体趋向于（史无前例的）繁复，这些导演们似乎理解了瓦格纳在他的最后一部歌剧中留下了怎样的财富，却感觉无法控制这种财富并发挥其作用。我觉得我们不应该做得太复杂，也不应该一直执着于瓦格纳生前身后的历史并将其搬上舞台。正如拉斯·冯·提尔说的：如果我们想要瓦格纳，瓦格纳才是我们想要的。

结束语

　　有时我会做噩梦，我梦见艺术质量不够高。我梦见因为质量出了问题，艺术和音乐正在自我毁灭。因为太多琐碎、空洞、肤浅和漠然的东西越来越普遍，并被容忍。因为无论是为自己，还是为理查德·瓦格纳如此伟大的作品，我们谁也腾不出时间来做真正有创造力的事情。在过去的日子里一切都比现在好吗？很长一段时间，我认为这样的危言耸听是失意老人们的说法，并没有把它当真。现在我自己理解了这一点。是的，即便我们对过去有理想化的倾向，在过去的日子里的确有很多事情比现在好……就像阿尔卑斯山的冰川在融化一样，艺术的质量也在消融。我们已经学会了完美地发挥作用；我们没有学会不起作用或者说"不"。这就是我做噩梦的原因。罗纳德·维尔福（Ronald Wilford, 1927—2015）曾经

怎样形容卡洛斯·克莱伯来着？"他不起作用。"多么棒的
恭维！我们还能明白艺术不是为了发挥某种作用，而是为了
艺术本身才存在的么？

也许我这一代人的职责就是辨别出哪里出了错，从而年
轻人可以做得更好。这件事做起来应该很容易。艺术家决定
市场，而不是反过来。另一方面，如果我们不打算向理查德·瓦
格纳学习，那为什么要对他如此感兴趣呢？如果我们不能鼓
起一丝勇气来抵抗，一点点最小的对抗都会吓坏我们，左右
我们的生活，那又有什么意义呢？

对我来说，学习瓦格纳首先意味着要深入研究瓦格纳。
我越近距离了解他的音乐作品，就感觉越好奇、越勇敢，也
越敏感。正因为如此，我相当地肯定瓦格纳会伴随我度过余
下的音乐生活。当然，任何伟大的艺术，从诠释的多样性和
实现途径上都可以说是取之不尽用之不竭的。而指挥家在诠
释瓦格纳时必须处理作品维度和复杂性直接导致的局限：一
个指挥能做的很有限。如果他不想输掉这场与自己的战斗，
他必须能够超越自我，站得更高望得更远。他确保观众感受
到热情，他自己也感觉充满热情；他严格鞭策自己，还能自
得其乐。站在舞台上的女主角在她最巅峰的时刻几乎会忘记
自我；而在乐池里与自己的力量搏斗的指挥家不断探索着，
在极度疲惫造成的某种无形的感觉里，究竟蕴藏着多少感悟、
谦卑和爱。

有时，瓦格纳真正的快乐会降临到诠释者的身上，它带

着满满的自信和全部的意义到来，世界上任何其他事物都不能与之相比。因为没有什么比瓦格纳的音乐更能给人带来深切而重大的体验。波浪可能会靠近你，但你永远保持在波浪之上。然后神圣的火花飞溅，你不知道自己究竟是看到了理解之光，还是隧道那头某个好餐馆里灯光的映像。我相信这两者都会让瓦格纳感到高兴。

鸣谢

首先，我要感谢我的父母，是他们最先把瓦格纳介绍给我。这本书是基于 2010 年 8 月到 2011 年 7 月间，克里斯汀·莱姆克－马特维与我在拜罗伊特、柏林、萨尔茨堡和阿特湖等一系列谈话整理而成。特别感谢她和我进行极有启发性的长谈，并把复杂的内容梳理成这本书的文本。此外我要感谢斯蒂芬妮·霍尔舍（Stefanie Hölscher）安静而坚定的干预，感谢卡洛·沃尔夫（Carlo Wolf）的热情款待，感谢拜罗伊特音乐节各方面的支持。

我还必须要提到，基里安·海克（Kilian Heck）、卡特琳娜·瓦格纳（Katharina Wagner）、狄特·波希迈耶尔（Dieter Borchmeyer）和约阿希姆·蒂里（Joachim Thiery）许多年以来一直和我紧密地交流着对瓦格纳音乐的意见。

写给中国读者的话（代跋）

我曾多次到过中国，特别喜欢紫禁城完整而对称的建筑设计。当我从景山顶上俯瞰整座北京城时，不禁想起壮丽的咏叹调。从北京的长城到上海的环球金融中心，我在旅程中看到了中国的历史和现在，中国真是一个让人难忘的国家。

除了中国博大精深的文化，中国观众的热情也给我留下了深刻的印象。上次我指挥德累斯顿国家管弦乐团在北京的国家大剧院演出，整个乐团都离场后，一大群观众仍一直留在音乐厅内等我，不肯离去。可惜我直到第二天才知道这件事情，不然的话我一定会出来与他们见面。

我的好朋友、本书的译者彭茜，偶然地因歌剧《指环》接触到瓦格纳的音乐，而《指环》甚至对于资深古典乐迷来说也是一个巨大的挑战。她通过了考验，并成为了一名真正的瓦格纳迷。然而，对于首次接触瓦格纳歌剧的中国观众来说，我并不推荐《指环》这部歌剧。我会建议他们从《漂泊的荷兰人》和瓦格纳歌剧的序曲开始进入瓦格纳的世界。

作为拜罗伊特音乐节的音乐总监，我希望看到更多的中国观众能亲临我们的音乐节现场。同时，我也希望中国的读者们能在此书的帮助下，从瓦格纳的音乐中感受到德国文化的伟大。

克里斯蒂安·蒂勒曼

2018 年 4 月 29 日于德累斯顿

Mein Leben mit Wagner
by Christian Thielemann and Christine Lemke-Matwey
Copyright © Verlag C.H. Beck oHG, München 2016
Simplified Chinese edition copyright © 2019 Beijing Imaginist Time Culture Co., Ltd.
All rights reserved.

图书在版编目(CIP)数据

我的瓦格纳人生 / (德)克里斯蒂安·蒂勒曼, (德)
克里斯蒂·莱姆克－马特维著；彭茜译．
— 桂林：广西师范大学出版社，2019.1
ISBN 978-7-5598-1449-4

Ⅰ.①我… Ⅱ.①克… ②克… ③彭… Ⅲ.①克里斯
蒂安·蒂勒曼－传记 Ⅳ.① K835.165.76

中国版本图书馆 CIP 数据核字 (2018) 第 285069 号

广西师范大学出版社出版发行

　广西桂林市五里店路9号　邮政编码：541004
　网址：www.bbtpress.com

出 版 人：张艺兵
特约策划：雷淑容
特约编辑：雷淑容　汤晗玮
责任编辑：马步匀
内文制作：陈基胜
封面设计：彭振威

全国新华书店经销
发行热线：010-64284815
山东鸿君杰文化发展有限公司

开本：880mm×1230mm　1/32
印张：11.375　字数：182千字
2019年1月第1版　2019年1月第1次印刷
定价：59.00元

如发现印装质量问题，影响阅读，请与出版社发行部门联系调换。

本书获得"国家'双一流'高校建设项目经费资助"(Funding for the Projects of China's "Double First Class" University Construction)和"上海高水平地方高校建设扶持项目经费资助"(Funding for the Projects Supporting Shanghai High-level Local University Construction)。